2023

中国文化及相关产业统计年鉴

China Statistical Yearbook on Culture and Related Industries

国家统计局社会科技和文化产业统计司
中 宣 部 文 化 改 革 发 展 局 编

中国统计出版社
China Statistics Press

图书在版编目（CIP）数据

中国文化及相关产业统计年鉴. 2023 = China Statistical Yearbook on Culture and Related Industries 2023：汉英对照 / 国家统计局社会科技和文化产业统计司，中宣部文化改革发展局编. -- 北京 ：中国统计出版社, 2023.11
ISBN 978-7-5230-0312-1

Ⅰ. ①中… Ⅱ. ①国… ②中… Ⅲ. ①文化产业－中国－2023－年鉴－汉、英 Ⅳ. ①G124-54

中国国家版本馆 CIP 数据核字(2023)第 207864 号

中国文化及相关产业统计年鉴 2023

作　　者/国家统计局社会科技和文化产业统计司，中宣部文化改革发展局
责任编辑/郭　栋
执行编辑/张　怡
封面设计/李雪燕
出版发行/中国统计出版社有限公司
通信地址/北京市丰台区西三环南路甲 6 号　邮政编码/100073
发行电话/邮购（010）63376909　书店（010）68783171
网　　址/http://www.zgtjcbs.com
印　　刷/河北鑫兆源印刷有限公司
经　　销/新华书店
开　　本/880mm×1230mm　1/16
字　　数/560 千字
印　　张/17.5
版　　别/2023 年 11 月第 1 版
版　　次/2023 年 11 月第 1 次印刷
定　　价/280.00 元

《中国文化及相关产业统计年鉴 2023》
编辑委员会和编辑部

China Statistical Yearbook on Culture and Related Industries 2023

Editorial Board and Editorial Staff

编 者 说 明

《中国文化及相关产业统计年鉴 2023》收录了 2022 年全国和各省、自治区、直辖市与文化产业相关的统计数据，以及部分年份全国主要统计数据，是一部全面反映我国文化改革发展情况的资料性年刊。

本年鉴内容分为五个部分。第一部分为文化及相关产业发展情况；第二部分为文化及相关产业法人单位发展情况；第三部分为主要文化行业发展情况；第四部分为港澳台地区统计资料；第五部分为国际统计资料。附录为中国入选世界文化遗产项目、主要统计指标解释和《文化及相关产业分类（2018）》。

本年鉴对部分总计和分项因小数取舍而产生的误差，均未做配平处理。年鉴各表中的“空格”表示该统计指标数据不足本表最小单位数、数据不详或无该项数据；“#”表示其中的主要项；“*”或“1、2、3”表示本表的注解。

参与本年鉴编辑的部门还有：民政部、财政部、住房城乡建设部、商务部、文化和旅游部、退役军人事务部、国家市场监督管理总局、国家广播电视总局、国家新闻出版署、国家电影局、国家文物局、国家档案局。我们对上述部门有关人员在本年鉴编辑过程中给予的大力支持，表示衷心的感谢！

EDITOR'S NOTES

Ⅰ. *China Statistical Yearbook on Culture and Related Industries 2023* covers data relevant with cultural industries for 2022 at national level and local level of province, autonomous region and municipality directly under the Central Government, and national key statistical data of same years.The yearbook is an annual statistical publication reflecting comprehensively the development and reform of culture of China.

Ⅱ. The yearbook contains five chapters: 1. Development of Culture and Related Industries; 2. Condition on Legal Entities of Culture and Related Industries; 3. Development of Main Cultural Industries; 4. Statistical Indicators of Hong Kong, Macao and Taiwan Province of China; 5. International Statistical Indicators. Items Listing in World Cultural Heritage of China, Explanatory Notes on Main Statistical Indicators, Classification of Culture and related Industries(2018) are listed as Appendices.

Ⅲ. Statistical discrepancies on totals and relative figures due to rounding are not adjusted in the yearbook. Notations used in the yearbook: (blank space) indicates that the figure is not large enough to be measured with the smallest unit in the table, or data are unknown, or are not available; "#" indicates a major breakdown of the total.

Ⅳ. Data in the yearbook are also source from the following departments: Ministry of Civil Affairs, Ministry of Finance, Ministry of Housing and Urban-Rural Development, Ministry of Commerce, Ministry of Culture and Tourism, Ministry of Veterans Affairs, State Administration for Market Regulation, National Radio and Television Administration, National Press and Publication Administration, China Film Administration, National Cultural Heritage Administration and National Archives Administration. Here we want to express our deep appreciation to these departments!

目　录

Contents

一、文化及相关产业发展情况

Development of Culture and Related Industries

二、文化及相关产业法人单位发展情况
Condition on Legal Entities of Culture and Related Industries

三、主要文化行业发展情况
Development of Main Cultural Industries

四、港澳台地区统计资料
Statistical Indicators of Hong Kong, Macao and Taiwan Province of China

五、国际统计资料
International Statistical Indicators

1

文化及相关产业发展情况

Development of Culture and Related Industries

1-1-1 文化及相关产业增加值及占GDP比重(2004-2021年)
Value-added of Cultural and Related Industries and Its Percentage in GDP(2004-2021)

年 份 Year	增加值 (亿元) Value-added (100 million yuan)	占GDP比重 (%) as Percentage of GDP (%)
2004	3440	2.13
2005	4253	2.27
2006	5123	2.33
2007	6455	2.39
2008	7630	2.39
2009	8786	2.52
2010	11052	2.68
2011	13479	2.76
2012	18071	3.36
2013	21870	3.69
2014	24538	3.81
2015	27235	3.95
2016	30785	4.12
2017	35427	4.26
2018	41171	4.48
2019	44363	4.50
2020	44945	4.43
2021	52385	4.56

注：1.2004-2011年按2004年颁布的《文化及相关产业分类》测算，2012-2016年 按《文化及相关产业分类(2012)》测算，2017-2021年按《文化及相关产业分类(2018)》测算(以下相关表同)。

2.2009-2012年仅包括法人单位数据，其他年份为包括个体经营户在内的全口径数据。

a) Data of 2004-2011 are caculated according to the scope of Classification of Cultural and Related Industries issued in 2004, and data of 2012-2016 are calculated accoring to Classfication of Cultural and Relate Industries (2012),and data of 2017-2021 are calculated according to Classfication of Cultural and Relate Industries (2018).The same applies to the relevant tables following.

b) Data of 2009-2012 only include legal entities. Data of other years are calculateal of the full aperture data, including individual enterprises.

1-1-2　按产业类型分文化及相关产业增加值及构成(2012-2021年)
Value-added and Composition of Cultural and Related Industries(2012-2021)

年　份 Year	增加值(亿元) Total Value-added (100 million yuan)	文化制造业 Culture Manufacture	文化批发和零售业 Culture Wholesale and Retail Trade	文化服务业 Culture Service	构成(%) Composition(%) 文化制造业 Culture Manufacture	文化批发和零售业 Culture Wholesale and Retail Trade	文化服务业 Culture Service
2012	18071	7253	1187	9631	40.1	6.6	53.3
2013	21870	9418	2146	10307	43.1	9.8	47.1
2014	24538	10201	2386	11952	41.6	9.7	48.7
2015	27235	11053	2542	13640	40.6	9.3	50.1
2016	30785	11889	2872	16024	38.6	9.3	52.1
2017	35427	11862	3136	20428	33.5	8.9	57.7
2018	41171	11999	4340	24832	29.1	10.6	60.3
2019	44363	11899	4342	28121	26.8	9.8	63.4
2020	44945	11710	4361	28874	26.1	9.7	64.2
2021	52385	13687	5190	33508	26.1	9.9	64.0

1-1-3　按类别分文化及相关产业增加值及构成(2017-2021年)
Value-added and Composition of Cultural and Related Industries by Field and Industry Category(2017-2021)

单位：亿元　(100 million yuan)

类　别	Category	2017	2018	2019	2020	2021
总　计	**Total**	**35427**	**41171**	**44363**	**44945**	**52385**
一、按领域分	**By Feild**					
文化核心产业	Culture Core Industries	23098	27522	30757	31565	36717
文化相关产业	Culture Related Industries	12329	13649	13605	13380	15668
二、按行业类别分	**By Industry Category**					
新闻信息服务	News Information Service	4610	5606	5783	6229	7300
内容创作生产	Creation and Manufacture of Content	7561	8662	9289	10321	12504
创意设计服务	Services of Creative Design	5363	7176	7640	7736	8978
文化传播渠道	Cultural Diffusion Channel	2865	3371	5272	4960	5217
文化投资运营	Investment and Operation of Culture	325	388	379	397	452
文化娱乐休闲服务	Culture Leisure and Entertainment	2373	2318	2395	1922	2266
文化辅助生产和中介服务	Supplementary Manufacture of Culture and Intermediary Services	6301	6791	6992	6779	7920
文化装备生产	Manufacture of Culture Equipment	1980	1994	1872	1828	2134
文化消费终端生产	Manufacture of Culture Consumption Endpoint	4048	4864	4742	4773.00	5614

1-1-3　续表　continued

单位：%　(%)

类　别	Category	2017	2018	2019	2020	2021
总　计	**Total**	**100.0**	**100.0**	**100.0**	**100.0**	**100.0**
一、按领域分	**By Feild**					
文化核心产业	Culture Core Industries	65.2	66.8	69.3	70.2	70.1
文化相关产业	Culture Related Industries	34.8	33.2	30.7	29.8	29.9
二、按行业类别分	**By Industry Category**					
新闻信息服务	News Information Service	13.0	13.6	13.0	13.9	13.9
内容创作生产	Creation and Manufacture of Content	21.3	21.0	20.9	23.0	23.9
创意设计服务	Services of Creative Design	15.1	17.4	17.2	17.2	17.1
文化传播渠道	Cultural Diffusion Channel	8.1	8.2	11.9	11.0	10.0
文化投资运营	Investment and Operation of Culture	0.9	0.9	0.9	0.9	0.9
文化娱乐休闲服务	Culture Leisure and Entertainment	6.7	5.6	5.4	4.3	4.3
文化辅助生产和中介服务	Supplementary Manufacture of Culture and Intermediary Services	17.8	16.5	15.8	15.1	15.1
文化装备生产	Manufacture of Culture Equipment	5.6	4.8	4.2	4.1	4.1
文化消费终端生产	Manufacture of Culture Consumption Endpoint	11.4	11.8	10.7	10.6	10.7

1-1-4 分地区文化及相关产业增加值(2017-2021年)
Regional Value-added of Cultural and Related Industries and Its Percentage in GDP (2017-2021)

单位：亿元 (100 million yuan)

地 区	Region	2017	2018	2019	2020	2021
北 京	Beijing	2723	3075	3318	3770	4509
天 津	Tianjin	498	574	502	377	397
河 北	Hebei	772	846	930	897	1039
山 西	Shanxi	308	344	387	405	479
内蒙古	Inner Mongolia	305	350	383	375	424
辽 宁	Liaoning	509	587	637	643	730
吉 林	Jilin	184	176	143	139	165
黑龙江	Heilongjiang	179	187	213	201	236
上 海	Shanghai	2003	2193	2302	2390	2756
江 苏	Jiangsu	3979	4657	4834	4986	5907
浙 江	Zhejiang	3202	3813	4247	4495	5145
安 徽	Anhui	1196	1537	1665	1607	1890
福 建	Fujian	1716	2055	2161	2166	2562
江 西	Jiangxi	708	854	987	1097	1316
山 东	Shandong	2330	2528	2675	2709	3207
河 南	Henan	1349	2143	2251	2203	2591
湖 北	Hubei	1483	1780	1929	1722	2157
湖 南	Hunan	1786	1836	2024	2058	2394
广 东	Guangdong	5002	5788	6227	6211	6910
广 西	Guangxi	415	448	501	509	568
海 南	Hainan	143	161	177	195	254
重 庆	Chongqing	754	865	967	971	1105
四 川	Sichuan	1538	1706	1844	2037	2441
贵 州	Guizhou	367	447	461	452	503
云 南	Yunnan	533	622	692	645	739
西 藏	Tibet	39	74	83	79	91
陕 西	Shaanxi	647	723	721	694	843
甘 肃	Gansu	164	178	189	187	217
青 海	Qinghai	42	49	53	51	61
宁 夏	Ningxia	76	90	102	103	122
新 疆	Xinjiang	218	258	277	239	313

1-1-5　分地区文化及相关产业增加值占GDP比重(2017-2021年)

Percentage of Regional Value-added of Cultural and Related Industries in GDP(2017-2021)

单位：%　　　　(%)

地　区	Region	2017	2018	2019	2020	2021
北　京	Beijing	9.11	9.29	9.36	10.49	10.99
天　津	Tianjin	4.00	4.29	3.57	2.69	2.53
河　北	Hebei	2.52	2.60	2.66	2.49	2.57
山　西	Shanxi	2.12	2.16	2.28	2.27	2.09
内蒙古	Inner Mongolia	2.05	2.17	2.23	2.18	2.01
辽　宁	Liaoning	2.35	2.50	2.56	2.57	2.65
吉　林	Jilin	1.69	1.56	1.22	1.14	1.25
黑龙江	Heilongjiang	1.46	1.46	1.58	1.48	1.59
上　海	Shanghai	6.08	6.09	6.06	6.13	6.31
江　苏	Jiangsu	4.63	5.00	4.90	4.85	5.03
浙　江	Zhejiang	6.11	6.57	6.80	6.95	6.95
安　徽	Anhui	4.03	4.52	4.52	4.22	4.44
福　建	Fujian	5.07	5.31	5.11	4.97	5.17
江　西	Jiangxi	3.50	3.76	4.00	4.26	4.41
山　东	Shandong	3.70	3.79	3.79	3.72	3.87
河　南	Henan	3.01	4.29	4.19	4.06	4.46
湖　北	Hubei	3.98	4.24	4.25	4.01	4.31
湖　南	Hunan	5.28	5.05	5.07	4.95	5.24
广　东	Guangdong	5.46	5.79	5.77	5.59	5.54
广　西	Guangxi	2.33	2.28	2.36	2.30	2.25
海　南	Hainan	3.18	3.28	3.32	3.51	3.90
重　庆	Chongqing	3.76	4.00	4.10	3.88	3.94
四　川	Sichuan	4.06	3.98	3.98	4.20	4.51
贵　州	Guizhou	2.69	2.91	2.75	2.53	2.59
云　南	Yunnan	2.88	2.98	2.98	2.63	2.72
西　藏	Tibet	2.91	4.76	4.89	4.17	4.37
陕　西	Shaanxi	3.01	3.02	2.80	2.67	2.80
甘　肃	Gansu	2.23	2.20	2.17	2.08	2.12
青　海	Qinghai	1.70	1.80	1.81	1.71	1.81
宁　夏	Ningxia	2.37	2.58	2.71	2.61	2.66
新　疆	Xinjiang	1.95	2.02	2.03	1.73	1.92

1-2-1 文化及相关产业固定资产投资增速(2012-2022年)
Growth Rate of Fixed Asset Investment in Cultural and Related Industries(2012-2022)

单位：% (%)

年 份 Year	文化及相关产业固定资产投资增速 Growth Rate of Fixed Asset Investment in Cultural and Related Industries
2012	49.8
2013	21.8
2014	24.4
2015	22.0
2016	16.7
2017	13.5
2018	7.1
2019	1.1
2020	-5.3
2021	5.2
2022	7.6

1-2-2 按行业类别分文化及相关产业固定资产投资增速(2018-2022年)
Growth Rate of Fixed Asset Investment in Cultural and Related Industries by Industry Category(2018-2022)

单位：% (%)

类 别	Category	2018	2019	2020	2021	2022
合计	**Total**	**7.1**	**1.1**	**-5.3**	**5.2**	**7.6**
新闻信息服务	News Information Service	1.8	-14.3	-17.8	2.6	-12.3
内容创作生产	Creation and Manufacture of Content	-3.6	-4.5	-2.5	7.8	11.0
创意设计服务	Services of Creative Design	16.0	7.8	-4.6	13.4	-5.1
文化传播渠道	Cultural Diffusion Channel	-18.5	-6.0	-6.0	2.0	0.4
文化投资运营	Investment and Operation of Culture	14.3	16.9	12.0	17.7	18.6
文化娱乐休闲服务	Culture Leisure and Entertainment	19.2	-0.3	-8.8	-3.5	1.5
文化辅助生产和中介服务	Supplementary Manufacture of Culture and Intermediary Services	1.3	11.5	-14.3	16.2	6.8
文化装备生产	Manufacture of Culture Equipment	-28.6	-7.1	12.2	5.4	-9.4
文化消费终端生产	Manufacture of Culture Consumption Endpoint	-11.2	12.9	-9.7	12.5	28.3

1-3-1 居民人均可支配收入与文化娱乐消费支出(2013-2022年)
Per Capita Disposable Income and Consumption Expenditure on Culture and Recreation of Households(2013-2022)

单位：元 (yuan)

指　　标	Item	2013	2014	2015	2016	2017
全国居民	**Nationwide Households**					
人均可支配收入	Per Capita Disposable Income	18310.8	20167.1	21966.2	23821.0	25973.8
人均消费支出	Per Capita Consumption Expenditure	13220.4	14491.4	15712.4	17110.7	18322.1
#文化娱乐支出	Cultural and Recreation	576.7	671.5	760.1	800.0	849.6
文化娱乐支出占消费支出比重(%)	Expenditure on Culture and Recreation as Percentage of Consumption Expenditure(%)	4.4	4.6	4.8	4.7	4.6
城镇居民	**Urban Households**					
人均可支配收入	Per Capita Disposable Income	26467.0	28843.9	31194.8	33616.2	36396.2
人均消费支出	Per Capita Consumption Expenditure	18487.5	19968.1	21392.4	23078.9	24445.0
#文化娱乐支出	Cultural and Recreation	945.7	1087.9	1216.1	1268.7	1338.7
文化娱乐支出占消费支出比重(%)	Expenditure on Culture and Recreation as Percentage of Consumption Expenditure(%)	5.1	5.4	5.7	5.5	5.5
农村居民	**Rural Households**					
人均可支配收入	Per Capita Disposable Income	9429.6	10488.9	11421.7	12363.4	13432.4
人均消费支出	Per Capita Consumption Expenditure	7485.1	8382.6	9222.6	10129.8	10954.5
#文化娱乐支出	Culture and Recreation	174.8	207.0	239.0	251.8	261.0
文化娱乐支出占消费支出比重(%)	Expenditure on Culture and Recreation as Percentage of Consumption Expenditure(%)	2.3	2.5	2.6	2.5	2.4

1-3-1 续表 continued

单位：元 (yuan)

指　　标	Item	2018	2019	2020	2021	2022
全国居民	**Nationwide Households**					
人均可支配收入	Per Capita Disposable Income	28228.0	30732.8	32188.8	35128.1	36883.3
人均消费支出	Per Capita Consumption Expenditure	19853.1	21558.9	21209.9	24100.1	24538.2
#文化娱乐支出	Cultural and Recreation	827.4	848.6	569.0	645.7	590.6
文化娱乐支出占消费支出比重(%)	Expenditure on Culture and Recreation as Percentage of Consumption Expenditure(%)	4.2	3.9	2.7	2.7	2.4
城镇居民	**Urban Households**					
人均可支配收入	Per Capita Disposable Income	39250.8	42358.8	43833.8	47411.9	49282.9
人均消费支出	Per Capita Consumption Expenditure	26112.3	28063.4	27007.4	30307.2	30390.8
#文化娱乐支出	Cultural and Recreation	1270.7	1290.6	821.8	922.8	814.2
文化娱乐支出占消费支出比重(%)	Expenditure on Culture and Recreation as Percentage of Consumption Expenditure(%)	4.9	4.6	3.0	3.0	2.7
农村居民	**Rural Households**					
人均可支配收入	Per Capita Disposable Income	14617.0	16020.7	17131.5	18930.9	20132.8
人均消费支出	Per Capita Consumption Expenditure	12124.3	13327.7	13713.4	15915.6	16632.1
#文化娱乐支出	Culture and Recreation	280.0	289.1	242.2	280.5	288.7
文化娱乐支出占消费支出比重(%)	Expenditure on Culture and Recreation as Percentage of Consumption Expenditure(%)	2.3	2.2	1.8	1.8	1.7

1-3-2 分地区居民人均文化娱乐消费支出(2013-2022年)
Per Capita Consumption Expenditure on Culture and Recreation of Nationwide Households by Region (2013-2022)

单位：元 (yuan)

地 区	Region	2013	2014	2015	2016	2017	2018	2019	2020	2021	2022
全 国	**National Total**	**576.7**	**671.5**	**760.1**	**800.0**	**849.6**	**827.4**	**848.6**	**569.0**	**645.7**	**590.6**
北 京	Beijing	2133.3	2333.7	2592.1	2351.4	2394.7	2191.6	2272.1	1217.8	1367.1	1145.5
天 津	Tianjin	839.3	998.5	1120.0	1173.0	1337.2	1522.2	1579.0	833.5	1089.1	903.2
河 北	Hebei	375.0	443.4	553.7	555.6	606.0	620.5	655.7	467.6	425.5	455.1
山 西	Shanxi	350.6	481.6	544.3	546.8	634.7	617.6	667.5	390.9	441.2	398.8
内蒙古	Inner Mongolia	645.7	692.3	828.2	851.4	924.9	737.8	742.1	543.9	608.5	536.1
辽 宁	Liaoning	646.7	794.8	856.0	980.9	1014.4	1101.0	1056.3	586.4	770.1	602.1
吉 林	Jilin	480.8	580.9	616.7	656.2	655.9	675.3	663.0	432.7	512.8	429.9
黑龙江	Heilongjiang	405.7	460.1	500.5	535.8	584.4	602.8	609.7	397.5	458.9	449.1
上 海	Shanghai	1822.1	2149.6	2372.8	2638.2	3008.5	2786.3	2898.0	1468.8	1719.2	1074.0
江 苏	Jiangsu	1141.9	1204.6	1266.7	1311.8	1399.4	1100.2	1119.9	679.5	835.8	785.7
浙 江	Zhejiang	880.5	927.2	1093.0	1209.2	1190.5	1258.9	1366.8	866.9	958.5	975.8
安 徽	Anhui	306.4	350.7	412.4	511.7	544.0	552.6	606.1	456.2	531.2	504.9
福 建	Fujian	658.5	714.4	803.4	770.1	735.2	767.3	788.6	480.0	629.5	648.9
江 西	Jiangxi	379.4	479.3	552.3	538.0	571.5	632.2	576.0	444.6	501.5	489.2
山 东	Shandong	430.0	537.9	640.7	708.3	656.2	718.9	786.9	779.4	914.5	727.0
河 南	Henan	439.9	501.5	573.7	537.1	542.0	511.4	539.2	353.9	445.4	396.2
湖 北	Hubei	417.3	487.6	551.8	589.7	688.8	691.4	734.1	422.7	580.3	562.4
湖 南	Hunan	458.5	639.0	740.7	915.2	1111.0	1130.2	1039.8	726.1	743.6	788.8
广 东	Guangdong	871.6	1015.5	1139.6	1153.0	1207.2	1114.0	1216.3	779.5	824.1	776.6
广 西	Guangxi	341.1	383.2	449.0	441.7	451.7	523.5	494.6	352.9	338.7	321.7
海 南	Hainan	360.9	367.4	387.0	413.1	455.6	530.4	512.1	353.4	401.4	331.0
重 庆	Chongqing	481.5	576.2	653.7	681.4	768.2	764.4	790.3	635.5	739.1	682.8
四 川	Sichuan	419.0	517.2	584.7	625.9	716.4	663.5	642.1	478.7	500.1	474.7
贵 州	Guizhou	347.7	462.4	506.5	519.5	554.5	477.2	484.0	365.6	441.9	418.5
云 南	Yunnan	373.7	446.4	533.8	540.5	584.9	552.1	549.6	418.7	437.5	417.4
西 藏	Tibet	70.5	109.2	144.3	151.7	156.9	200.4	199.7	158.5	224.2	221.5
陕 西	Shaanxi	463.6	506.0	576.7	686.6	669.8	704.5	691.5	435.2	451.3	407.0
甘 肃	Gansu	305.0	348.0	438.5	485.8	519.5	520.3	470.4	416.5	403.5	355.2
青 海	Qinghai	413.8	589.1	594.6	630.0	674.9	585.2	605.9	416.3	425.7	319.1
宁 夏	Ningxia	513.6	538.5	612.6	652.4	643.8	754.9	767.0	428.9	465.0	429.8
新 疆	Xinjiang	373.4	413.3	445.0	527.7	486.7	528.9	481.4	296.7	392.0	374.6

1-3-3 分地区居民人均文化娱乐消费支出占消费支出比重(2013-2022年)
Per Capita Consumption Expenditure on Culture and Recreation of Nationwide Households by Region (2013-2022)

单位：% (%)

地区	Region	2013	2014	2015	2016	2017	2018	2019	2020	2021	2022
全国	**National Total**	**4.4**	**4.6**	**4.8**	**4.7**	**4.6**	**4.2**	**3.9**	**2.7**	**2.7**	**2.4**
北京	Beijing	7.3	7.5	7.7	6.6	6.4	5.5	5.3	3.1	3.1	2.7
天津	Tianjin	4.1	4.5	4.6	4.5	4.8	5.1	5.0	2.9	3.3	2.9
河北	Hebei	3.4	3.7	4.2	3.9	3.9	3.7	3.6	2.6	2.1	2.2
山西	Shanxi	3.5	4.4	4.6	4.3	4.6	4.2	4.2	2.5	2.6	2.3
内蒙古	Inner Mongolia	4.3	4.3	4.8	4.7	4.9	3.8	3.6	2.7	2.7	2.4
辽宁	Liaoning	4.3	4.9	5.0	4.9	5.0	5.1	4.8	2.8	3.2	2.7
吉林	Jilin	4.0	4.5	4.5	4.4	4.2	3.9	3.7	2.5	2.6	2.4
黑龙江	Heilongjiang	3.4	3.6	3.7	3.7	3.8	3.5	3.4	2.3	2.2	2.2
上海	Shanghai	6.0	6.5	6.8	7.0	7.6	6.4	6.4	3.5	3.5	2.3
江苏	Jiangsu	6.4	6.3	6.2	5.9	6.0	4.4	4.2	2.6	2.7	2.4
浙江	Zhejiang	4.3	4.1	4.5	4.7	4.4	4.3	4.3	2.8	2.6	2.5
安徽	Anhui	2.9	3.0	3.2	3.5	3.5	3.2	3.2	2.4	2.4	2.2
福建	Fujian	4.1	4.0	4.3	3.8	3.5	3.3	3.1	1.9	2.2	2.2
江西	Jiangxi	3.8	4.3	4.5	4.1	4.0	4.0	3.3	2.5	2.5	2.3
山东	Shandong	3.6	4.0	4.4	4.4	3.8	3.8	3.9	3.7	4.0	3.2
河南	Henan	4.4	4.6	4.8	4.2	3.9	3.4	3.3	2.2	2.4	2.1
湖北	Hubei	3.5	3.8	3.9	3.7	4.1	3.5	3.4	2.2	2.4	2.3
湖南	Hunan	3.8	4.8	5.2	5.8	6.5	6.0	5.1	3.5	3.3	3.3
广东	Guangdong	5.0	5.3	5.4	4.9	4.9	4.3	4.2	2.7	2.6	2.4
广西	Guangxi	3.6	3.7	3.9	3.6	3.4	3.5	3.0	2.2	1.9	1.8
海南	Hainan	3.2	2.9	2.9	2.9	3.0	3.0	2.6	1.9	1.8	1.5
重庆	Chongqing	3.8	4.2	4.3	4.2	4.3	4.0	3.8	2.9	3.0	2.7
四川	Sichuan	3.8	4.2	4.3	4.2	4.4	3.8	3.3	2.4	2.3	2.1
贵州	Guizhou	4.2	5.0	4.9	4.4	4.3	3.5	3.3	2.5	2.5	2.3
云南	Yunnan	4.2	4.5	4.9	4.6	4.6	3.9	3.5	2.5	2.3	2.2
西藏	Tibet	1.1	1.5	1.8	1.6	1.5	1.7	1.5	1.2	1.5	1.4
陕西	Shaanxi	4.1	4.1	4.4	4.9	4.5	4.4	4.0	2.5	2.3	2.1
甘肃	Gansu	3.4	3.5	4.0	4.0	4.0	3.6	3.0	2.6	2.3	2.0
青海	Qinghai	3.6	4.7	4.4	4.3	4.4	3.5	3.5	2.3	2.2	1.8
宁夏	Ningxia	4.5	4.3	4.4	4.4	4.2	4.5	4.2	2.5	2.3	2.2
新疆	Xinjiang	3.3	3.5	3.5	3.8	3.2	3.3	2.8	1.8	2.1	2.1

1-3-4　分地区居民人均文化娱乐消费支出(2022年)
Per Capita Consumption Expenditure on Culture and Recreation of Households by Region(2022)

单位：元　　(yuan)

地区	Region	全国居民 Nationwide Households		城镇居民 Urban Households		农村居民 Rural Households	
		人均消费支出 Per Capita Consumption Expenditure	#文化娱乐 Culture and Recreation	人均消费支出 Per Capita Consumption Expenditure	#文化娱乐 Culture and Recreation	人均消费支出 Per Capita Consumption Expenditure	#文化娱乐 Culture and Recreation
全　国	**National Total**	**24538.2**	**590.6**	**30390.8**	**814.2**	**16632.1**	**288.7**
北　京	Beijing	42683.2	1145.5	45616.9	1250.1	23745.4	470.2
天　津	Tianjin	31323.7	903.2	33823.6	1029.1	18934.2	279.0
河　北	Hebei	20890.3	455.1	25071.3	621.2	16270.6	271.6
山　西	Shanxi	17536.7	398.8	21922.6	566.4	12090.9	190.8
内蒙古	Inner Mongolia	22298.4	536.1	26666.8	703.0	15443.6	274.1
辽　宁	Liaoning	22603.7	602.1	26652.2	777.8	14326.1	242.8
吉　林	Jilin	17897.5	429.9	21834.9	556.2	12729.2	264.1
黑龙江	Heilongjiang	20411.9	449.1	24011.0	574.9	15161.8	265.5
上　海	Shanghai	46045.4	1074.0	48110.5	1147.6	27430.3	410.3
江　苏	Jiangsu	32848.1	785.7	37795.7	936.4	22596.9	473.4
浙　江	Zhejiang	38971.1	975.8	44511.2	1147.6	27483.4	619.7
安　徽	Anhui	22541.9	504.9	26832.4	679.2	17980.4	319.5
福　建	Fujian	30041.7	648.9	35692.1	840.0	20466.5	325.1
江　西	Jiangxi	21707.9	489.2	25975.5	654.6	16984.4	306.2
山　东	Shandong	22640.4	727.0	28555.2	1060.7	14686.7	278.2
河　南	Henan	19019.5	396.2	23539.3	571.2	14823.9	233.7
湖　北	Hubei	24827.8	562.4	29120.9	746.6	18991.0	312.0
湖　南	Hunan	24082.7	788.8	29580.1	1140.6	18077.7	404.5
广　东	Guangdong	32168.7	776.6	36936.2	956.0	20800.0	348.8
广　西	Guangxi	18342.8	321.7	22438.1	441.8	14657.7	213.6
海　南	Hainan	21500.4	331.0	26417.6	455.5	15145.5	170.2
重　庆	Chongqing	25371.1	682.8	30573.9	919.7	16727.1	289.2
四　川	Sichuan	22301.9	474.7	27637.3	691.6	17199.0	267.3
贵　州	Guizhou	17938.7	418.5	24229.9	646.7	13172.5	245.7
云　南	Yunnan	18950.8	417.4	26239.7	703.5	13308.6	196.0
西　藏	Tibet	15885.6	221.5	28265.4	591.4	11138.9	79.7
陕　西	Shaanxi	19848.4	407.0	24765.8	597.6	14094.2	183.8
甘　肃	Gansu	17489.4	355.2	25207.0	588.5	11494.2	174.0
青　海	Qinghai	17260.8	319.1	21700.2	474.2	12515.8	153.4
宁　夏	Ningxia	19136.3	429.8	24213.4	655.4	12825.3	149.3
新　疆	Xinjiang	17927.1	374.6	24142.3	645.5	12169.1	123.7

1-3-5 分地区城镇居民人均文化娱乐消费支出(2013-2022年)

Per Capita Consumption Expenditure on Culture and Recreation of Urban Households by Region (2013-2022)

单位：元 (yuan)

地 区	Region	2013	2014	2015	2016	2017	2018	2019	2020	2021	2022
全 国	**National Total**	**945.7**	**1087.9**	**1216.1**	**1268.7**	**1338.7**	**1270.7**	**1290.6**	**821.8**	**922.8**	**814.2**
北 京	Beijing	2409.4	2633.0	2926.3	2634.8	2687.0	2441.1	2523.1	1335.3	1498.5	1250.1
天 津	Tianjin	958.9	1150.3	1278.3	1352.1	1539.7	1766.5	1834.3	950.9	1247.9	1029.1
河 北	Hebei	626.2	723.0	919.3	910.9	999.1	991.6	1032.1	721.1	557.4	621.2
山 西	Shanxi	592.2	800.0	886.7	893.2	1050.2	996.2	1068.2	592.8	651.5	566.4
内蒙古	Inner Mongolia	979.7	1043.1	1240.8	1277.7	1364.6	1066.0	1054.6	730.4	818.5	703.0
辽 宁	Liaoning	898.6	1101.3	1154.2	1340.3	1393.4	1517.8	1448.6	742.4	999.1	777.8
吉 林	Jilin	707.6	858.5	916.0	968.5	966.6	1003.7	980.4	594.8	692.8	556.2
黑龙江	Heilongjiang	577.6	641.0	708.2	743.5	817.8	869.8	862.0	524.6	611.4	574.9
上 海	Shanghai	1999.7	2359.1	2593.2	2898.1	3298.1	3038.8	3156.3	1595.0	1852.4	1147.6
江 苏	Jiangsu	1550.9	1636.2	1700.0	1733.6	1852.2	1431.3	1474.1	874.8	1023.4	936.4
浙 江	Zhejiang	1209.1	1272.2	1462.9	1636.3	1608.6	1652.1	1781.7	1084.2	1169.2	1147.6
安 徽	Anhui	520.4	570.7	661.9	847.2	882.4	829.1	918.8	617.7	743.9	679.2
福 建	Fujian	949.6	1016.8	1162.8	1114.6	1042.7	1050.2	1075.0	618.7	823.3	840.0
江 西	Jiangxi	673.6	833.3	921.9	887.8	946.4	1064.7	895.0	595.3	695.6	654.6
山 东	Shandong	678.8	846.2	1007.1	1098.8	1003.2	1097.6	1196.8	1193.6	1399.0	1060.7
河 南	Henan	833.4	902.1	1038.6	937.2	960.0	865.0	901.9	553.6	690.7	571.2
湖 北	Hubei	649.7	754.9	823.9	897.3	1033.5	989.8	1045.5	549.5	786.5	746.6
湖 南	Hunan	805.2	1095.1	1244.3	1514.1	1826.0	1870.2	1694.4	1121.4	1129.2	1140.6
广 东	Guangdong	1202.9	1387.8	1550.3	1542.4	1601.6	1410.5	1565.2	973.8	1016.9	956.0
广 西	Guangxi	667.7	733.4	836.1	800.6	805.5	914.8	830.3	546.0	533.1	441.8
海 南	Hainan	586.9	577.8	589.0	622.9	669.4	768.9	730.2	488.4	560.7	455.5
重 庆	Chongqing	759.0	891.3	1002.0	1025.7	1154.8	1133.6	1151.5	890.6	1032.9	919.7
四 川	Sichuan	798.6	968.1	1087.1	1159.4	1297.2	1131.2	1017.6	719.0	744.8	691.6
贵 州	Guizhou	797.6	1067.0	1126.6	1129.7	1161.3	916.6	884.2	575.5	724.5	646.7
云 南	Yunnan	840.0	1009.0	1168.4	1147.3	1266.6	1101.3	1071.9	771.3	812.0	703.5
西 藏	Tibet	212.5	376.2	479.8	512.4	493.1	582.9	542.8	428.0	615.2	591.4
陕 西	Shaanxi	814.4	893.0	973.6	1171.5	1133.8	1169.7	1148.1	678.5	672.3	597.6
甘 肃	Gansu	634.6	714.1	880.2	1001.8	1071.1	1025.7	914.7	776.8	721.5	588.5
青 海	Qinghai	740.8	1068.2	1076.6	1120.4	1234.6	1025.8	1036.7	640.5	637.8	474.2
宁 夏	Ningxia	845.0	877.6	992.1	1064.0	1019.0	1215.0	1226.0	650.5	726.4	655.4
新 疆	Xinjiang	691.2	792.8	875.3	1017.5	921.3	1013.5	903.1	498.9	657.4	645.5

1-3-6 分地区城镇居民人均文化娱乐消费支出占消费支出比重(2013-2022年)

Per Capita Consumption Expenditure on Culture and Recreation of Rural Households by Region (2013-2022)

单位：% (%)

地 区	Region	2013	2014	2015	2016	2017	2018	2019	2020	2021	2022
全 国	**National Total**	**5.1**	**5.4**	**5.7**	**5.5**	**5.5**	**4.9**	**4.6**	**3.0**	**3.0**	**2.7**
北 京	Beijing	7.6	7.8	8.0	6.9	6.7	5.7	5.4	3.2	3.2	2.7
天 津	Tianjin	4.3	4.7	4.9	4.8	5.1	5.4	5.3	3.1	3.5	3.0
河 北	Hebei	4.2	4.5	5.2	4.8	4.9	4.5	4.4	3.1	2.3	2.5
山 西	Shanxi	4.3	5.5	5.6	5.3	5.7	5.0	5.0	2.9	3.0	2.6
内蒙古	Inner Mongolia	5.1	5.0	5.7	5.6	5.8	4.4	4.2	3.1	3.0	2.6
辽 宁	Liaoning	4.7	5.4	5.4	5.4	5.5	5.7	5.3	3.0	3.5	2.9
吉 林	Jilin	4.4	5.0	5.1	5.1	4.8	4.5	4.2	2.8	2.8	2.5
黑龙江	Heilongjiang	3.7	3.9	4.1	4.1	4.2	4.1	3.9	2.6	2.5	2.4
上 海	Shanghai	6.2	6.7	7.0	7.3	7.8	6.6	6.5	3.6	3.6	2.4
江 苏	Jiangsu	7.0	7.0	6.8	6.6	6.7	4.9	4.7	2.8	2.8	2.5
浙 江	Zhejiang	4.8	4.7	5.1	5.4	5.0	4.8	4.8	3.0	2.8	2.6
安 徽	Anhui	3.6	3.5	3.8	4.3	4.3	3.9	3.9	2.7	2.8	2.5
福 建	Fujian	4.6	4.6	4.9	4.5	4.0	3.7	3.5	2.0	2.4	2.4
江 西	Jiangxi	4.9	5.5	5.5	5.0	4.9	5.1	3.9	2.7	2.8	2.5
山 东	Shandong	4.1	4.6	5.1	5.1	4.3	4.4	4.5	4.4	4.8	3.7
河 南	Henan	5.5	5.6	6.1	5.2	4.9	4.1	4.1	2.7	3.0	2.4
湖 北	Hubei	4.2	4.5	4.5	4.5	4.9	4.1	4.0	2.4	2.8	2.6
湖 南	Hunan	4.8	6.0	6.4	7.1	7.9	7.5	6.3	4.2	4.0	3.9
广 东	Guangdong	5.6	5.9	6.0	5.4	5.3	4.6	4.5	2.9	2.8	2.6
广 西	Guangxi	4.6	4.9	5.1	4.6	4.4	4.5	3.8	2.6	2.4	2.0
海 南	Hainan	3.7	3.3	3.2	3.3	3.3	3.3	2.9	2.1	2.0	1.7
重 庆	Chongqing	4.4	4.9	5.1	4.9	5.1	4.7	4.5	3.4	3.5	3.0
四 川	Sichuan	5.0	5.5	5.6	5.6	5.9	4.8	4.0	2.9	2.8	2.5
贵 州	Guizhou	5.8	7.0	6.7	5.9	5.7	4.4	4.1	2.8	2.9	2.7
云 南	Yunnan	5.7	6.2	6.6	6.2	6.5	5.1	4.6	3.1	3.0	2.7
西 藏	Tibet	1.6	2.4	2.8	2.6	2.3	2.5	2.1	1.7	2.2	2.1
陕 西	Shaanxi	5.0	5.1	5.3	6.0	5.6	5.3	4.9	3.0	2.7	2.4
甘 肃	Gansu	4.4	4.5	5.0	5.1	5.2	4.5	3.7	3.2	2.8	2.3
青 海	Qinghai	4.6	6.1	5.6	5.4	5.7	4.5	4.4	2.6	2.6	2.2
宁 夏	Ningxia	5.3	5.1	5.2	5.2	5.0	5.5	5.1	2.9	2.9	2.7
新 疆	Xinjiang	4.1	4.5	4.5	4.8	4.0	4.2	3.5	2.2	2.6	2.7

1-3-7 分地区农村居民人均文化娱乐消费支出(2013-2022年)
Per Capita Consumption Expenditure on Culture and Recreation of Rural Households by Region (2013-2022)

单位：元 (yuan)

地 区	Region	2013	2014	2015	2016	2017	2018	2019	2020	2021	2022
全 国	**National Total**	**174.8**	**207.0**	**239.0**	**251.8**	**261.0**	**280.0**	**289.1**	**242.2**	**280.5**	**288.7**
北 京	Beijing	378.6	437.2	474.4	546.3	531.7	601.4	672.1	469.1	526.2	470.2
天 津	Tianjin	337.1	327.3	398.2	346.9	387.2	364.9	369.5	273.1	321.7	279.0
河 北	Hebei	160.8	202.4	232.1	230.3	232.8	253.9	271.0	201.2	283.5	271.6
山 西	Shanxi	107.9	154.7	183.7	172.8	175.3	188.9	203.4	151.9	186.5	190.8
内蒙古	Inner Mongolia	202.2	215.8	253.7	248.3	291.2	256.1	275.5	261.5	285.9	274.1
辽 宁	Liaoning	190.0	225.7	286.0	289.1	268.6	280.3	281.7	274.1	311.6	242.8
吉 林	Jilin	216.4	252.6	262.5	283.0	279.7	272.2	268.1	227.3	281.4	264.1
黑龙江	Heilongjiang	178.6	218.4	222.9	253.8	265.0	234.3	260.1	218.7	241.0	265.5
上 海	Shanghai	313.7	344.9	473.9	429.0	506.8	569.4	654.3	348.9	524.2	410.3
江 苏	Jiangsu	465.9	469.6	512.7	556.9	563.9	472.8	433.1	293.6	456.6	473.4
浙 江	Zhejiang	328.1	334.6	440.9	441.1	415.1	510.2	559.0	435.2	529.5	619.7
安 徽	Anhui	129.6	162.5	193.0	208.5	228.8	287.4	296.9	292.6	310.8	319.5
福 建	Fujian	247.8	277.5	273.2	253.4	264.1	324.7	329.2	252.6	307.1	325.1
江 西	Jiangxi	127.5	170.1	217.8	212.4	211.9	205.1	251.3	286.8	292.5	306.2
山 东	Shandong	167.1	206.5	235.8	258.9	240.6	246.5	259.0	239.5	278.6	278.2
河 南	Henan	166.5	213.7	228.7	230.0	210.2	221.3	231.4	179.1	224.1	233.7
湖 北	Hubei	163.0	185.1	235.0	222.9	267.2	317.1	333.8	256.4	305.9	312.0
湖 南	Hunan	168.7	253.6	300.4	374.3	440.7	410.1	378.5	315.5	333.3	404.5
广 东	Guangdong	202.5	241.4	276.7	321.4	355.1	465.9	442.4	339.8	380.5	348.8
广 西	Guangxi	102.4	119.1	148.5	157.1	165.2	200.2	210.8	186.3	168.0	213.6
海 南	Hainan	126.3	140.4	164.6	176.2	205.8	242.3	241.8	182.7	199.2	170.2
重 庆	Chongqing	136.1	165.3	184.3	204.8	214.5	217.1	238.0	233.8	263.5	289.2
四 川	Sichuan	141.3	177.1	194.7	200.0	238.3	266.5	313.0	261.7	272.3	267.3
贵 州	Guizhou	101.7	123.8	147.0	150.3	170.4	186.4	208.5	216.5	235.0	245.7
云 南	Yunnan	97.5	108.8	136.5	147.6	127.5	170.4	174.0	159.2	155.6	196.0
西 藏	Tibet	28.0	29.5	42.4	36.0	43.6	65.3	74.2	59.3	78.8	79.7
陕 西	Shaanxi	143.3	147.3	193.8	206.2	197.0	216.6	198.7	165.3	199.9	183.8
甘 肃	Gansu	106.8	123.2	158.4	148.1	147.1	168.3	149.9	149.6	164.1	174.0
青 海	Qinghai	127.4	160.8	159.5	182.1	149.8	160.6	178.6	187.6	204.8	153.4
宁 夏	Ningxia	179.4	193.9	216.0	208.2	230.2	236.8	232.1	166.0	148.7	149.3
新 疆	Xinjiang	124.1	115.3	105.2	131.8	127.3	119.0	117.4	116.7	151.0	123.7

1-3-8 分地区农村居民人均文化娱乐消费支出占消费支出比重(2013-2022年)

The Proportion of Per Capita Consumption Expenditure on Culture and Recreation in Total Consumption Expenditure of Rural Households by Region (2013-2022)

单位：% (%)

地 区	Region	2013	2014	2015	2016	2017	2018	2019	2020	2021	2022
全 国	**National Total**	**2.3**	**2.5**	**2.6**	**2.5**	**2.4**	**2.3**	**2.2**	**1.8**	**1.8**	**1.7**
北 京	Beijing	2.8	3.0	3.0	3.2	2.8	3.0	3.1	2.2	2.2	2.0
天 津	Tianjin	2.7	2.4	2.7	2.2	2.4	2.2	2.1	1.6	1.7	1.5
河 北	Hebei	2.2	2.5	2.6	2.4	2.2	2.2	2.2	1.6	1.8	1.7
山 西	Shanxi	1.7	2.2	2.5	2.2	2.1	2.1	2.1	1.5	1.6	1.6
内蒙古	Inner Mongolia	2.2	2.2	2.4	2.2	2.4	2.0	2.0	1.9	1.8	1.8
辽 宁	Liaoning	2.7	2.9	3.2	2.9	2.5	2.4	2.3	2.2	2.1	1.7
吉 林	Jilin	2.9	3.1	3.0	3.0	2.7	2.5	2.3	1.9	2.1	2.1
黑龙江	Heilongjiang	2.5	2.8	2.7	2.7	2.5	2.1	2.1	1.8	1.6	1.8
上 海	Shanghai	2.4	2.3	2.9	2.5	2.8	2.9	2.9	1.6	1.9	1.5
江 苏	Jiangsu	4.3	4.0	4.0	3.9	3.6	2.9	2.4	1.7	2.2	2.1
浙 江	Zhejiang	2.6	2.3	2.7	2.5	2.3	2.6	2.6	2.0	2.1	2.3
安 徽	Anhui	1.8	2.0	2.2	2.0	2.1	2.3	2.0	1.9	1.8	1.8
福 建	Fujian	2.5	2.5	2.3	2.0	1.9	2.2	2.0	1.5	1.6	1.6
江 西	Jiangxi	1.9	2.3	2.6	2.3	2.1	1.9	2.0	2.1	1.9	1.8
山 东	Shandong	2.4	2.6	2.7	2.7	2.3	2.2	2.1	1.9	1.9	1.9
河 南	Henan	2.6	2.9	2.9	2.7	2.3	2.1	2.0	1.5	1.6	1.6
湖 北	Hubei	2.1	2.1	2.4	2.0	2.3	2.3	2.2	1.8	1.7	1.6
湖 南	Hunan	2.2	2.8	3.1	3.5	3.8	3.2	2.7	2.1	2.0	2.2
广 东	Guangdong	2.3	2.4	2.5	2.6	2.7	3.0	2.6	2.0	1.9	1.7
广 西	Guangxi	1.7	1.8	2.0	1.9	1.8	1.9	1.8	1.5	1.2	1.5
海 南	Hainan	2.0	2.0	2.0	2.0	2.1	2.2	1.9	1.4	1.3	1.1
重 庆	Chongqing	2.0	2.1	2.1	2.1	2.0	1.8	1.8	1.7	1.6	1.7
四 川	Sichuan	1.9	2.1	2.1	2.0	2.1	2.1	2.2	1.8	1.7	1.6
贵 州	Guizhou	1.9	2.1	2.2	2.0	2.1	2.0	2.0	2.0	1.9	1.9
云 南	Yunnan	1.9	1.8	2.0	2.0	1.6	1.9	1.7	1.4	1.3	1.5
西 藏	Tibet	0.7	0.6	0.8	0.6	0.7	0.9	0.9	0.7	0.7	0.7
陕 西	Shaanxi	2.2	2.0	2.5	2.4	2.1	2.2	1.8	1.5	1.5	1.3
甘 肃	Gansu	1.9	2.0	2.3	2.0	1.8	1.9	1.5	1.5	1.5	1.5
青 海	Qinghai	1.7	2.0	1.9	2.0	1.5	1.6	1.6	1.5	1.5	1.2
宁 夏	Ningxia	2.7	2.5	2.6	2.3	2.3	2.2	2.0	1.4	1.1	1.2
新 疆	Xinjiang	1.7	1.6	1.4	1.6	1.5	1.3	1.1	1.1	1.2	1.0

1-4-1 文化娱乐用品及服务价格指数(2013-2022年)
Price Indices of Articles and Service for Culture and Recreation(2013-2022)

上年=100 (preceding year=100)

年 份 Year	居民消费价格指数 Consumer Price Index	文化娱乐 Culture and Recreation	文娱耐用消费品 Durable Consumer Goods for Culture and Recreation	其他文娱用品 Other Goods for Culture and Recreation	文化娱乐服务 Services for Culture and Recreation	旅游 Touring
2013	102.6	101.4	96.3	100.2	101.4	104.0
2014	102.0	101.3	97.3	100.3	101.3	105.0
2015	101.4	101.8	98.5	100.3	101.8	99.5
2016	102.0	100.4	97.3	100.8	100.9	102.0
2017	101.6	101.5	99.0	101.0	100.7	103.6
2018	102.1	101.4	98.3	101.9	100.8	103.3
2019	102.9	101.0	98.7	102.0	101.0	101.8
2020	102.5	100.1	98.7	100.4	99.1	101.1
2021	100.9	101.5	101.5	100.6	102.6	101.4
2022	102.0	101.3	99.8	101.1	100.3	103.2

1-4-2 按城乡分文化娱乐用品及服务价格指数(2022年)
Price Indices of Articles and Service for Culture and Recreation in Urban and Rural Area (2022)

上年=100 (preceding year=100)

项 目	Item	全国 National Indices	城市 Urban Indices	农村 Rural Indices
居民消费价格指数	**Consumer Price Index**	**102.0**	**102.0**	**102.0**
#文化娱乐	Culture and Recreation	101.3	101.4	100.8
文娱耐用消费品	Durable Consumer Goods for Culturaland Recreation Use	99.8	99.7	100.4
其他文娱用品	Other Articles	101.1	101.2	100.8
文化娱乐服务	Service for Culture and Recreation	100.3	100.3	100.3
旅游	Tourism	103.2	103.3	102.2

1-4-3 分地区文化娱乐用品及服务价格指数(2022年)
Per Capita Consumption Expenditure on Culture and Recreation of Households by Region(2022)

上年=100 (preceding year=100)

地区	Region	居民消费价格指数 Consumer Price Index	文化娱乐 Culture and Recreation	文娱耐用消费品 Durable Consumer Goods for Cultural and Recreation	其他文娱用品 Other Goods for Culture and Recreation	文化娱乐服务 Services for Culture and Recreation	旅游 Touring
全国	**National Total**	**102.0**	**101.3**	**99.8**	**101.1**	**100.3**	**103.2**
北京	Beijing	101.8	100.3	99.8	102.9	96.7	101.2
天津	Tianjin	101.9	101.4	99.4	103.0	100.8	101.9
河北	Hebei	101.8	100.9	100.8	100.5	101.0	101.4
山西	Shanxi	102.1	100.9	100.1	100.7	99.5	103.0
内蒙古	Inner Mongolia	101.8	102.4	99.6	100.8	100.0	108.1
辽宁	Liaoning	102.0	101.6	99.8	101.4	101.2	102.8
吉林	Jilin	102.1	101.8	99.7	100.9	99.8	104.6
黑龙江	Heilongjiang	101.9	101.5	100.1	100.3	100.1	104.9
上海	Shanghai	102.5	102.6	99.2	102.3	100.3	106.6
江苏	Jiangsu	102.2	101.9	100.3	101.4	101.4	103.5
浙江	Zhejiang	102.2	101.8	100.4	101.2	100.1	104.1
安徽	Anhui	102.0	100.6	98.7	101.1	100.2	101.5
福建	Fujian	101.9	100.8	99.5	101.5	100.1	101.8
江西	Jiangxi	102.0	100.8	98.1	100.8	100.7	103.0
山东	Shandong	101.7	100.3	100.1	101.4	99.8	100.1
河南	Henan	101.5	100.3	99.7	100.6	100.6	100.5
湖北	Hubei	102.1	103.5	100.5	101.9	100.7	109.5
湖南	Hunan	101.8	100.0	100.8	100.8	100.3	99.0
广东	Guangdong	102.2	101.7	100.1	100.6	100.2	104.4
广西	Guangxi	101.9	101.3	97.7	101.5	99.8	106.3
海南	Hainan	101.6	103.1	100.1	99.6	99.6	111.3
重庆	Chongqing	102.1	101.2	98.6	100.1	98.5	105.2
四川	Sichuan	102.0	101.0	98.4	100.5	101.4	102.1
贵州	Guizhou	101.6	101.6	99.0	100.7	101.0	104.7
云南	Yunnan	101.6	101.6	102.4	100.5	100.4	102.8
西藏	Tibet	101.5	100.6	100.1	100.2	99.4	106.6
陕西	Shaanxi	102.1	101.7	101.0	101.1	100.1	103.8
甘肃	Gansu	101.9	101.2	102.0	100.5	100.1	102.6
青海	Qinghai	102.4	103.3	101.5	102.4	100.7	108.5
宁夏	Ningxia	102.3	100.9	98.4	100.7	100.9	103.2
新疆	Xinjiang	101.8	100.7	99.8	100.8	99.0	102.8

1-5-1 文化、体育和娱乐业对外直接投资流量、存量(2012-2022年)
China's Annual Outward FDI Flows and Stock on Culture, Sports and Entertainment(2012-2022)

年 份 Year	流量金额 (亿美元) Amount of Flows (USD 100 million)	占流量总额的比重 (%) Share of Total Flows (%)	存量金额 (亿美元) Amount of Stock (USD 100 million)	占存量总额的比重 (%) Share of Total Stock (%)
2012	2.0	0.2	7.9	0.1
2013	3.1	0.3	11.0	0.2
2014	5.2	0.4	16.0	0.2
2015	17.5	1.2	32.5	0.3
2016	38.7	2.0	79.1	0.6
2017	2.6	0.2	81.2	0.4
2018	11.7	0.8	126.6	0.6
2019	5.2	0.4	126.3	0.6
2020	-21.3	-1.4	127.0	0.5
2021	0.9	0.1	120.2	0.4
2022	15.3	0.9	112.1	0.4

1-5-2 文化产品进出口(2012-2022年)
Imports and Exports of Cultural Commodities(2012-2022)

年 份 Year	进出口总额 (亿美元) Total Imports & Exports (USD 100 million)			贸易差额 (亿美元) Balance (USD 100 million)	占货物进出口 总额比重(%) Share of Total Imports and Exports (%)		
		出口额 Total Exports	进口额 Total Imports			占货物出口 总额比重 Share of Exports	占货物进口 总额比重 Share of Imports
2012	887.5	766.5	121.0	645.5	2.3	3.7	0.7
2013	1070.8	898.6	172.2	726.4	2.6	4.1	0.9
2014	1273.7	1118.3	155.4	962.9	3.0	4.8	0.8
2015	1013.2	870.9	142.3	728.6	2.6	3.8	0.8
2016	881.5	784.9	96.6	688.3	2.4	3.7	0.6
2017	971.2	881.9	89.3	792.5	2.4	3.9	0.5
2018	1023.8	925.3	98.5	826.8	2.2	3.7	0.5
2019	1114.5	998.9	115.7	883.2	2.4	4.0	0.6
2020	1086.9	972.0	114.9	857.1	2.3	3.8	0.6
2021	1558.1	1392.5	165.6	1227.0	2.6	4.2	0.6
2022	1802.6	1636.8	165.9	1470.9	2.9	4.6	0.6

注：2022年起，按照《文化产品进出口统计目录（2022年版）》标准统计(以下相关表同)。

a) Since 2022, data is according to "cultural products import and export statistics directory" (2022 Revision) standard statistics. The same applies to the relevant tables following.

1-5-3 按商品类别分文化产品进出口(2022年)
Imports and Exports of Cultural Commodities by Category of Commodities (2022)

单位：亿美元 (USD 100 million)

项　目	Item	进出口总额 Total Imports & Exports	出口额 Total Exports	进口额 Total Imports	贸易差额 Balance
合　计	**Total**	**1802.6**	**1636.8**	**165.9**	**1470.9**
出版物	Publications	56.7	41.1	15.6	25.5
图书、报纸、期刊	Books,Newspapers and Magazines	25.8	19.8	5.9	13.9
音像制品及电子出版物	Audio-Vedio Products and Electronic Products	7.0	1.0	6.1	-5.1
其他出版物	Other Publications	23.8	20.3	3.6	16.7
工艺美术品及收藏品	Arts,Crafts and Collections	481.4	410.8	70.6	340.2
工艺美术品	Arts and Crafts	470.3	408.3	62.0	346.3
收藏品	Collections	11.2	2.5	8.7	-6.2
文化用品	Cultural Products	912.1	888.3	23.8	864.5
文具	Stationery	7.0	6.8	0.2	6.6
乐器	Musical Instruments	27.5	21.9	5.6	16.3
玩具	Toys	491.8	483.6	8.2	475.4
游艺器材及娱乐用品	Recreation Equipment and Entertainment Supplies	385.8	376.0	9.7	366.3
文化专用设备	Special Cultural equipment	352.5	296.6	55.9	240.7
印刷专用设备	Printing Equipment	33.1	22.4	10.7	11.7
广播电视电影专用设备	Radio,Television and Film Special Equipment	113.4	98.9	14.6	84.3
其它设备	Other Equipment	206.0	175.5	30.6	144.9

1-5-4 按贸易方式分文化产品进出口(2022年)
Imports and Exports of Cultural Commodities by Type of Trade (2022)

单位：亿美元 (USD 100 million)

项　目	Item	进出口总额 Total Imports & Exports	出口额 Total Exports	进口额 Total Imports
贸易总额	**Total**	**1802.6**	**1636.8**	**165.9**
一般贸易	General Trade	962.0	866.8	95.2
加工贸易	Processing Trade	466.2	451.4	14.8
其他贸易	Other Trade	374.4	318.6	55.9

1-5-5 按企业性质分文化产品进出口(2022年)
Imports and Exports of Cultural Commodities by Registration Status of Enterprises (2022)

单位：亿美元 (USD 100 million)

项　目	Item	进出口总额 Total Imports & Exports	出口额 Total Exports	进口额 Total Imports
贸易总额	**Total**	**1802.6**	**1636.8**	**165.9**
国有企业	State-owned Enterprises	79.1	42.2	36.9
外资企业	Foreign Funded Enterprises	460.2	395.8	64.4
集体、私营及其他企业	Collectived-owned, Private and Other Enterprises	1263.4	1198.8	64.6

1-5-6 文化产品前十五位出口市场(2017-2022年)
Ranking List of Exports of Cultural Commodities by Country (Region) of Destination(2017-2022)

位次 Ranking	2017 国别(地区)	2017 Country (Region)	2017 累计金额(亿美元) Total Value (USD 100 million)	2018 国别(地区)	2018 Country (Region)	2018 累计金额(亿美元) Total Value (USD 100 million)
	合计	**Total**	**682.43**	**合计**	**Total**	**719.37**
1	美国	United States	273.35	美国	United States	282.68
2	中国香港	Hong Kong,China	122.97	中国香港	Hong Kong,China	144.09
3	荷兰	Netherlands	48.18	荷兰	Netherlands	44.63
4	英国	United Kingdom	40.59	英国	United Kingdom	40.13
5	日本	Japan	38.98	日本	Japan	39.54
6	德国	Germany	28.16	德国	Germany	28.65
7	加拿大	Canada	19.90	印度	India	23.85
8	印度	India	17.66	加拿大	Canada	21.34
9	澳大利亚	Australia	17.50	澳大利亚	Australia	18.62
10	韩国	Korea Rep.	14.23	韩国	Korea Rep.	14.09
11	西班牙	Spain	12.66	俄罗斯	Russia	13.07
12	新加坡	Singapore	12.36	意大利	Italy	12.51
13	阿联酋	United Arab Emirates	12.25	法国	France	12.32
14	俄罗斯	Russia	11.88	西班牙	Spain	12.08
15	意大利	Italy	11.78	墨西哥	Mexico	11.77

位次 Ranking	2019 国别(地区)	2019 Country (Region)	2019 累计金额(亿美元) Total Value (USD 100 million)	2020 国别(地区)	2020 Country (Region)	2020 累计金额(亿美元) Total Value (USD 100 million)
	合计	**Total**	**741.15**	**合计**	**Total**	**723.36**
1	美国	United States	264.87	美国	United States	281.86
2	中国香港	Hong Kong,China	143.97	中国香港	Hong Kong,China	95.65
3	英国	United Kingdom	49.46	英国	United Kingdom	51.04
4	荷兰	Netherlands	46.52	日本	Japan	45.25
5	日本	Japan	38.34	荷兰	Netherlands	45.25
6	德国	Germany	33.57	德国	Germany	32.15
7	加拿大	Canada	24.47	加拿大	Canada	26.14
8	印度	India	20.64	新加坡	Singapore	24.03
9	新加坡	Singapore	20.26	澳大利亚	Australia	22.89
10	澳大利亚	Australia	19.33	俄罗斯	Russia	21.14
11	马来西亚	Malaysia	17.02	韩国	Korea Rep.	20.42
12	韩国	Korea Rep.	16.50	印度	India	15.10
13	意大利	Italy	15.88	法国	France	14.66
14	西班牙	Spain	15.23	波兰	Poland	13.95
15	墨西哥	Mexico	15.09	沙特阿拉伯	Saudi Arabia	13.83

1-5-6 续表 continued

位 次 Ranking	2021			2022		
	国别（地区）	Country (Region)	累计金额（亿美元） Total Value (USD 100 million)	国别（地区）	Country (Region)	累计金额（亿美元） Total Value (USD 100 million)
	合计	**Total**	**1069.63**	**合计**	**Total**	**1218.32**
1	美国	United States	429.46	美国	United States	501.41
2	中国香港	Hong Kong,China	195.08	中国香港	Hong Kong,China	160.03
3	荷兰	Netherlands	65.27	荷兰	Netherlands	83.75
4	英国	United Kingdom	65.15	日本	United Kingdom	73.20
5	日本	Japan	53.91	英国	Japan	64.95
6	德国	Germany	47.21	德国	Germany	48.42
7	韩国	Korea Rep.	31.09	澳大利亚	Australia	38.99
8	澳大利亚	Australia	28.71	韩国	Korea Rep.	38.63
9	加拿大	Canada	26.48	墨西哥	Mexico	34.71
10	墨西哥	Mexico	23.02	越南	Vietnam	33.82
11	法国	France	22.53	马来西亚	Malaysia	32.76
12	马来西亚	Malaysia	22.51	加拿大	Canada	29.02
13	俄罗斯	Russia	22.10	印度	India	27.85
14	意大利	Italy	19.00	意大利	Italy	26.75
15	西班牙	Spain	18.09	法国	France	24.01

1-5-7 文化产品前十五位进口市场（2017-2022年）
Ranking List of Imports of Cultural Commodities by Country (Region) of Origin(2017-2022)

位 次 Ranking	2017			2018		
	国别（地区）	Country (Region)	累计金额（亿美元） Total Value (USD 100 million)	国别（地区）	Country (Region)	累计金额（亿美元） Total Value (USD 100 million)
	合计	**Total**	**64.18**	**合计**	**Total**	**73.26**
1	韩国	Korea Rep.	11.81	德国	Germany	10.25
2	德国	Germany	7.68	韩国	Korea Rep.	10.14
3	越南	Vietnam	7.23	美国	United States	9.13
4	日本	Japan	7.18	越南	Vietnam	8.65
5	美国	United States	7.13	日本	Japan	8.34
6	意大利	Italy	4.27	意大利	Italy	5.26
7	中国台湾	Taiwan,China	3.72	泰国	Thailand	3.05
8	泰国	Thailand	2.61	中国台湾	Taiwan,China	2.84
9	法国	France	2.26	英国	United Kingdom	2.81
10	新加坡	Singapore	2.04	法国	France	2.78
11	英国	United Kingdom	1.96	瑞士	Switzerland	2.67
12	中国香港	Hong Kong,China	1.81	中国香港	Hong Kong,China	2.13
13	瑞士	Switzerland	1.67	印度尼西亚	Indonesia	2.06
14	印度尼西亚	Indonesia	1.61	新加坡	Singapore	2.04
15	加拿大	Canada	1.21	菲律宾	Philippines	1.11

1-5-7 续表 continued

位 次 Ranking	2019 国别(地区)	2019 Country (Region)	2019 累计金额(亿美元) Total Value (USD 100 million)	2020 国别(地区)	2020 Country (Region)	2020 累计金额(亿美元) Total Value (USD 100 million)
	合计	**Total**	**85.51**	**合计**	**Total**	**82.41**
1	德国	Germany	12.10	意大利	Italy	11.95
2	日本	Japan	9.55	法国	France	11.92
3	越南	Vietnam	9.24	德国	Germany	10.78
4	美国	United States	8.68	美国	United States	10.63
5	意大利	Italy	8.30	日本	Japan	10.09
6	法国	France	7.08	瑞士	Switzerland	6.28
7	瑞士	Switzerland	4.48	中国香港	Hong Kong,China	5.13
8	新加坡	Singapore	4.22	英国	United Kingdom	3.86
9	中国台湾	Taiwan,China	3.97	新加坡	Singapore	3.78
10	英国	United Kingdom	3.85	中国台湾	Taiwan,China	2.22
11	中国香港	Hong Kong,China	3.76	韩国	Korea Rep.	1.64
12	韩国	Korea Rep.	3.43	印度尼西亚	Indonesia	1.60
13	泰国	Thailand	3.10	加拿大	Canada	0.97
14	印度尼西亚	Indonesia	2.11	荷兰	Netherlands	0.93
15	加拿大	Canada	1.64	波兰	Poland	0.64

位 次 Ranking	2021 国别(地区)	2021 Country (Region)	2021 累计金额(亿美元) Total Value (USD 100 million)	2022 国别(地区)	2022 Country (Region)	2022 累计金额(亿美元) Total Value (USD 100 million)
	合计	**Total**	**152.72**	**合计**	**Total**	**121.08**
1	中国香港	Hong Kong,China	54.00	日本	Japan	19.03
2	瑞士	Switzerland	18.53	法国	France	17.29
3	美国	United States	13.69	美国	United States	15.34
4	德国	Germany	13.46	意大利	Italy	14.43
5	日本	Japan	10.99	德国	Germany	13.31
6	法国	France	10.07	瑞士	Switzerland	8.20
7	意大利	Italy	6.26	越南	Vietnam	6.29
8	中国台湾	Taiwan,China	4.17	泰国	Thailand	5.56
9	新加坡	Singapore	4.04	英国	United Kingdom	4.10
10	爱尔兰	Ireland	3.67	中国香港	Hong Kong,China	3.52
11	韩国	Korea Rep.	3.56	马来西亚	Malaysia	3.38
12	英国	United Kingdom	3.33	中国台湾	Taiwan,China	3.30
13	荷兰	Netherlands	2.61	匈牙利	Hungary	2.76
14	泰国	Thailand	2.45	印度尼西亚	Indonesia	2.31
15	印度尼西亚	Indonesia	1.88	墨西哥	Mexico	2.25

1-5-8 与“一带一路”沿线国家和地区文化产品进出口(2012-2022年)
Imports and Exports of Cultural Commodities with Countries and Regions along the Belt and Road(2012-2022)

年 份 Year	进出口总额(亿美元) Total Imports & Exports (USD 100 million)	出口额 Total Exports	进口额 Total Imports	贸易差额(亿美元) Balance (USD 100 million)	占文化产品进出口总额比重(%) Share of Cultural Commodities (%)	占文化产品出口总额比重 Share of Exports	占文化产品进口总额比重 Share of Imports
2012	129.1	103.4	25.7	77.7	14.5	13.5	21.2
2013	157.7	125.8	31.9	93.9	14.7	14.0	18.5
2014	169.9	133.9	36.0	97.9	13.3	12.0	23.2
2015	168.5	133.1	35.4	97.7	16.6	15.3	24.9
2016	148.7	125.5	23.2	102.3	16.9	16.0	24.1
2017	176.2	157.9	18.3	139.5	18.1	17.9	20.5
2018	184.8	162.8	22.0	140.8	18.1	17.6	22.3
2019	229.3	203.4	25.9	177.5	20.6	20.4	22.4
2020	227.1	209.9	17.2	192.6	20.9	21.6	15.0
2021	259.3	240.0	19.3	220.8	16.6	17.2	11.6
2022	361.0	334.6	26.5	308.1	20.0	20.4	16.0

1-5-9 按商品类别分与“一带一路”沿线国家和地区文化产品进出口(2022年)
Imports and Exports of Cultural Commodities by Category of Commodities (2022)

单位：亿美元 (USD 100 million)

项 目	Item	进出口总额 Total Imports & Exports	出口额 Total Exports	进口额 Total Imports	贸易差额 Balance
合 计	**Total**	**361.0**	**334.6**	**26.5**	**308.1**
出版物	Publications	7.5	5.9	1.6	4.3
图书、报纸、期刊	Books,Newspapers and Magazines	1.8	1.4	0.4	1.0
音像制品及电子出版物	Audio-Vedio Products and	0.6	0.1	0.4	-0.3
其他出版物	Electronic Products	5.1	4.4	0.7	3.7
工艺美术品及收藏品	Other Publications	66.6	64.1	2.4	61.7
工艺美术品	Arts,Crafts and Collections	66.2	63.9	2.4	61.5
收藏品	Arts and Crafts	0.3	0.2	0.1	0.1
文化用品	Collections	186.3	180.2	6.1	174.1
文具	Cultural Products	2.1	2.1	0.0	2.1
乐器	Stationery	6.4	4.7	1.7	3.0
玩具	Musical Instruments	142.2	138.9	3.4	135.5
游艺器材及娱乐用品	Toys	35.5	34.5	1.0	33.5
文化专用设备	Recreation Equipment and	100.7	84.3	16.4	67.9
印刷专用设备	Entertainment Supplies	10.2	8.4	1.8	6.6
广播电视电影专用设备	Special Cultural equipment	31.4	27.1	4.3	22.8
其他设备	Printing Equipment	59.1	48.8	10.3	38.5

1-6-1 全国一般公共预算文化旅游体育与传媒支出(2012-2022年)
Expenditure for Culture, Tourism, Sport and Media of National Government Budget(2012-2022)

单位：亿元 (100 million yuan)

年 份	一般公共预算文化旅游体育与传媒支出 Expenditure for Culture, Tourism, Sport and Media	文化和旅游 Culture and Tourism	文物 Cultural Relics	体育 Sport	广播影视新闻出版 Radio,Film, Television, Press and Publication	其他 Others	占一般公共预算支出比重 Proportion of National Government Budget
2012	2268.35	757.10	259.53	272.49	663.73	315.49	1.80
2013	2544.39	858.59	314.14	299.08	662.14	410.44	1.81
2014	2691.48	917.42	311.18	370.75	684.28	407.86	1.77
2015	3076.64	1064.54	338.50	356.48	754.79	562.33	1.75
2016	3163.08	1160.46	350.86	389.48	741.47	520.81	1.68
2017	3391.93	1254.68	355.54	474.85	770.88	535.98	1.67
2018	3537.86	1285.73	392.29	494.72	774.84	590.29	1.60
2019	4086.31	1783.30	385.92	537.97	776.15	602.97	1.71
2020	4245.58	1950.12	381.60	507.64	760.48	645.74	1.73
2021	3985.23	1839.67	384.73	470.06	722.45	568.32	1.62
2022	3913.32	1850.50	376.61	469.74	714.14	502.33	1.50

注：因政府收支分类科目调整，自2019年起“文化”决算数改为“文化和旅游”科目决算数，2018年及以前仅包括“文化”（以下相关表同）。

a) Since 2019, data of "Culture" refers to "Culture and tourism" because of the adjustment of government revenue and expenditure classification. Data of 2009-2018 only include "Culture". The same applies to the relevant tables following.

1-6-2 分地区全国一般公共预算文化旅游体育与传媒支出(2022年)
Expenditure for Culture, Tourism, Sport and Media of National Government Budget by Region (2022)

单位：亿元 (100 million yuan)

地区	Region	一般公共预算文化旅游体育与传媒支出 Expenditure for Culture,Tourism, Sport and Media	文化和旅游 Culture and Tourism	文物 Cultural Relics	体育 Sport	广播影视新闻出版 Radio,Film, Television, Press and Publication	其他 Others
全国	**National Total**	**3913.32**	**1850.50**	**376.61**	**469.74**	**714.14**	**502.33**
中央	Central-level	173.32	33.65	14.24	21.08	101.59	2.76
地方合计	Regional Total	3740.00	1816.85	362.36	448.66	612.54	499.57
北京	Beijing	204.95	102.84	29.45	28.15	33.56	10.94
天津	Tianjin	29.78	14.34	3.83	6.55	3.18	1.89
河北	Hebei	142.15	54.12	15.08	28.50	25.32	19.12
山西	Shanxi	107.98	41.15	20.50	8.99	21.82	15.53
内蒙古	Inner Mongolia	108.38	49.72	8.39	9.47	33.12	7.68
辽宁	Liaoning	89.06	34.56	7.97	9.57	28.32	8.65
吉林	Jilin	58.07	22.67	3.77	8.79	21.41	1.43
黑龙江	Heilongjiang	60.30	21.21	5.03	10.56	15.02	8.49
上海	Shanghai	162.18	74.84	10.98	42.02	5.34	29.00
江苏	Jiangsu	246.78	128.41	20.89	25.55	26.75	45.18
浙江	Zhejiang	269.28	136.33	21.44	37.30	26.45	47.75
安徽	Anhui	86.64	39.76	8.26	7.30	18.55	12.76
福建	Fujian	117.35	62.04	9.69	12.58	17.87	15.17
江西	Jiangxi	123.37	61.68	10.23	9.19	20.85	21.41
山东	Shandong	167.47	71.67	13.64	26.73	33.53	21.91
河南	Henan	130.22	63.71	20.09	9.49	23.86	13.07
湖北	Hubei	131.06	68.92	13.23	12.39	25.84	10.67
湖南	Hunan	136.98	68.14	12.97	11.65	19.54	24.68
广东	Guangdong	350.19	186.50	25.88	43.86	23.20	70.75
广西	Guangxi	81.36	37.85	6.50	16.50	13.63	6.87
海南	Hainan	38.66	18.82	2.43	3.16	6.59	7.66
重庆	Chongqing	61.05	30.84	8.11	7.87	7.92	6.31
四川	Sichuan	202.18	102.98	20.90	23.92	35.63	18.75
贵州	Guizhou	123.58	88.50	2.98	5.55	13.33	13.22
云南	Yunnan	78.40	44.38	5.31	5.07	18.66	4.98
西藏	Tibet	45.01	22.13	3.49	2.29	15.99	1.11
陕西	Shaanxi	137.13	58.44	27.74	15.22	13.63	22.11
甘肃	Gansu	84.70	39.66	12.95	8.49	16.09	7.50
青海	Qinghai	37.96	15.28	3.19	3.57	9.36	6.57
宁夏	Ningxia	25.76	12.36	1.81	2.39	5.89	3.30
新疆	Xinjiang	102.02	42.98	5.64	5.98	32.30	15.11

1-6-3 地方一般公共预算文化旅游体育与传媒支出(2012-2022年)
Expenditure for Culture, Tourism, Sport and Media of Regional Government Budget (2012-2022)

单位：亿元 (100 million yuan)

地区	Region	2012	2013	2014	2015	2016	2017	2018	2019	2020	2021	2022
地方合计	**Regional Total**	**2074.79**	**2339.94**	**2468.48**	**2804.65**	**2915.13**	**3121.02**	**3256.73**	**3777.47**	**3995.34**	**3774.09**	**3740.00**
北京	Beijing	141.37	154.71	163.90	188.50	198.35	208.96	245.43	279.32	225.11	220.06	204.95
天津	Tianjin	35.85	44.53	47.87	51.73	57.16	57.94	52.92	46.41	34.01	36.97	29.78
河北	Hebei	59.29	72.71	82.66	88.34	87.54	103.19	115.17	158.00	163.73	127.08	142.15
山西	Shanxi	60.20	66.69	63.95	73.08	72.64	71.92	92.85	112.24	112.31	97.04	107.98
内蒙古	Inner Mongolia	87.21	88.05	91.90	95.81	89.25	116.79	109.27	119.34	123.64	107.33	108.38
辽宁	Liaoning	79.25	95.34	92.60	88.59	84.70	86.44	71.59	85.98	89.73	84.36	89.06
吉林	Jilin	47.48	56.55	61.16	73.01	72.03	70.69	70.24	71.75	71.92	61.08	58.07
黑龙江	Heilongjiang	47.27	52.37	45.63	53.17	53.21	53.56	46.20	54.70	58.37	55.42	60.30
上海	Shanghai	72.51	89.17	86.38	108.22	113.34	191.32	186.52	179.87	161.26	156.42	162.18
江苏	Jiangsu	150.90	173.54	190.86	196.06	193.28	194.37	197.22	264.53	311.68	271.01	246.78
浙江	Zhejiang	94.18	106.00	115.36	165.38	158.72	159.66	174.59	203.26	229.62	249.35	269.28
安徽	Anhui	71.43	79.50	82.25	88.19	84.23	80.94	79.77	87.98	97.06	86.10	86.64
福建	Fujian	46.07	57.88	64.18	84.82	81.25	87.34	84.73	104.00	112.88	104.82	117.35
江西	Jiangxi	44.77	52.62	60.03	68.90	70.49	74.65	79.10	87.60	120.35	117.32	123.37
山东	Shandong	114.27	127.53	127.75	137.26	137.47	141.90	153.52	189.50	170.11	180.36	167.47
河南	Henan	69.63	80.78	91.16	105.38	97.33	97.52	103.04	127.87	140.93	122.01	130.22
湖北	Hubei	62.47	72.44	76.65	84.03	96.61	95.26	113.15	148.53	146.52	131.37	131.06
湖南	Hunan	54.50	68.95	80.01	111.74	140.68	148.83	134.54	144.83	139.87	134.98	136.98
广东	Guangdong	137.64	141.68	168.16	194.58	229.71	285.87	321.84	350.33	417.22	395.59	350.19
广西	Guangxi	45.52	49.85	68.52	79.00	71.08	64.36	63.59	76.33	109.49	88.51	81.36
海南	Hainan	19.85	21.90	23.51	25.48	26.90	29.86	47.37	56.34	53.22	37.74	38.66
重庆	Chongqing	33.08	34.94	36.02	47.01	47.98	48.89	49.31	55.24	64.89	64.23	61.05
四川	Sichuan	120.70	142.40	135.65	139.41	145.20	142.46	154.91	196.48	229.27	210.47	202.18
贵州	Guizhou	49.85	48.68	54.69	61.20	67.34	64.73	60.80	68.76	72.76	117.08	123.58
云南	Yunnan	62.06	61.35	56.21	61.66	77.93	71.30	72.20	77.90	93.08	77.57	78.40
西藏	Tibet	24.18	22.51	34.10	34.73	34.85	44.93	46.02	57.55	59.43	46.56	45.01
陕西	Shaanxi	91.81	100.44	93.23	103.09	125.85	121.95	126.11	127.58	140.57	161.76	137.13
甘肃	Gansu	49.87	59.76	49.60	62.76	63.84	64.59	72.52	84.85	88.43	82.71	84.70
青海	Qinghai	18.92	25.84	34.16	33.60	33.31	37.58	35.49	42.39	45.93	36.99	37.96
宁夏	Ningxia	14.44	16.60	16.02	20.97	25.23	22.82	23.33	25.85	29.43	24.39	25.76
新疆	Xinjiang	68.23	74.63	74.32	78.96	77.61	80.40	73.39	92.14	82.50	87.44	102.02

1-6-4 地方一般公共预算中文化旅游体育与传媒支出所占比重(2012-2022年)

Expenditure for Culture, Tourism, Sport and Media of and Its Percentage in Regional Government Budget(2012-2022)

单位：亿元 (100 million yuan)

地区	Region	2012	2013	2014	2015	2016	2017	2018	2019	2020	2021	2022
地方合计	**Regional Total**	**1.94**	**1.95**	**1.91**	**1.87**	**1.82**	**1.80**	**1.73**	**1.85**	**1.90**	**1.79**	**1.66**
北京	Beijing	3.84	3.71	3.62	3.29	3.10	3.06	3.28	3.77	3.16	3.05	2.74
天津	Tianjin	1.67	1.75	1.66	1.60	1.55	1.77	1.71	1.31	1.08	1.17	1.09
河北	Hebei	1.45	1.65	1.77	1.57	1.45	1.55	1.49	1.90	1.81	1.44	1.53
山西	Shanxi	2.18	2.20	2.07	2.13	2.12	1.91	2.17	2.38	2.20	1.92	1.84
内蒙古	Inner Mongolia	2.55	2.39	2.37	2.25	1.98	2.58	2.26	2.34	2.35	2.05	1.84
辽宁	Liaoning	1.74	1.83	1.82	1.98	1.85	1.77	1.34	1.50	1.49	1.43	1.42
吉林	Jilin	1.92	2.06	2.10	2.27	2.01	1.90	1.85	1.82	1.74	1.65	1.44
黑龙江	Heilongjiang	1.49	1.55	1.33	1.32	1.26	1.15	0.99	1.09	1.07	1.09	1.11
上海	Shanghai	1.73	1.97	1.75	1.75	1.64	2.53	2.23	2.20	1.99	1.86	1.73
江苏	Jiangsu	2.15	2.23	2.25	2.02	1.94	1.83	1.69	2.10	2.28	1.86	1.66
浙江	Zhejiang	2.26	2.24	2.24	2.49	2.28	2.12	2.02	2.02	2.28	2.26	2.24
安徽	Anhui	1.80	1.83	1.76	1.68	1.53	1.30	1.21	1.19	1.30	1.13	1.03
福建	Fujian	1.77	1.89	1.94	2.12	1.90	1.86	1.75	2.05	2.16	2.01	2.06
江西	Jiangxi	1.48	1.52	1.55	1.56	1.53	1.46	1.40	1.37	1.80	1.73	1.69
山东	Shandong	1.94	1.91	1.78	1.66	1.57	1.53	1.52	1.76	1.51	1.54	1.38
河南	Henan	1.39	1.45	1.51	1.55	1.31	1.19	1.12	1.26	1.36	1.25	1.22
湖北	Hubei	1.66	1.66	1.55	1.37	1.50	1.40	1.56	1.86	1.74	1.66	1.52
湖南	Hunan	1.32	1.47	1.59	1.95	2.22	2.17	1.80	1.80	1.66	1.62	1.52
广东	Guangdong	1.86	1.68	1.84	1.52	1.71	1.90	2.05	2.03	2.39	2.17	1.89
广西	Guangxi	1.52	1.55	1.97	1.94	1.60	1.31	1.20	1.30	1.77	1.52	1.38
海南	Hainan	2.18	2.17	2.14	2.06	1.95	2.07	2.80	3.03	2.70	1.91	1.84
重庆	Chongqing	1.09	1.14	1.09	1.24	1.20	1.13	1.09	1.14	1.33	1.33	1.25
四川	Sichuan	2.21	2.29	2.00	1.86	1.81	1.64	1.60	1.90	2.05	1.88	1.70
贵州	Guizhou	1.81	1.58	1.54	1.55	1.58	1.40	1.21	1.16	1.27	2.09	2.11
云南	Yunnan	1.74	1.50	1.27	1.31	1.55	1.25	1.19	1.15	1.33	1.17	1.17
西藏	Tibet	2.67	2.22	2.88	2.51	2.19	2.67	2.34	2.63	2.69	2.30	1.74
陕西	Shaanxi	2.76	2.74	2.35	2.36	2.87	2.52	2.38	2.23	2.37	2.67	2.03
甘肃	Gansu	2.42	2.59	1.95	2.12	2.03	1.95	1.92	2.15	2.12	2.05	1.99
青海	Qinghai	1.63	2.10	2.54	2.22	2.18	2.46	2.15	2.27	2.38	1.99	1.92
宁夏	Ningxia	1.67	1.80	1.60	1.84	2.01	1.66	1.64	1.80	1.99	1.71	1.62
新疆	Xinjiang	2.51	2.43	2.24	2.08	1.88	1.73	1.46	1.73	1.49	1.63	1.49

2

文化及相关产业
法人单位发展情况

Condition on Legal Entities of Culture and Related Industries

2-1-1　按类别分文化及相关产业法人单位基本情况(2022年)
Statistics on Culture and Related Industries by Caregory(2022)

单位：万元　　(10 000 yuan)

类　别	Category	年末从业人员（人）Engaged Persons at Year-end (person)	资产总计 Total Assets	营业收入 Total Revenue
合　计	**Total**	**18982914**	**3159451340**	**1655020851**
#文化新业态行业	Culture-Related New Form of Industry	2733458	705574350	501059850
一、按产业类型分	**by Industry Type**			
文化制造业	Culture-Related Manufacture	5503935	462649374	519322862
文化批发和零售业	Culture-Related Whole and Retail Trade	1672158	217380923	291685926
文化服务业	Culture-Related Service	11806821	2479421044	844012062
二、按领域分	**by Field**			
文化核心产业	Cultural Core Industry	12073760	2524069824	1034034761
文化相关产业	Culture-Related Industry	6909154	635381517	620986090
三、按行业类别分	**by Industry Category**			
新闻信息服务	News Information Service	1081208	368747248	164733580
内容创作生产	Creation and Manufacture of Content	3780474	577011355	331933034
创意设计服务	Services of Creative Design	4162654	381840363	317751334
文化传播渠道	Cultural Diffusion Channel	1378166	244620154	172060257
文化投资运营	Investment and Operation of Culture	140227	590283732	13528534
文化娱乐休闲服务	Culture Leisure and Entertainment	1531031	361566972	34028021
文化辅助生产和中介服务	Supplementary Manufacture of Culture and Intermediary Services	3737538	358940704	239789753
文化装备生产	Manufacture of Culture Equipment	730399	70180784	77558177
文化消费终端生产	Manufacture of Culture Consumption Endpoint	2441217	206260029	303638159

注：文化新业态特征明显的16个行业小类是：广播电视集成播控，互联网搜索服务，互联网其他信息服务，数字出版，其他文化艺术业，动漫、游戏数字内容服务，互联网游戏服务，多媒体、游戏动漫和数字出版软件开发，增值电信文化服务，其他文化数字内容服务，互联网广告服务，互联网文化娱乐平台，版权和文化软件服务，娱乐用智能无人飞行器制造，可穿戴智能文化设备制造，其他智能文化消费设备制造。

a) The 16 industry subcategories with obvious new business forms characteristics are: integrated broadcasting and television control, internet search services, other information services on the Internet, digital publishing, other cultural and artistic industries, digital content services for anime and games, internet gaming services, development of multimedia, game animation, and digital publishing software, value added telecommunications cultural services, other cultural digital content services, internet advertising services, internet cultural and entertainment platforms, copyright and cultural software services, manufacturing of intelligent unmanned aerial vehicles for entertainment, manufacturing of wearable intelligent cultural devices, manufacturing of other intelligent cultural consumer equipment.

2-1-2 按区域和地区分文化及相关产业法人单位基本情况(2022年)
Statistics on Culture and Related Industries above Designated Size by Caregory(2022)

单位：万元　(10 000 yuan)

地　区	Region	年末从业人员(人) Engaged Persons at Year-end (person)	资产总计 Total Assets	营业收入 Total Revenue
全　国	**National Total**	**18982914**	**3159451340**	**1655020851**
一、按区域分				
东部地区	Eastern Region	11365622	2133115715	1207000387
中部地区	Central Region	4171098	445589571	265251840
西部地区	Western Region	2984547	528155978	165515180
东北地区	Northeast Region	461647	52590076	17253443
二、按地区分				
北　京	Beijing	1118640	433214026	205455782
天　津	Tianjin	129235	29392855	15292227
河　北	Hebei	476307	40339420	16991222
山　西	Shanxi	204308	36668395	7097620
内蒙古	Inner Mongolia	108500	11122569	2639516
辽　宁	Liaoning	288826	30056593	12354909
吉　林	Jilin	73509	14282273	2155784
黑龙江	Heilongjiang	99312	8251210	2742750
上　海	Shanghai	734414	203158152	140454366
江　苏	Jiangsu	2315493	495335081	189465845
浙　江	Zhejiang	1497590	299505785	182434898
安　徽	Anhui	724610	96656422	42379930
福　建	Fujian	1042973	63977600	88142213
江　西	Jiangxi	649828	57822523	44523964
山　东	Shandong	1112978	149031578	96686984
河　南	Henan	895481	49531484	48651484
湖　北	Hubei	876837	133398972	72469938
湖　南	Hunan	820034	71511774	50128905
广　东	Guangdong	2852559	367762678	259077103
广　西	Guangxi	263428	35892519	16344329
海　南	Hainan	85433	51398541	12999750
重　庆	Chongqing	546528	71716209	37498241
四　川	Sichuan	879863	143454204	60983781
贵　州	Guizhou	214773	96376196	7833842
云　南	Yunnan	252552	29305072	9407683
西　藏	Tibet	36303	7815707	4460688
陕　西	Shaanxi	369525	82363418	15989612
甘　肃	Gansu	122926	10855447	2282368
青　海	Qinghai	37148	3277304	415515
宁　夏	Ningxia	38949	4344154	1131261
新　疆	Xinjiang	114052	31633180	6528345

2-2-1 按类别分规模以上文化及相关产业企业基本情况(2022年)

Statistics on Culture and Related Industries above Designated Size by Caregory(2022)

单位：万元 (10 000 yuan)

类别	Category	法人单位数（个）Number of Enterprises (unit)	年末从业人员（人）Engaged Persons at Year-end (person)	固定资产原价 Original Value of Fixed Assets	本年折旧 Depreciation of Current Year
合计	**Total**	**71772**	**7723278**	**368971092**	**26352328**
#文化新业态行业	Culture-Related New Form of Industry	9083	1600262	61674025	8021223
一、按产业类型分	**by Industry Type**				
文化制造业	Culture-Related Manufacture	21809	3655431	158568516	11631758
文化批发和零售业	Culture-Related Whole and Retail Trade	13158	528128	10681340	574916
文化服务业	Culture-Related Service	36805	3539719	199721236	14145654
二、按领域分	**by Field**				
文化核心产业	Cultural Core Industry	42757	4368539	215041144	15574435
文化相关产业	Culture-Related Industry	29015	3354739	153929948	10777892
三、按行业类别分	**by Industry Category**				
新闻信息服务	News Information Service	2540	540631	34483773	3519509
内容创作生产	Creation and Manufacture of Content	14022	1683134	51444459	5080640
创意设计服务	Services of Creative Design	12432	1040695	16038723	1055165
文化传播渠道	Cultural Diffusion Channel	8648	670001	48623743	3054119
文化投资运营	Investment and Operation of Culture	552	36024	12691199	429738
文化娱乐休闲服务	Culture Leisure and Entertainment	4563	398054	51759248	2435265
文化辅助生产和中介服务	Supplementary Manufacture of Culture and Intermediary Services	13970	1373624	103143375	6514212
文化装备生产	Manufacture of Culture Equipment	3332	544092	18948922	1405686
文化消费终端生产	Manufacture of Culture Consumption Endpoint	11713	1437023	31837652	2857994

2-2-1 续表 1 continued

单位：万元 (10 000 yuan)

类　别	Category	资产总计 Total Assets	营业收入 Total Revenue	营业成本 Operating Cost	税金及附加 Total Tax and Extra Charges
合　计	**Total**	**1863353372**	**1237554666**	**963627562**	**5961114**
#文化新业态行业	Culture-Related New Form of Industry	612627108	457218019	301338318	1817377
一、按产业类型分	**by Industry Type**				
文化制造业	Culture-Related Manufacture	392335373	434317129	375442814	2215419
文化批发和零售业	Culture-Related Whole and Retail Trade	147658214	200203722	178296928	621897
文化服务业	Culture-Related Service	1323359785	603033814	409887819	3123798
二、按领域分	**by Field**				
文化核心产业	Cultural Core Industry	1418048830	768321258	555409720	3838242
文化相关产业	Culture-Related Industry	445304542	469233408	408217842	2122872
三、按行业类别分	**by Industry Category**				
新闻信息服务	News Information Service	295699180	148597813	88187147	763449
内容创作生产	Creation and Manufacture of Content	392440634	267127076	179525126	1198824
创意设计服务	Services of Creative Design	198084988	201386049	170484661	854103
文化传播渠道	Cultural Diffusion Channel	183583161	133874773	104982127	592889
文化投资运营	Investment and Operation of Culture	192641422	5715613	3400053	166295
文化娱乐休闲服务	Culture Leisure and Entertainment	155599446	11619933	8830605	262683
文化辅助生产和中介服务	Supplementary Manufacture of Culture and Intermediary Services	220667306	164651886	138084982	920601
文化装备生产	Manufacture of Culture Equipment	61065434	67327290	57811700	238615
文化消费终端生产	Manufacture of Culture Consumption Endpoint	163571802	237254231	212321161	963656

2-2-1 续表 2 continued

单位：万元 (10 000 yuan)

类 别	Category	销售费用 Selling Expense	管理费用 Administration Expense	研发费用 R&D Expense	财务费用 Financial Expense
合 计	**Total**	**69364439**	**77541794**	**44153037**	**2856127**
#文化新业态行业	Culture-Related New Form of Industry	38780210	33971992	31162037	-2721444
一、按产业类型分	**by Industry Type**				
文化制造业	Culture-Related Manufacture	10433495	15669459	10168103	1897092
文化批发和零售业	Culture-Related Whole and Retail Trade	10416946	5605259	296871	588381
文化服务业	Culture-Related Service	48513998	56267077	33688063	370655
二、按领域分	**by Field**				
文化核心产业	Cultural Core Industry	54781952	59974936	34545159	863081
文化相关产业	Culture-Related Industry	14582487	17566859	9607878	1993046
三、按行业类别分	**by Industry Category**				
新闻信息服务	News Information Service	14059771	18456259	6511408	-1928114
内容创作生产	Creation and Manufacture of Content	17607615	15813895	19400227	-577729
创意设计服务	Services of Creative Design	5632105	13813409	3951810	-35406
文化传播渠道	Cultural Diffusion Channel	15427324	7575857	4615789	684955
文化投资运营	Investment and Operation of Culture	435665	1164129	35054	1112594
文化娱乐休闲服务	Culture Leisure and Entertainment	1619473	3151387	30869	1606781
文化辅助生产和中介服务	Supplementary Manufacture of Culture and Intermediary Services	5215589	8810321	3781870	1467110
文化装备生产	Manufacture of Culture Equipment	1829067	2354681	2050234	101777
文化消费终端生产	Manufacture of Culture Consumption Endpoint	7537831	6401857	3775775	424160

2-2-1 续表 3 continued

单位：万元 (10 000 yuan)

类 别	Category	利润总额 Total Profit	应付职工薪酬 Payroll Payable	应交增值税 Value-added Tax Payable
合 计	**Total**	**93698944**	**131701245**	**19312010**
#文化新业态行业	Culture-Related New Form of Industry	60021913	52324841	7210038
一、按产业类型分	**by Industry Type**			
文化制造业	Culture-Related Manufacture	22043907	38555114	7058985
文化批发和零售业	Culture-Related Whole and Retail Trade	5700365	6776930	1490898
文化服务业	Culture-Related Service	65954671	86369202	10762128
二、按领域分	**by Field**			
文化核心产业	Cultural Core Industry	74028305	94187817	12183990
文化相关产业	Culture-Related Industry	19670638	37513428	7128020
三、按行业类别分	**by Industry Category**			
新闻信息服务	News Information Service	23642589	19990177	3304091
内容创作生产	Creation and Manufacture of Content	41754009	34530100	4775717
创意设计服务	Services of Creative Design	8119666	22684004	2357905
文化传播渠道	Cultural Diffusion Channel	1515225	12579376	1181480
文化投资运营	Investment and Operation of Culture	1374364	831618	183508
文化娱乐休闲服务	Culture Leisure and Entertainment	-2377547	3572543	381290
文化辅助生产和中介服务	Supplementary Manufacture of Culture and Intermediary Services	9349680	15906810	3950498
文化装备生产	Manufacture of Culture Equipment	3256297	6332130	799501
文化消费终端生产	Manufacture of Culture Consumption Endpoint	7064661	15274489	2378021

2-2-2 按企业特征分规模以上文化及相关产业企业基本情况(2022年)
Statistics on Culture and Related Industries above Designated Size(2022)

单位：万元 (10 000 yuan)

分 组	Group	法人单位数(个) Number of Enterprises (unit)	年末从业人员(人) Engaged Persons at Year-end (person)	固定资产原价 Original Value of Fixed Assets	本年折旧 Depreciation of Current Year
合 计	**Total**	**71772**	**7723278**	**368971092**	**26352328**
一、按单位规模分	**by Unit Size**				
大 型	Large	1854	2559540	173821013	13495942
中 型	Medium-sized	9261	2295537	90258068	5794261
小微型	Small and Micro	60657	2868201	104892010	7062124
二、按登记注册类型分	**by Status of Registration**				
内资企业	Domestic Funded Enterprises	67362	6218482	263378018	16278742
#国有企业	Stats-owned Enterprises	1366	222343	17363180	738679
私营企业	Private Enterprises	50348	3615045	91202073	7214005
港、澳、台商投资企业	Enterprises with Funds from Hong Kong, Macao and Taiwan	2563	945114	63558996	7401374
外商投资企业	Foreign Funded Enterprises	1847	559682	42034078	2672212
三、按企业控股情况分	**by Status of Holding**				
国有控股	State-holding	8042	1478187	135576911	6623927
集体控股	Collective-holding	599	82688	5150790	275117
私人控股	Private-holding	59093	4777595	138251036	10204682
港澳台商控股	Hong Kong, Macao and Taiwan-holding	2383	877895	56597717	7035694
外商控股	Foreign-holding	1607	504177	33253219	2206484
其他	Others	48	2736	141419	6425

2-2-2 续表 1 continued

单位：万元 (10 000 yuan)

分　组	Group	资产总计 Total Assets	营业收入 Total Revenue	营业成本 Operating Cost	税金及附　加 Total Tax and Extra Charges
合　计	**Total**	**1863353372**	**1237554666**	**963627562**	**5961114**
一、按单位规模分	**by Unit Size**				
大　型	Large	798701781	473229371	328773312	2291432
中　型	Medium-sized	470523418	329822738	266735123	1479512
小微型	Small and Micro	594128173	434502556	368119127	2190170
二、按登记注册类型分	**by Status of Registration**				
内资企业	Domestic Funded Enterprises	1369104414	901236640	744862427	4611141
#国有企业	Stats-owned Enterprises	81832075	19000550	15665013	194862
私营企业	Private Enterprises	418656841	460817835	382299340	2338809
港、澳、台商投资企业	Enterprises with Funds from Hong Kong, Macao and Taiwan	367641816	215472933	118733202	945680
外商投资企业	Foreign Funded Enterprises	126607142	120845092	100031932	404294
三、按企业控股情况分	**by Status of Holding**				
国有控股	State-holding	688857137	216981265	183778250	1250294
集体控股	Collective-holding	20835323	12172587	10427180	58099
私人控股	Private-holding	689865920	686784436	563220150	3378840
港澳台商控股	Hong Kong, Macao and Taiwan-holding	355090337	205708536	110423857	904665
外商控股	Foreign-holding	107887548	115590636	95513096	367721
其他	Others	817107	317206	265030	1495

2-2-2 续表 2 continued

单位：万元 (10 000 yuan)

分 组	Group	销售费用 Selling Expense	管理费用 Administration Expense	研发费用 R&D Expense	财务费用 Financial Expense
合 计	**Total**	**69364439**	**77541794**	**44153037**	**2856127**
一、按单位规模分	**by Unit Size**				
大 型	Large	33604835	34429413	27126360	-1525214
中 型	Medium-sized	18827492	19029174	9974607	1262027
小微型	Small and Micro	16932112	24083207	7052070	3119314
二、按登记注册类型分	**by Status of Registration**				
内资企业	Domestic Funded Enterprises	41681397	49071198	24931785	4614671
#国有企业	Stats-owned Enterprises	737765	3051495	281957	-114064
私营企业	Private Enterprises	18685949	23131687	12569053	1926452
港、澳、台商投资企业	Enterprises with Funds from Hong Kong, Macao and Taiwan	21889479	21038689	16397245	-2020549
外商投资企业	Foreign Funded Enterprises	5793563	7431907	2824007	262006
三、按企业控股情况分	**by Status of Holding**				
国有控股	State-holding	8405915	15254820	4229086	2165854
集体控股	Collective-holding	430661	638428	282552	140230
私人控股	Private-holding	33453186	34186748	20859876	2791324
港澳台商控股	Hong Kong, Macao and Taiwan-holding	21634470	20703704	16096643	-2128129
外商控股	Foreign-holding	5429150	6732691	2681501	-114252
其他	Others	11058	25403	3379	1101

2-2-2 续表 3 continued

单位：万元 (10 000 yuan)

分 组	Group	利润总额 Total Profit	应付职工薪酬 Payroll Payable	应交增值税 Value-added Tax Payable
合 计	**Total**	**93698944**	**131701245**	**19312010**
一、按单位规模分	**by Unit Size**			
大 型	Large	57098554	64763719	8224860
中 型	Medium-sized	17737227	35334781	4783429
小微型	Small and Micro	18863163	31602746	6303721
二、按登记注册类型分	**by Status of Registration**			
内资企业	Domestic Funded Enterprises	47433562	92339688	13118702
#国有企业	Stats-owned Enterprises	558422	5343597	471789
私营企业	Private Enterprises	25126648	41926182	6996040
港、澳、台商投资企业	Enterprises with Funds from Hong Kong, Macao and Taiwan	41069467	27840344	4955532
外商投资企业	Foreign Funded Enterprises	5195915	11521213	1237777
三、按企业控股情况分	**by Status of Holding**			
国有控股	State-holding	8814302	30532343	3185111
集体控股	Collective-holding	646037	1197938	158818
私人控股	Private-holding	37719332	62590508	10068009
港澳台商控股	Hong Kong, Macao and Taiwan-holding	40379365	26850728	4827023
外商控股	Foreign-holding	6120110	10493076	1066501
其他	Others	19798	36653	6549

2-2-2 续表 4 continued

单位：万元 (10 000 yuan)

分 组	Group	R&D人员 (人) R&D Personnel (person)	R&D人员折合全时当量 (人年) Full-time Equivalent of R&D Personnel (man-year)	R&D经费内部支出 Internal Expenditure on R&D
合 计	**Total**	**462266**	**333405**	**15289160**
一、按单位规模分	**by Unit Size**			
大 型	Large	212270	155367	8975836
中 型	Medium-sized	114523	82611	3151515
小微型	Small and Micro	135473	95427	3161809
二、按登记注册类型分	**by Status of Registration**			
内资企业	Domestic Funded Enterprises	344256	244569	9223782
#国有企业	Stats-owned Enterprises	5883	3888	151591
私营企业	Private Enterprises	186360	132881	4296504
港、澳、台商投资企业	Enterprises with Funds from Hong Kong, Macao and Taiwan	82495	61796	4399711
外商投资企业	Foreign Funded Enterprises	35515	27041	1665666
三、按企业控股情况分	**by Status of Holding**			
国有控股	State-holding	68931	48266	2238303
集体控股	Collective-holding	4711	3804	120647
私人控股	Private-holding	276356	196600	7017644
港澳台商控股	Hong Kong, Macao and Taiwan-holding	78395	58725	4272730
外商控股	Foreign-holding	33760	25912	1637001
其他	Others	113	99	2835

2-2-2 续表 5 continued

单位：万元 (10 000 yuan)

分 组	Group	新产品开发项目数（个）Number of New Products (unit)	新产品开发经费支出 Expenditure on New Products Development	新产品销售收入 Sales Revenue of New Products	#出口 Export
合 计	**Total**	**43761**	**8449775**	**133394173**	**44299471**
一、按单位规模分	**by Unit Size**				
大 型	Large	4322	3098562	66133515	29166060
中 型	Medium-sized	8072	1946268	29289512	7493545
小微型	Small and Micro	31367	3404946	37971146	7639866
二、按登记注册类型分	**by Status of Registration**				
内资企业	Domestic Funded Enterprises	37571	6435768	94858835	27544327
#国有企业	Stats-owned Enterprises	128	23119	276578	3278
私营企业	Private Enterprises	29407	3839398	50140297	12551407
港、澳、台商投资企业	Enterprises with Funds from Hong Kong, Macao and Taiwan	3768	1119131	20285178	7295538
外商投资企业	Foreign Funded Enterprises	2422	894877	18250160	9459605
三、按企业控股情况分	**by Status of Holding**				
国有控股	State-holding	2010	870844	15244888	2996541
集体控股	Collective-holding	260	57039	1031191	78828
私人控股	Private-holding	36103	5757868	81836997	24916428
港澳台商控股	Hong Kong, Macao and Taiwan-holding	3315	959505	17535711	6999848
外商控股	Foreign-holding	2058	801863	17681531	9307812
其他	Others	15	2657	63855	13

2-2-2　续表 6　continued

单位：万元　(10 000 yuan)

分　组	Group	专　利申请数(件) Patent Applications (piece) (piece)	#发明专利 Inventions	有效发明专利数(件) Number of Patents in Force (piece)
合　计	**Total**	**122452**	**56049**	**180879**
一、按单位规模分	**by Unit Size**			
大　型	Large	54952	35577	96661
中　型	Medium-sized	26008	10647	37917
小微型	Small and Micro	41492	9825	46301
二、按登记注册类型分	**by Status of Registration**			
内资企业	Domestic Funded Enterprises	92164	35764	109846
#国有企业	Stats-owned Enterprises	1300	649	2610
私营企业	Private Enterprises	52467	17778	51324
港、澳、台商投资企业	Enterprises with Funds from Hong Kong, Macao and Taiwan	24578	17720	53725
外商投资企业	Foreign Funded Enterprises	5710	2565	17308
三、按企业控股情况分	**by Status of Holding**			
国有控股	State-holding	19585	9998	28781
集体控股	Collective-holding	743	255	1108
私人控股	Private-holding	74760	26659	82948
港澳台商控股	Hong Kong, Macao and Taiwan-holding	22877	17082	52846
外商控股	Foreign-holding	4483	2055	15184
其他	Others	4		12

2-2-3 按区域和地区分规模以上文化及相关产业企业基本情况(2022年)
Statistics on Culture and Related Industries above Designated Size by Region(2022)

单位：万元 (10 000 yuan)

地 区	Region	法人单位数(个) Number of Enterprises (unit)	年末从业人员(人) Engaged Persons at Year-end (person)	固定资产原价 Original Value of Fixed Assets	本年折旧 Depreciation of Current Year	资产总计 Total Assets
全 国	**National Total**	**71772**	**7723278**	**368971092**	**26352328**	**1863353372**
一、按区域分						
东部地区	Eastern Region	46102	5127360	245001698	18061879	1389006285
中部地区	Central Region	16011	1567757	63070692	4665136	230430770
西部地区	Western Region	8251	862614	50718969	3102432	219968196
东北地区	Northeast Region	1408	165547	10179732	522882	23948121
二、按地区分						
北 京	Beijing	5450	548530	39093379	3489109	299349228
天 津	Tianjin	975	64266	6630460	332470	19127555
河 北	Hebei	1362	122637	7557797	393897	22360550
山 西	Shanxi	403	37363	3543958	139028	12310119
内蒙古	Inner Mongolia	155	15452	1763073	82260	3860758
辽 宁	Liaoning	878	117636	5467793	291907	14070266
吉 林	Jilin	265	26164	2800159	137023	6536723
黑龙江	Heilongjiang	265	21747	1911780	93952	3341132
上 海	Shanghai	3583	397488	20044228	1657986	160238461
江 苏	Jiangsu	10718	1071220	52867975	3335803	269024406
浙 江	Zhejiang	6042	622635	32668294	2610165	208391136
安 徽	Anhui	2568	239877	9033782	523937	43007011
福 建	Fujian	3446	389486	10277136	728522	37144555
江 西	Jiangxi	2672	295269	9937667	896332	32471094
山 东	Shandong	3257	383490	27342853	1689616	79248454
河 南	Henan	2894	276093	11455821	812629	36230634
湖 北	Hubei	3396	351965	17402367	1323414	67048775
湖 南	Hunan	4078	367190	11697099	969796	39363138
广 东	Guangdong	10984	1498280	43474593	3541115	282244263
广 西	Guangxi	829	91681	5115375	361444	17585204
海 南	Hainan	285	29328	5044984	283196	11877678
重 庆	Chongqing	1203	155211	8465590	617969	42042209
四 川	Sichuan	2620	312291	15132080	871303	80443623
贵 州	Guizhou	524	47428	3437162	221665	18049931
云 南	Yunnan	712	69283	4443297	214820	14959096
西 藏	Tibet	33	2321	153725	7697	709243
陕 西	Shaanxi	1618	119146	8380468	547978	31044636
甘 肃	Gansu	163	17852	1309481	58204	3048576
青 海	Qinghai	46	4608	704502	34334	834878
宁 夏	Ningxia	73	10039	818743	36357	1516503
新 疆	Xinjiang	275	17302	995474	48403	5873541

2-2-3 续表 1 continued

单位：万元 (10 000 yuan)

地 区	Region	营业收入 Total Revenue	营业成本 Operating Cost	税金及附 加 Total Tax and Extra Charges	销售费用 Selling Expense	管理费用 Administration Expense
全 国	**National Total**	**1237554666**	**963627562**	**5961114**	**69364439**	**77541794**
一、按区域分						
东部地区	Eastern Region	941288865	724790847	3893084	57749163	59405827
中部地区	Central Region	178464039	147757115	1376258	6688643	8140152
西部地区	Western Region	107156482	82254875	627870	4492784	8902040
东北地区	Northeast Region	10645280	8824725	63902	433849	1093775
二、按地区分						
北 京	Beijing	177973404	117586650	732684	19449370	12189693
天 津	Tianjin	12960636	10880268	51814	643838	581185
河 北	Hebei	9391544	7681197	58240	400669	731767
山 西	Shanxi	4285100	3773362	29885	174145	251455
内蒙古	Inner Mongolia	1176009	989964	8828	59249	160753
辽 宁	Liaoning	7634891	6366810	45706	290638	737345
吉 林	Jilin	1697174	1351040	11469	87488	222221
黑龙江	Heilongjiang	1313215	1106876	6726	55723	134209
上 海	Shanghai	112568299	82802177	423220	11419535	7866789
江 苏	Jiangsu	136821249	113843495	606804	5096114	7218383
浙 江	Zhejiang	140704566	100711449	501883	7270874	14525276
安 徽	Anhui	27426003	23101394	121097	1022298	1319761
福 建	Fujian	58401903	49585095	297929	1837267	2188520
江 西	Jiangxi	32501188	26937702	166387	1339750	1151991
山 东	Shandong	67636247	60781188	248589	1710999	2131983
河 南	Henan	24700358	21057588	183890	846078	1125842
湖 北	Hubei	52755914	43728333	312455	1722495	2234544
湖 南	Hunan	36795477	29158736	562544	1583877	2056559
广 东	Guangdong	212927635	171365439	919474	9011922	11450662
广 西	Guangxi	12316825	9333566	38257	279247	1591133
海 南	Hainan	11903383	9553888	52447	908575	521568
重 庆	Chongqing	21465511	14942802	125134	677564	3044700
四 川	Sichuan	46894195	35818365	312264	2344058	1998302
贵 州	Guizhou	3351731	2778083	21590	145500	305737
云 南	Yunnan	5888598	4800558	34693	246466	513839
西 藏	Tibet	136562	102397	514	8252	15607
陕 西	Shaanxi	11906484	10035337	60510	503068	944975
甘 肃	Gansu	1224958	1095179	9632	83642	107587
青 海	Qinghai	136768	132132	1418	16960	28679
宁 夏	Ningxia	571863	501632	5382	23527	55987
新 疆	Xinjiang	2086978	1724860	9649	105253	134744

2-2-3 续表 2 continued

单位：万元 (10 000 yuan)

地 区	Region	研发费用 R&D Expense	财务费用 Financial Expense	利润总额 Total Profit	应付职工薪酬 Payroll Payable	应交增值税 Value-added Tax Payable
全 国	**National Total**	**44153037**	**2856127**	**93698944**	**131701245**	**19312010**
一、按区域分						
东部地区	Eastern Region	37646660	288404	73657179	100574963	14006019
中部地区	Central Region	3986353	1292563	10714780	17617566	3145082
西部地区	Western Region	2310629	1145299	9137541	11425542	2021673
东北地区	Northeast Region	209395	129861	189445	2083174	139238
二、按地区分						
北 京	Beijing	11842177	-612245	19490740	21838296	2759337
天 津	Tianjin	309915	9956	582360	1234045	207508
河 北	Hebei	143054	198908	214376	1199884	202323
山 西	Shanxi	39100	86891	10742	354168	72625
内蒙古	Inner Mongolia	11172	18001	-6876	167793	-6720
辽 宁	Liaoning	155724	81516	113671	1669144	120959
吉 林	Jilin	31130	31908	82462	227437	23266
黑龙江	Heilongjiang	22540	16437	-6689	186593	-4987
上 海	Shanghai	6701629	315657	5980506	13937340	1557073
江 苏	Jiangsu	4153009	713953	7618527	15078163	2339457
浙 江	Zhejiang	2929067	-814274	16496304	13325276	2285650
安 徽	Anhui	828271	203838	1337690	2664533	442064
福 建	Fujian	1034597	184808	3844175	4878857	532495
江 西	Jiangxi	593314	236861	2283253	2455462	554301
山 东	Shandong	1267290	597447	1784752	4694181	832375
河 南	Henan	312455	276009	1193698	2697418	321293
湖 北	Hubei	1350623	199919	3561252	5545219	1045931
湖 南	Hunan	862591	289046	2328145	3900767	708869
广 东	Guangdong	9030576	-467151	17076516	23711427	3013652
广 西	Guangxi	117333	121836	935421	1032880	196134
海 南	Hainan	235346	161345	568922	677495	276149
重 庆	Chongqing	425859	146402	2363310	2124139	345425
四 川	Sichuan	1446532	234856	5514545	4815022	1117407
贵 州	Guizhou	35229	135716	14810	458565	58935
云 南	Yunnan	103239	73204	261857	767229	98956
西 藏	Tibet	335	1998	8858	19558	4537
陕 西	Shaanxi	141834	346935	106215	1492136	142946
甘 肃	Gansu	11125	32499	-75373	178002	14955
青 海	Qinghai	1746	13366	-49783	44752	11119
宁 夏	Ningxia	8980	11200	-29328	103148	8321
新 疆	Xinjiang	7245	9286	93885	222317	29658

2-2-3 续表 3 continued

单位：万元 (10 000 yuan)

地 区	Region	R&D人员 (人) R&D Personnel (person)	R&D人员折合全时当量 (人年) Full-time Equivalent of R&D Personnel (man-year)	R&D经费内部支出 Internal Expenditure on R&D	新产品开发项目数 (个) Number of New Products (unit)	新产品开发经费支出 Expenditure on New Products Development
全 国	**National Total**	**462266**	**333405**	**15289160**	**43761**	**8449775**
一、按区域分						
东部地区	Eastern Region	328355	239554	11613951	32568	5945890
中部地区	Central Region	88567	62419	2278813	8684	1789448
西部地区	Western Region	34744	24067	1214513	2155	660729
东北地区	Northeast Region	10600	7365	181884	354	53709
二、按地区分						
北 京	Beijing	36917	24482	2756506	445	92356
天 津	Tianjin	4322	2571	142952	308	30493
河 北	Hebei	4564	2968	70635	926	76345
山 西	Shanxi	301	170	5940	87	9336
内蒙古	Inner Mongolia	54	33	615	27	7989
辽 宁	Liaoning	9300	6491	167792	303	46196
吉 林	Jilin	314	173	3309	24	5614
黑龙江	Heilongjiang	986	701	10782	27	1899
上 海	Shanghai	23950	16423	1144595	685	150805
江 苏	Jiangsu	78676	56266	1973162	5090	1398846
浙 江	Zhejiang	38444	30929	1290788	7828	911381
安 徽	Anhui	20165	15016	486189	2536	460457
福 建	Fujian	27096	20561	596220	1908	322911
江 西	Jiangxi	11688	7913	236623	2123	429128
山 东	Shandong	29127	20431	830151	2792	810873
河 南	Henan	9596	6984	227679	596	81186
湖 北	Hubei	27730	18661	777678	1186	368736
湖 南	Hunan	19087	13675	544704	2156	440606
广 东	Guangdong	84944	64704	2803152	12522	2105566
广 西	Guangxi	1776	1277	32012	272	79384
海 南	Hainan	315	219	5790	64	46314
重 庆	Chongqing	6785	4773	193098	465	134059
四 川	Sichuan	18752	13792	825415	793	351382
贵 州	Guizhou	805	520	17003	75	9524
云 南	Yunnan	3707	2243	73853	175	25153
西 藏	Tibet					
陕 西	Shaanxi	2070	1157	62852	291	43484
甘 肃	Gansu	430	62	2845	9	660
青 海	Qinghai	18		252	9	874
宁 夏	Ningxia	309	188	5666	34	7950
新 疆	Xinjiang	38	22	903	5	269

2-2-3 续表 4 continued

单位：万元 (10 000 yuan)

地区	Region	新产品销售收入 Sales Revenue of New Products	#出口 Export	专利申请数(件) Patent Applications (piece)	#发明专利 Inventions	有效发明专利数(件) Number of Patents in Force (piece)
全 国	**National Total**	**133394173**	**44299471**	**122452**	**56049**	**180879**
一、按区域分						
东部地区	Eastern Region	94162669	37964142	94368	45361	146389
中部地区	Central Region	28091374	5070882	19054	6926	22778
西部地区	Western Region	10736267	1225840	7974	3359	10049
东北地区	Northeast Region	403864	38608	1056	403	1663
二、按地区分						
北 京	Beijing	1863697	51050	15914	11902	31131
天 津	Tianjin	349986	56382	796	341	1842
河 北	Hebei	859099	108161	851	196	1287
山 西	Shanxi	92137	410	183	42	262
内蒙古	Inner Mongolia	45987		52	5	39
辽 宁	Liaoning	363775	34960	684	194	1141
吉 林	Jilin	19237		86	15	65
黑龙江	Heilongjiang	20851	3648	286	194	457
上 海	Shanghai	1620833	518722	4472	1898	6388
江 苏	Jiangsu	20530652	6680917	14442	5492	21323
浙 江	Zhejiang	14507625	5153859	11571	4137	9531
安 徽	Anhui	6630919	1009868	5519	2204	5721
福 建	Fujian	3615719	2100919	3661	1159	4255
江 西	Jiangxi	6946743	2751876	2241	475	1526
山 东	Shandong	22274358	10217696	6095	2237	7999
河 南	Henan	1176583	421501	1582	387	1792
湖 北	Hubei	7852192	349670	5904	2346	9551
湖 南	Hunan	5392799	537557	3625	1472	3926
广 东	Guangdong	27530696	12974141	36392	17936	62465
广 西	Guangxi	1383732	328258	362	75	343
海 南	Hainan	1010005	102295	174	63	168
重 庆	Chongqing	2106089	124356	1726	630	1685
四 川	Sichuan	5834598	588630	3763	2014	5611
贵 州	Guizhou	465100	52616	232	64	204
云 南	Yunnan	278778	1273	669	159	516
西 藏	Tibet					
陕 西	Shaanxi	527000	128444	996	381	1529
甘 肃	Gansu	15597		68	10	57
青 海	Qinghai	8766				
宁 夏	Ningxia	70611	2262	65	7	20
新 疆	Xinjiang	9		41	14	45

2-2-4 按企业特征分规模以上文化及相关产业制造业企业基本情况(2022年)
Statistics on Culture-Related Manufacturing Enterprises above Designated Size(2022)

单位：万元 (10 000 yuan)

类别	Category	法人单位数（个） Number of Enterprises (unit)	年末从业人员（人） Engaged Persons at Year-end (person)	固定资产原价 Original Value of Fixed Assets	本年折旧 Depreciation of Current Year
合计	**Total**	**21809**	**3655431**	**158568516**	**11631758**
一、按单位规模分	**by Unit Size**				
大型	Large	320	854139	61539577	4342706
中型	Medium-sized	2000	1060507	39194658	3036853
小微型	Small and Micro	19489	1740785	57834281	4252199
二、按登记注册类型分	**by Status of Registration**				
内资企业	Domestic Funded Enterprises	19363	2695779	103152818	7917710
#国有企业	Stats-owned Enterprises	66	13007	977772	65991
私营企业	Private Enterprises	17051	2030855	60165644	5083911
港、澳、台商投资企业	Enterprises with Funds from Hong Kong, Macao and Taiwan	1500	590750	26084911	1770447
外商投资企业	Foreign Funded Enterprises	946	368902	29330787	1943601
三、按企业控股情况分	**by Status of Holding**				
国有控股	State-holding	476	202138	19339063	1170519
集体控股	Collective-holding	138	30537	1876218	105934
私人控股	Private-holding	19005	2537565	86611746	6876456
港澳台商控股	Hong Kong, Macao and Taiwan-holding	1363	543275	22470542	1599624
外商控股	Foreign-holding	825	341570	28174312	1876658
其他	Others	2	346	96635	2565

2-2-4 续表 1 continued

单位：万元 (10 000 yuan)

类　别	Category	资产总计 Total Assets	营业收入 Total Revenue	营业成本 Operating Cost
合　计	**Total**	**392335373**	**434317129**	**375442814**
一、按单位规模分	**by Unit Size**			
大　型	Large	156421139	150151056	133648313
中　型	Medium-sized	97798269	109856466	93411367
小微型	Small and Micro	138115965	174309607	148383135
二、按登记注册类型分	**by Status of Registration**			
内资企业	Domestic Funded Enterprises	263180037	308383636	263967399
#国有企业	Stats-owned Enterprises	1503685	997161	847990
私营企业	Private Enterprises	144484937	196994875	167122089
港、澳、台商投资企业	Enterprises with Funds from Hong Kong, Macao and Taiwan	66618360	68177741	60323708
外商投资企业	Foreign Funded Enterprises	62536976	57755752	51151707
三、按企业控股情况分	**by Status of Holding**			
国有控股	State-holding	52385402	42806546	38098270
集体控股	Collective-holding	3747269	3378932	2864587
私人控股	Private-holding	224169714	272511850	231866143
港澳台商控股	Hong Kong, Macao and Taiwan-holding	55699783	60344174	53568928
外商控股	Foreign-holding	56088833	55186796	48976005
其他	Others	244371	88832	68882

2-2-4 续表 2 continued

单位：万元 (10 000 yuan)

类 别	Category	税金及附加 Total Tax and Extra Charges	销售费用 Selling Expense	管理费用 Administration Expense
合 计	**Total**	**2215419**	**10433495**	**15669459**
一、按单位规模分	**by Unit Size**			
大 型	Large	549007	3114645	3887723
中 型	Medium-sized	596946	2930919	4212934
小微型	Small and Micro	1069465	4387932	7568802
二、按登记注册类型分	**by Status of Registration**			
内资企业	Domestic Funded Enterprises	1755623	7684571	11172877
#国有企业	Stats-owned Enterprises	9618	22256	92188
私营企业	Private Enterprises	1242617	4987474	7609171
港、澳、台商投资企业	Enterprises with Funds from Hong Kong, Macao and Taiwan	260754	1497876	2684900
外商投资企业	Foreign Funded Enterprises	199042	1251048	1811682
三、按企业控股情况分	**by Status of Holding**			
国有控股	State-holding	238036	991981	1489937
集体控股	Collective-holding	18830	58614	189244
私人控股	Private-holding	1545772	6881597	9878795
港澳台商控股	Hong Kong, Macao and Taiwan-holding	228315	1392194	2457173
外商控股	Foreign-holding	183518	1106183	1648803
其他	Others	949	2926	5507

2-2-4 续表 3 continued

单位：万元 (10 000 yuan)

类　别	Category	研发费用 R&D Expense	财务费用 Financial Expense	利润总额 Total Profit
合　计	**Total**	**10168103**	**1897092**	**22043907**
一、按单位规模分	**by Unit Size**			
大　型	Large	3783152	498553	6532229
中　型	Medium-sized	2590061	370324	6250729
小微型	Small and Micro	3794890	1028215	9260949
二、按登记注册类型分	**by Status of Registration**			
内资企业	Domestic Funded Enterprises	7733137	1741237	16501202
#国有企业	Stats-owned Enterprises	20438	8889	11295
私营企业	Private Enterprises	4532013	1185895	10950153
港、澳、台商投资企业	Enterprises with Funds from Hong Kong, Macao and Taiwan	1413986	70244	2798429
外商投资企业	Foreign Funded Enterprises	1020980	85611	2744276
三、按企业控股情况分	**by Status of Holding**			
国有控股	State-holding	1029553	221066	1040883
集体控股	Collective-holding	59402	20668	190836
私人控股	Private-holding	6977371	1641922	15766710
港澳台商控股	Hong Kong, Macao and Taiwan-holding	1178123	-38054	2177415
外商控股	Foreign-holding	920394	51213	2853163
其他	Others	3261	278	14901

2-2-4 续表 4 continued

单位：万元 (10 000 yuan)

类 别	Category	应付职工薪酬 Payroll Payable	应交增值税 Value-added Tax Payable	工业总产值（当年价格） Value-added Tax Payable
合 计	**Total**	**38555114**	**7058985**	**426422489**
一、按单位规模分	**by Unit Size**			
大 型	Large	11465833	1809677	143553030
中 型	Medium-sized	10979611	1982931	108518955
小微型	Small and Micro	16109669	3266377	174350503
二、按登记注册类型分	**by Status of Registration**			
内资企业	Domestic Funded Enterprises	27452025	5501510	304437396
#国有企业	Stats-owned Enterprises	152288	37220	963144
私营企业	Private Enterprises	18243118	3757085	201928144
港、澳、台商投资企业	Enterprises with Funds from Hong Kong, Macao and Taiwan	6085796	993137	66799622
外商投资企业	Foreign Funded Enterprises	5017292	564339	55185471
三、按企业控股情况分	**by Status of Holding**			
国有控股	State-holding	3669408	764887	33982249
集体控股	Collective-holding	422387	61544	3399560
私人控股	Private-holding	24285207	4866866	276813638
港澳台商控股	Hong Kong, Macao and Taiwan-holding	5500798	860039	59241480
外商控股	Foreign-holding	4671349	503192	52900708
其他	Others	5964	2456	84852

2-2-5 按区域和地区分规模以上文化及相关产业制造业企业基本情况(2022年)

Statistics on Culture-Related Manufacturing Enterprises above Designated Size by Region(2022)

单位：万元 (10 000 yuan)

地 区	Region	法人单位数(个) Number of Enterprises (unit)	年末从业人员(人) Engaged Persons at Year-end (person)	固定资产原价 Original Value of Fixed Assets	本年折旧 Depreciation of Current Year
全 国	**National Total**	**21809**	**3655431**	**158568516**	**11631758**
一、按区域分					
东部地区	Eastern Region	14377	2458533	104382990	6894371
中部地区	Central Region	5680	857728	33299325	3128330
西部地区	Western Region	1533	304299	18728226	1510357
东北地区	Northeast Region	219	34871	2157974	98700
二、按地区分					
北 京	Beijing	140	22710	1983807	87954
天 津	Tianjin	179	21151	1135718	62721
河 北	Hebei	556	57457	3128682	204067
山 西	Shanxi	51	7722	573348	26733
内蒙古	Inner Mongolia	7	1388	106101	7538
辽 宁	Liaoning	147	27484	1565822	72092
吉 林	Jilin	29	4012	443505	17842
黑龙江	Heilongjiang	43	3375	148648	8767
上 海	Shanghai	376	51808	3233232	166340
江 苏	Jiangsu	3409	506515	29761782	1891412
浙 江	Zhejiang	2723	347033	14169930	913272
安 徽	Anhui	1147	140203	5047735	338554
福 建	Fujian	1360	267963	6304679	494799
江 西	Jiangxi	1230	225279	7540062	773973
山 东	Shandong	1218	215932	18752276	1285389
河 南	Henan	1017	126426	6141626	519742
湖 北	Hubei	933	135289	8419256	817761
湖 南	Hunan	1302	222809	5577299	651568
广 东	Guangdong	4405	964026	23354571	1648935
广 西	Guangxi	225	48289	3066534	249004
海 南	Hainan	11	3938	2558314	139481
重 庆	Chongqing	235	59901	3622494	353839
四 川	Sichuan	540	115955	5964085	463679
贵 州	Guizhou	117	16411	457237	45851
云 南	Yunnan	119	21375	1168993	48670
西 藏	Tibet	4	575	16395	1467
陕 西	Shaanxi	226	31170	3821371	317685
甘 肃	Gansu	18	2057	86779	2977
青 海	Qinghai	5	647	49438	2271
宁 夏	Ningxia	15	4017	257871	13454
新 疆	Xinjiang	22	2514	110929	3922

2-2-5 续表 1 continued

单位：万元 (10 000 yuan)

地 区	Region	资产总计 Total Assets	营业收入 Total Revenue	营业成本 Operating Cost
全 国	**National Total**	**392335373**	**434317129**	**375442814**
一、按区域分				
东部地区	Eastern Region	273909893	296460550	258545386
中部地区	Central Region	72298132	94769773	79435004
西部地区	Western Region	42742399	40136279	34836980
东北地区	Northeast Region	3384950	2950527	2625444
二、按地区分				
北 京	Beijing	5682776	5898256	5224152
天 津	Tianjin	2906959	2312732	2049196
河 北	Hebei	5246180	4810234	4125106
山 西	Shanxi	795149	532601	466451
内蒙古	Inner Mongolia	242628	242048	222494
辽 宁	Liaoning	2580784	2437233	2161146
吉 林	Jilin	556068	320442	290540
黑龙江	Heilongjiang	248098	192853	173757
上 海	Shanghai	9632465	13562134	12008739
江 苏	Jiangsu	66632403	67164786	58605478
浙 江	Zhejiang	37468221	33608795	28892216
安 徽	Anhui	16769540	13466905	11415069
福 建	Fujian	13796427	27341049	22845671
江 西	Jiangxi	15415583	23477219	20025372
山 东	Shandong	39714283	38626297	34987354
河 南	Henan	13878561	12817978	11282391
湖 北	Hubei	14862916	21510723	17752392
湖 南	Hunan	10576383	22964347	18493329
广 东	Guangdong	89617064	101680806	88664906
广 西	Guangxi	7522772	5044507	4412956
海 南	Hainan	3213116	1455459	1142570
重 庆	Chongqing	5408029	7080560	5948265
四 川	Sichuan	18400787	20280863	17734684
贵 州	Guizhou	1350473	1291477	1104440
云 南	Yunnan	3522105	1774337	1359078
西 藏	Tibet	66310	32518	13626
陕 西	Shaanxi	5340352	3903879	3606675
甘 肃	Gansu	144102	91206	79385
青 海	Qinghai	76326	27849	24599
宁 夏	Ningxia	498376	283751	258073
新 疆	Xinjiang	170139	83285	72707

2-2-5 续表 2 continued

单位：万元 (10 000 yuan)

地 区	Region	税金及附加 Total Tax and Extra Charges	销售费用 Selling Expense	管理费用 Administration Expense
全 国	**National Total**	**2215419**	**10433495**	**15669459**
一、按区域分				
东部地区	Eastern Region	1139675	7004166	10958159
中部地区	Central Region	819649	2268198	3221777
西部地区	Western Region	240734	1115478	1333503
东北地区	Northeast Region	15361	45653	156019
二、按地区分				
北 京	Beijing	22743	127473	237867
天 津	Tianjin	8279	57324	97635
河 北	Hebei	33672	108496	226056
山 西	Shanxi	4697	23466	34996
内蒙古	Inner Mongolia	2183	2490	10606
辽 宁	Liaoning	12115	38591	123848
吉 林	Jilin	2391	3445	21400
黑龙江	Heilongjiang	855	3617	10771
上 海	Shanghai	32844	298242	570962
江 苏	Jiangsu	263025	1430594	2403896
浙 江	Zhejiang	139516	883908	1414118
安 徽	Anhui	66875	494735	613418
福 建	Fujian	131606	756897	998265
江 西	Jiangxi	130490	316661	531287
山 东	Shandong	136900	624163	850767
河 南	Henan	78529	305977	395945
湖 北	Hubei	132315	502290	727036
湖 南	Hunan	406743	625069	919095
广 东	Guangdong	358091	2703229	4131539
广 西	Guangxi	17402	58656	120567
海 南	Hainan	13000	13841	27054
重 庆	Chongqing	42741	173753	206398
四 川	Sichuan	129902	699931	571957
贵 州	Guizhou	9840	44739	51051
云 南	Yunnan	13195	27338	166899
西 藏	Tibet	235	143	2995
陕 西	Shaanxi	20433	99763	166460
甘 肃	Gansu	810	1539	7449
青 海	Qinghai	480	1402	3652
宁 夏	Ningxia	2789	3658	16794
新 疆	Xinjiang	724	2065	8676

2-2-5 续表 3 continued

单位：万元 (10 000 yuan)

地 区	Region	研发费用 R&D Expense	财务费用 Financial Expense	利润总额 Total Profit
全 国	**National Total**	**10168103**	**1897092**	**22043907**
一、按区域分				
东部地区	Eastern Region	7067372	960910	13512381
中部地区	Central Region	2225523	682767	6888024
西部地区	Western Region	826871	235025	1595412
东北地区	Northeast Region	48337	18392	48090
二、按地区分				
北 京	Beijing	100522	12607	175495
天 津	Tianjin	42935	7415	79980
河 北	Hebei	88117	35313	214179
山 西	Shanxi	10392	5059	6516
内蒙古	Inner Mongolia	7971	476	-1208
辽 宁	Liaoning	38514	18050	43791
吉 林	Jilin	7541	-2098	3529
黑龙江	Heilongjiang	2282	2439	770
上 海	Shanghai	261118	2453	535833
江 苏	Jiangsu	1789341	136135	3370599
浙 江	Zhejiang	1014696	201695	1456638
安 徽	Anhui	471607	102928	910850
福 建	Fujian	367844	112753	2167568
江 西	Jiangxi	537892	143268	1878202
山 东	Shandong	916214	314443	1247028
河 南	Henan	136757	120209	663343
湖 北	Hubei	508074	132773	1694622
湖 南	Hunan	560801	178531	1734492
广 东	Guangdong	2428723	66647	4132610
广 西	Guangxi	88681	93831	265217
海 南	Hainan	57863	71448	132449
重 庆	Chongqing	174332	32220	558031
四 川	Sichuan	428205	60609	602517
贵 州	Guizhou	14333	4255	61999
云 南	Yunnan	33313	-18604	201085
西 藏	Tibet		59	16649
陕 西	Shaanxi	68572	54943	-85039
甘 肃	Gansu	1241	1780	-1273
青 海	Qinghai	1423	295	-2653
宁 夏	Ningxia	8244	3901	-19168
新 疆	Xinjiang	555	1257	-746

2-2-5 续表 4 continued

单位：万元 (10 000 yuan)

地 区	Region	应付职工薪酬 Payroll Payable	应交增值税 Value-added Tax Payable	工业总产值（当年价格） Value-added Tax Payable
全 国	**National Total**	**38555114**	**7058985**	**426422489**
一、按区域分				
东部地区	Eastern Region	26549035	4305745	290877409
中部地区	Central Region	8098673	2015924	97570545
西部地区	Western Region	3585119	694712	35153779
东北地区	Northeast Region	322286	42604	2820755
二、按地区分				
北 京	Beijing	468805	99659	3723836
天 津	Tianjin	229536	31402	2086684
河 北	Hebei	534591	135530	4919244
山 西	Shanxi	59856	27158	583178
内蒙古	Inner Mongolia	15329	2321	233994
辽 宁	Liaoning	274476	32642	2336347
吉 林	Jilin	27219	6353	286128
黑龙江	Heilongjiang	20591	3609	198280
上 海	Shanghai	948328	158730	10893856
江 苏	Jiangsu	5787381	1047428	67567632
浙 江	Zhejiang	3265669	731276	32164933
安 徽	Anhui	1346830	269303	13356171
福 建	Fujian	2998367	246267	29086164
江 西	Jiangxi	1769535	480430	23434020
山 东	Shandong	2423983	544223	36227239
河 南	Henan	1084500	159671	13272741
湖 北	Hubei	1677541	518380	22806617
湖 南	Hunan	2160412	560983	24117818
广 东	Guangdong	9826312	1261395	102862565
广 西	Guangxi	530347	115458	5079060
海 南	Hainan	66063	49833	1345257
重 庆	Chongqing	663962	143663	7223805
四 川	Sichuan	1678018	303482	14989789
贵 州	Guizhou	118948	28371	1228958
云 南	Yunnan	176005	35993	1794102
西 藏	Tibet	4939	1868	30658
陕 西	Shaanxi	329184	53289	4122975
甘 肃	Gansu	13785	1680	77122
青 海	Qinghai	4882	555	20502
宁 夏	Ningxia	32886	4549	272209
新 疆	Xinjiang	16834	3485	80606

2-2-6　按企业特征分限额以上文化及相关产业批发和零售业企业基本情况(2022年)

Statistics on Culture-Related Whole and Retail Enterprises above Designated Size(2022)

单位：万元　　　　(10 000 yuan)

类　别	Caregory	法　人 单位数 (个) Number of Enterprises (unit)	年　末 从业人员 (人) Engaged Persons at Year-end (person)	固定资产 原　价 Original Value of Fixed Assets
合　计	**Total**	**13158**	**528128**	**10681340**
一、按单位规模分	**by Unit Size**			
大　型	Large	166	165303	3616806
中　型	Medium-sized	2573	211217	4517956
小微型	Small and Micro	10419	151608	2546577
二、按登记注册类型分	**by Status of Registration**			
内资企业	Domestic Funded Enterprises	12704	452565	9827099
#国有企业	Stats-owned Enterprises	160	14219	754813
私营企业	Private Enterprises	10249	250659	2931508
港、澳、台商投资企业	Enterprises with Funds from Hong Kong, Macao and Taiwan	244	40062	456228
外商投资企业	Foreign Funded Enterprises	210	35501	398014
三、按企业控股情况分	**by Status of Holding**			
国有控股	State-holding	1313	136891	5750049
集体控股	Collective-holding	111	8479	270063
私人控股	Private-holding	11309	308020	3830919
港澳台商控股	Hong Kong, Macao and Taiwan-holding	237	40185	446329
外商控股	Foreign-holding	186	34526	383883
其他	Others	2	27	98

2-2-6 续表 1 continued

单位：万元 (10 000 yuan)

类 别	Category	本年折旧 Depreciation of Current Year	资产总计 Total Assets	营业收入 Total Revenue
合 计	**Total**	**574916**	**147658214**	**200203722**
一、按单位规模分	**by Unit Size**			
大 型	Large	181569	45946269	62535308
中 型	Medium-sized	234333	63579982	77848198
小微型	Small and Micro	159015	38131964	59820217
二、按登记注册类型分	**by Status of Registration**			
内资企业	Domestic Funded Enterprises	489089	127247280	168185469
#国有企业	Stats-owned Enterprises	24171	5535311	3739428
私营企业	Private Enterprises	198860	42009591	77679321
港、澳、台商投资企业	Enterprises with Funds from Hong Kong, Macao and Taiwan	55523	9445771	15791486
外商投资企业	Foreign Funded Enterprises	30304	10965163	16226767
三、按企业控股情况分	**by Status of Holding**			
国有控股	State-holding	231394	63407481	62730843
集体控股	Collective-holding	10255	4270727	5792092
私人控股	Private-holding	248826	60080231	99826207
港澳台商控股	Hong Kong, Macao and Taiwan-holding	55124	9461180	15862251
外商控股	Foreign-holding	29313	10346583	15860770
其他	Others	4	92012	131559

2-2-6 续表 2 continued

单位：万元 (10 000 yuan)

类　别	Category	营业成本 Operating Cost	税金及附加 Total Tax and Extra Charges	销售费用 Selling Expense
合　计	**Total**	**178296928**	**621897**	**10416946**
一、按单位规模分	**by Unit Size**			
大　型	Large	52856146	280105	5093951
中　型	Medium-sized	70306176	200727	3609405
小微型	Small and Micro	55134607	141065	1713591
二、按登记注册类型分	**by Status of Registration**			
内资企业	Domestic Funded Enterprises	152100992	436848	6788462
#国有企业	Stats-owned Enterprises	3295412	10892	173793
私营企业	Private Enterprises	70392406	211146	3085028
港、澳、台商投资企业	Enterprises with Funds from Hong Kong, Macao and Taiwan	12783675	122993	1707620
外商投资企业	Foreign Funded Enterprises	13412262	62056	1920865
三、按企业控股情况分	**by Status of Holding**			
国有控股	State-holding	56768782	139849	2238503
集体控股	Collective-holding	5386404	12619	220534
私人控股	Private-holding	90073716	284114	4350013
港澳台商控股	Hong Kong, Macao and Taiwan-holding	12848792	123809	1704677
外商控股	Foreign-holding	13089211	61502	1903011
其他	Others	130023	4	208

2-2-6 续表 3 continued

单位：万元 (10 000 yuan)

类　别	Category	管理费用 Administration Expense	研发费用 R&D Expense	财务费用 Financial Expense
合　计	**Total**	**5605259**	**296871**	**588381**
一、按单位规模分	**by Unit Size**			
大　型	Large	1854236	61768	111949
中　型	Medium-sized	2243062	189157	229638
小微型	Small and Micro	1507961	45946	246794
二、按登记注册类型分	**by Status of Registration**			
内资企业	Domestic Funded Enterprises	4549759	237442	474366
#国有企业	Stats-owned Enterprises	151423	580	-7137
私营企业	Private Enterprises	2184423	123542	291640
港、澳、台商投资企业	Enterprises with Funds from Hong Kong, Macao and Taiwan	573945	10512	58708
外商投资企业	Foreign Funded Enterprises	481555	48917	55307
三、按企业控股情况分	**by Status of Holding**			
国有控股	State-holding	1639477	28983	106896
集体控股	Collective-holding	103069	19932	13493
私人控股	Private-holding	2820299	192536	361928
港澳台商控股	Hong Kong, Macao and Taiwan-holding	576141	7819	58426
外商控股	Foreign-holding	466256	47600	47540
其他	Others	18	1	97

2-2-6 续表 4 continued

单位：万元 (10 000 yuan)

类 别	Category	利润总额 Total Profit	应付职工薪酬 Payroll Payable	应交增值税 Value-added Tax Payable
合 计	**Total**	**5700365**	**6776930**	**1490898**
一、按单位规模分	**by Unit Size**			
大 型	Large	2749549	2969013	533626
中 型	Medium-sized	1864949	2605695	558130
小微型	Small and Micro	1085867	1202222	399141
二、按登记注册类型分	**by Status of Registration**			
内资企业	Domestic Funded Enterprises	4554297	5226624	1099430
#国有企业	Stats-owned Enterprises	189003	204296	25495
私营企业	Private Enterprises	1615565	2078409	631651
港、澳、台商投资企业	Enterprises with Funds from Hong Kong, Macao and Taiwan	770965	790894	149752
外商投资企业	Foreign Funded Enterprises	375104	759412	241716
三、按企业控股情况分	**by Status of Holding**			
国有控股	State-holding	2411544	2287511	298336
集体控股	Collective-holding	86971	112990	8930
私人控股	Private-holding	2048323	2839178	792340
港澳台商控股	Hong Kong, Macao and Taiwan-holding	780306	792769	152755
外商控股	Foreign-holding	371692	744269	238058
其他	Others	1529	214	478

2-2-7 按区域和地区分限额以上文化及相关产业批发和零售业企业基本情况(2022年)
Statistics on Culture-Related Whole and Retail Enterprises above Designated Size by Region(2022)

单位：万元 (10 000 yuan)

地 区	Region	法人单位数(个) Number of Enterprises (unit)	年末从业人员(人) Engaged Persons at Year-end (person)	固定资产原价 Original Value of Fixed Assets
全 国	**National Total**	**13158**	**528128**	**10681340**
一、按区域分				
东部地区	Eastern Region	8638	347491	6484044
中部地区	Central Region	2696	98487	1962582
西部地区	Western Region	1446	68569	1901505
东北地区	Northeast Region	378	13581	333210
二、按地区分				
北 京	Beijing	652	42002	991351
天 津	Tianjin	185	4121	129280
河 北	Hebei	246	12168	203048
山 西	Shanxi	131	6207	280294
内蒙古	Inner Mongolia	45	2927	99638
辽 宁	Liaoning	184	6663	82064
吉 林	Jilin	87	3597	80038
黑龙江	Heilongjiang	107	3321	171108
上 海	Shanghai	605	40268	717020
江 苏	Jiangsu	2435	65991	1577162
浙 江	Zhejiang	1143	37019	798817
安 徽	Anhui	444	14414	234784
福 建	Fujian	548	15392	329626
江 西	Jiangxi	305	11085	296383
山 东	Shandong	843	37478	728779
河 南	Henan	596	24815	376021
湖 北	Hubei	765	23121	445713
湖 南	Hunan	455	18845	329387
广 东	Guangdong	1943	91174	920060
广 西	Guangxi	177	5811	133511
海 南	Hainan	38	1878	88903
重 庆	Chongqing	180	12510	219900
四 川	Sichuan	364	17289	419285
贵 州	Guizhou	67	2423	174698
云 南	Yunnan	155	7540	209264
西 藏	Tibet	5	57	3680
陕 西	Shaanxi	319	11129	225410
甘 肃	Gansu	30	3759	93665
青 海	Qinghai	12	713	33832
宁 夏	Ningxia	21	649	70028
新 疆	Xinjiang	71	3762	218595

2-2-7 续表 1 continued

单位：万元 (10 000 yuan)

地 区	Region	本年折旧 Depreciation of Current Year	资产总计 Total Assets	营业收入 Total Revenue
全 国	**National Total**	**574916**	**147658214**	**200203722**
一、按区域分				
东部地区	Eastern Region	362811	109448921	160714129
中部地区	Central Region	89868	19636902	22902023
西部地区	Western Region	110361	16601903	14135342
东北地区	Northeast Region	11876	1970489	2452229
二、按地区分				
北 京	Beijing	47007	20537311	18821705
天 津	Tianjin	4862	1053801	2478419
河 北	Hebei	10322	1861473	1994949
山 西	Shanxi	10329	1454973	1311948
内蒙古	Inner Mongolia	3603	817168	437579
辽 宁	Liaoning	3984	887531	1489655
吉 林	Jilin	2922	464665	474307
黑龙江	Heilongjiang	4970	618293	488267
上 海	Shanghai	64069	16541507	29251051
江 苏	Jiangsu	74591	19325018	26381481
浙 江	Zhejiang	38413	11122839	20203608
安 徽	Anhui	12576	5203870	5908888
福 建	Fujian	16830	4766814	14390721
江 西	Jiangxi	9470	4100207	2535155
山 东	Shandong	37528	13559592	18422602
河 南	Henan	15676	2589146	4476641
湖 北	Hubei	26002	4285538	5120322
湖 南	Hunan	15816	2003168	3549069
广 东	Guangdong	66115	20019583	26947639
广 西	Guangxi	6296	1740942	1588148
海 南	Hainan	3076	660984	1821954
重 庆	Chongqing	10024	2621670	2571369
四 川	Sichuan	15138	5481181	4126444
贵 州	Guizhou	33029	980173	542052
云 南	Yunnan	15271	1388867	1286507
西 藏	Tibet	118	9783	14102
陕 西	Shaanxi	11430	1542893	2207182
甘 肃	Gansu	2577	537725	533817
青 海	Qinghai	1788	102067	37282
宁 夏	Ningxia	2642	254257	129896
新 疆	Xinjiang	8445	1125178	660964

2-2-7 续表 2 continued

单位：万元 (10 000 yuan)

地区	Region	营业成本 Operating Cost	税金及附加 Total Tax and Extra Charges	销售费用 Selling Expense
全国	**National Total**	**178296928**	**621897**	**10416946**
一、按区域分				
东部地区	Eastern Region	144071260	468546	8410987
中部地区	Central Region	19966168	95914	1029006
西部地区	Western Region	12097777	46261	858052
东北地区	Northeast Region	2161724	11176	118902
二、按地区分				
北京	Beijing	15966781	75842	1254746
天津	Tianjin	2323956	3761	84320
河北	Hebei	1545622	5738	133415
山西	Shanxi	1185435	4929	70289
内蒙古	Inner Mongolia	352814	2094	23275
辽宁	Liaoning	1325105	8216	77274
吉林	Jilin	412884	1501	17378
黑龙江	Heilongjiang	423735	1459	24250
上海	Shanghai	25303857	103043	2329693
江苏	Jiangsu	23646063	58668	1293465
浙江	Zhejiang	18621325	28568	806102
安徽	Anhui	5429048	13555	207237
福建	Fujian	13608093	29714	346521
江西	Jiangxi	2132031	6052	128319
山东	Shandong	17285429	37000	612064
河南	Henan	3960307	21874	189808
湖北	Hubei	4314940	23532	233587
湖南	Hunan	2944407	25973	199767
广东	Guangdong	24100089	123676	1520006
广西	Guangxi	1391301	2845	86329
海南	Hainan	1670046	2538	30655
重庆	Chongqing	2130829	14929	169939
四川	Sichuan	3595004	8909	217053
贵州	Guizhou	465053	862	20474
云南	Yunnan	1057564	4623	114667
西藏	Tibet	12258	2	271
陕西	Shaanxi	1895927	4883	117974
甘肃	Gansu	503620	3551	49872
青海	Qinghai	25819	235	8106
宁夏	Ningxia	113425	346	5086
新疆	Xinjiang	554162	2983	45008

2-2-7 续表 3 continued

单位：万元 (10 000 yuan)

地 区	Region	管理费用 Administration Expense	研发费用 R&D Expense	财务费用 Financial Expense
全 国	**National Total**	**5605259**	**296871**	**588381**
一、按区域分				
东部地区	Eastern Region	4151812	286331	530583
中部地区	Central Region	740744	6736	55226
西部地区	Western Region	607649	3240	-7653
东北地区	Northeast Region	105055	564	10225
二、按地区分				
北 京	Beijing	831826	61560	91517
天 津	Tianjin	45685	1326	8117
河 北	Hebei	90896	1296	-8647
山 西	Shanxi	37954	37	3508
内蒙古	Inner Mongolia	36506		-1980
辽 宁	Liaoning	63617	445	2977
吉 林	Jilin	31991		4742
黑龙江	Heilongjiang	9447	119	2506
上 海	Shanghai	796104	23243	97945
江 苏	Jiangsu	594310	24875	43102
浙 江	Zhejiang	413701	9438	1982
安 徽	Anhui	113543	1007	15392
福 建	Fujian	175010	4515	42398
江 西	Jiangxi	130799	987	-7041
山 东	Shandong	313573	85792	133416
河 南	Henan	124832	626	20873
湖 北	Hubei	177767	2687	11140
湖 南	Hunan	155849	1392	11353
广 东	Guangdong	870762	74230	117402
广 西	Guangxi	65006	0	-2657
海 南	Hainan	19945	56	3352
重 庆	Chongqing	93457	606	102
四 川	Sichuan	165585	1605	-3574
贵 州	Guizhou	26250		2163
云 南	Yunnan	54845	228	-1158
西 藏	Tibet	1105		-21
陕 西	Shaanxi	109080	753	1041
甘 肃	Gansu	13617	28	-358
青 海	Qinghai	3297		-243
宁 夏	Ningxia	8629	18	394
新 疆	Xinjiang	30272	1	-1363

2-2-7 续表 4 continued

单位：万元 (10 000 yuan)

地 区	Region	利润总额 Total Profit	应付职工薪酬 Payroll Payable	应交增值税 Value-added Tax Payable
全 国	**National Total**	**5700365**	**6776930**	**1490898**
一、按区域分				
东部地区	Eastern Region	3827409	5000977	1206722
中部地区	Central Region	1101733	887811	164134
西部地区	Western Region	719093	776622	101671
东北地区	Northeast Region	52130	111520	18371
二、按地区分				
北 京	Beijing	723976	938199	196472
天 津	Tianjin	12372	49518	24406
河 北	Hebei	93073	120844	12599
山 西	Shanxi	26650	50871	4961
内蒙古	Inner Mongolia	58264	34075	1723
辽 宁	Liaoning	18327	63809	14221
吉 林	Jilin	11036	27710	2234
黑龙江	Heilongjiang	22767	20000	1916
上 海	Shanghai	863818	961827	186585
江 苏	Jiangsu	851621	786158	270312
浙 江	Zhejiang	440317	466062	121557
安 徽	Anhui	141501	144314	46326
福 建	Fujian	222343	169966	41919
江 西	Jiangxi	140358	140027	-5880
山 东	Shandong	28707	430021	111916
河 南	Henan	174743	158487	19775
湖 北	Hubei	415994	210019	66142
湖 南	Hunan	202487	184093	32811
广 东	Guangdong	488924	1058604	235076
广 西	Guangxi	51275	67872	5771
海 南	Hainan	102259	19779	5880
重 庆	Chongqing	180497	155808	34437
四 川	Sichuan	190444	200402	30580
贵 州	Guizhou	25527	19221	994
云 南	Yunnan	100273	95450	9444
西 藏	Tibet	809	806	-2
陕 西	Shaanxi	76986	105778	13836
甘 肃	Gansu	6019	35600	2010
青 海	Qinghai	1358	7382	177
宁 夏	Ningxia	3801	8137	96
新 疆	Xinjiang	23841	46092	2605

2-2-8 按企业特征分规模以上文化及相关产业服务业企业基本情况(2022年)
Statistics on Culture-Related Service Enterprises above Designated Size(2022)

单位：万元 (10 000 yuan)

类 别	Category	法 人 单位数 (个) Number of Enterprises (unit)	年 末 从业人员 (人) Engaged Persons at Year-end (person)	固定资产 原 价 Original Value of Fixed Assets
合 计	**Total**	**36805**	**3539719**	**199721236**
一、按单位规模分	**by Unit Size**			
大 型	Large	1368	1540098	108664630
中 型	Medium-sized	4688	1023813	46545454
小微型	Small and Micro	30749	975808	44511152
二、按登记注册类型分	**by Status of Registration**			
内资企业	Domestic Funded Enterprises	35295	3070138	150398101
国有企业	Stats-owned Enterprises	1140	195117	15630596
私营企业	Private Enterprises	23048	1333531	28104921
港、澳、台商投资企业	Enterprises with Funds from Hong Kong, Macao and Taiwan	819	314302	37017858
外商投资企业	Foreign Funded Enterprises	691	155279	12305277
三、按企业控股情况分	**by Status of Holding**			
国有控股	State-holding	6253	1139158	110487799
集体控股	Collective-holding	350	43672	3004509
私人控股	Private-holding	28779	1932010	47808372
港澳台商控股	Hong Kong, Macao and Taiwan-holding	783	294435	33680846
外商控股	Foreign-holding	596	128081	4695024
其他	Others	44	2363	44686

2-2-8 续表 1 continued

单位：万元 (10 000 yuan)

类别	Category	本年折旧 Depreciation of Current Year	资产总计 Total Assets	营业收入 Total Revenue
合 计	**Total**	**14145654**	**1323359785**	**603033814**
一、按单位规模分	**by Unit Size**			
大 型	Large	8971668	596334373	260543007
中 型	Medium-sized	2523075	309145168	142118075
小微型	Small and Micro	2650910	417880244	200372733
二、按登记注册类型分	**by Status of Registration**			
内资企业	Domestic Funded Enterprises	7871943	978677097	424667535
国有企业	Stats-owned Enterprises	648517	74793079	14263961
私营企业	Private Enterprises	1931233	232162313	186143640
港、澳、台商投资企业	Enterprises with Funds from Hong Kong, Macao and Taiwan	5575404	291577685	131503706
外商投资企业	Foreign Funded Enterprises	698307	53105003	46862573
三、按企业控股情况分	**by Status of Holding**			
国有控股	State-holding	5222014	573064254	111443876
集体控股	Collective-holding	158928	12817326	3001563
私人控股	Private-holding	3079399	405615975	314446379
港澳台商控股	Hong Kong, Macao and Taiwan-holding	5380945	289929373	129502112
外商控股	Foreign-holding	300513	41452133	44543070
其他	Others	3855	480724	96815

2-2-8　续表 2　continued

单位：万元　　(10 000 yuan)

类　　别	Category	营业成本 Operating Cost	税金及附加 Total Tax and Extra Charges	销售费用 Selling Expense
合　计	**Total**	**409887819**	**3123798**	**48513998**
一、按单位规模分	**by Unit Size**			
大　型	Large	142268853	1462319	25396239
中　型	Medium-sized	103017581	681839	12287169
小微型	Small and Micro	164601385	979640	10830590
二、按登记注册类型分	**by Status of Registration**			
内资企业	Domestic Funded Enterprises	328794037	2418670	27208365
国有企业	Stats-owned Enterprises	11521612	174352	541717
私营企业	Private Enterprises	144784846	885047	10613447
港、澳、台商投资企业	Enterprises with Funds from Hong Kong, Macao and Taiwan	45625820	561933	18683983
外商投资企业	Foreign Funded Enterprises	35467963	143196	2621650
三、按企业控股情况分	**by Status of Holding**			
国有控股	State-holding	88911198	872409	5175432
集体控股	Collective-holding	2176188	26650	151513
私人控股	Private-holding	241280290	1548954	22221575
港澳台商控股	Hong Kong, Macao and Taiwan-holding	44006137	552541	18537598
外商控股	Foreign-holding	33447881	122701	2419956
其他	Others	66125	542	7924

2-2-8 续表 3 continued

单位：万元 (10 000 yuan)

类 别	Category	管理费用 Administration Expense	研发费用 R&D Expense	财务费用 Financial Expense
合 计	**Total**	**56267077**	**33688063**	**370655**
一、按单位规模分	**by Unit Size**			
大 型	Large	28687453	23281440	-2135715
中 型	Medium-sized	12573179	7195388	662065
小微型	Small and Micro	15006445	3211235	1844305
二、按登记注册类型分	**by Status of Registration**			
内资企业	Domestic Funded Enterprises	33348563	16961206	2399068
国有企业	Stats-owned Enterprises	2807884	260939	-115816
私营企业	Private Enterprises	13338092	7913498	448917
港、澳、台商投资企业	Enterprises with Funds from Hong Kong, Macao and Taiwan	17779844	14972747	-2149501
外商投资企业	Foreign Funded Enterprises	5138670	1754111	121088
三、按企业控股情况分	**by Status of Holding**			
国有控股	State-holding	12125406	3170551	1837893
集体控股	Collective-holding	346115	203218	106069
私人控股	Private-holding	21487654	13689969	787473
港澳台商控股	Hong Kong, Macao and Taiwan-holding	17670390	14910701	-2148501
外商控股	Foreign-holding	4617633	1713507	-213005
其他	Others	19878	117	725

2-2-8 续表 4 continued

单位：万元 (10 000 yuan)

类　别	Category	利润总额 Total Profit	应付职工薪酬 Payroll Payable	应交增值税 Value-added Tax Payable
合　计	**Total**	**65954671**	**86369202**	**10762128**
一、按单位规模分	**by Unit Size**			
大　型	Large	47816776	50328872	5881558
中　型	Medium-sized	9621549	21749475	2242368
小微型	Small and Micro	8516347	14290854	2638202
二、按登记注册类型分	**by Status of Registration**			
内资企业	Domestic Funded Enterprises	26378063	59661038	6517762
国有企业	Stats-owned Enterprises	358124	4987013	409073
私营企业	Private Enterprises	12560929	21604655	2607304
港、澳、台商投资企业	Enterprises with Funds from Hong Kong, Macao and Taiwan	37500073	20963654	3812643
外商投资企业	Foreign Funded Enterprises	2076535	5744509	431722
三、按企业控股情况分	**by Status of Holding**			
国有控股	State-holding	5361876	24575423	2121887
集体控股	Collective-holding	368230	662561	88344
私人控股	Private-holding	19904299	35466123	4408802
港澳台商控股	Hong Kong, Macao and Taiwan-holding	37421644	20557162	3814228
外商控股	Foreign-holding	2895255	5077458	325250
其他	Others	3368	30475	3615

2-2-9 按区域和地区分规模以上文化及相关产业服务业企业基本情况(2022年)

Statistics on Culture-Related Service Enterprises above Designated Size by Region(2022)

单位：万元 (10 000 yuan)

地 区	Region	法人单位数(个) Number of Enterprises (unit)	年末从业人员(人) Engaged Persons at Year-end (person)	固定资产原价 Original Value of Fixed Assets
全 国	**National Total**	**36805**	**3539719**	**199721236**
一、按区域分				
东部地区	Eastern Region	23087	2321336	134134664
中部地区	Central Region	7635	611542	27808786
西部地区	Western Region	5272	489746	30089239
东北地区	Northeast Region	811	117095	7688548
二、按地区分				
北 京	Beijing	4658	483818	36118220
天 津	Tianjin	611	38994	5365463
河 北	Hebei	560	53012	4226068
山 西	Shanxi	221	23434	2690316
内蒙古	Inner Mongolia	103	11137	1557334
辽 宁	Liaoning	547	83489	3819907
吉 林	Jilin	149	18555	2276617
黑龙江	Heilongjiang	115	15051	1592024
上 海	Shanghai	2602	305412	16093977
江 苏	Jiangsu	4874	498714	21529031
浙 江	Zhejiang	2176	238583	17699548
安 徽	Anhui	977	85260	3751263
福 建	Fujian	1538	106131	3642831
江 西	Jiangxi	1137	58905	2101222
山 东	Shandong	1196	130080	7861798
河 南	Henan	1281	124852	4938174
湖 北	Hubei	1698	193555	8537398
湖 南	Hunan	2321	125536	5790413
广 东	Guangdong	4636	443080	19199962
广 西	Guangxi	427	37581	1915331
海 南	Hainan	236	23512	2397767
重 庆	Chongqing	788	82800	4623197
四 川	Sichuan	1716	179047	8748710
贵 州	Guizhou	340	28594	2805227
云 南	Yunnan	438	40368	3065040
西 藏	Tibet	24	1689	133651
陕 西	Shaanxi	1073	76847	4333688
甘 肃	Gansu	115	12036	1129036
青 海	Qinghai	29	3248	621232
宁 夏	Ningxia	37	5373	490844
新 疆	Xinjiang	182	11026	665950

2-2-9 续表 1 continued

单位：万元 (10 000 yuan)

地 区	Region	本年折旧 Depreciation of Current Year	资产总计 Total Assets	营业收入 Total Revenue
全 国	**National Total**	**14145654**	**1323359785**	**603033814**
一、按区域分				
东部地区	Eastern Region	10804697	1005647471	484114187
中部地区	Central Region	1446937	138495737	60792242
西部地区	Western Region	1481714	160623895	52884861
东北地区	Northeast Region	412306	18592682	5242524
二、按地区分				
北 京	Beijing	3354148	273129141	153253444
天 津	Tianjin	264887	15166795	8169485
河 北	Hebei	179508	15252897	2586360
山 西	Shanxi	101966	10059996	2440550
内蒙古	Inner Mongolia	71118	2800962	496383
辽 宁	Liaoning	215831	10601950	3708003
吉 林	Jilin	116259	5515990	902426
黑龙江	Heilongjiang	80216	2474742	632095
上 海	Shanghai	1427577	134064490	69755114
江 苏	Jiangsu	1369800	183066985	43274981
浙 江	Zhejiang	1658480	159800076	86892163
安 徽	Anhui	172808	21033602	8050210
福 建	Fujian	216893	18581314	16670133
江 西	Jiangxi	112890	12955304	6488813
山 东	Shandong	366699	25974579	10587347
河 南	Henan	277212	19762927	7405739
湖 北	Hubei	479651	47900321	26124870
湖 南	Hunan	302412	26783587	10282060
广 东	Guangdong	1826065	172607617	84299191
广 西	Guangxi	106143	8321490	5684170
海 南	Hainan	140639	8003579	8625969
重 庆	Chongqing	254106	34012510	11813582
四 川	Sichuan	392486	56561655	22486888
贵 州	Guizhou	142785	15719285	1518203
云 南	Yunnan	150878	10048123	2827754
西 藏	Tibet	6112	633151	89942
陕 西	Shaanxi	218864	24161391	5795424
甘 肃	Gansu	52649	2366749	599935
青 海	Qinghai	30276	656485	71637
宁 夏	Ningxia	20261	763870	158216
新 疆	Xinjiang	36036	4578224	1342729

2-2-9 续表 2 continued

单位：万元 (10 000 yuan)

地 区	Region	营业成本 Operating Cost	税金及附加 Total Tax and Extra Charges	销售费用 Selling Expense
全 国	**National Total**	**409887819**	**3123798**	**48513998**
一、按区域分				
东部地区	Eastern Region	322174201	2284862	42334011
中部地区	Central Region	48355943	460695	3391439
西部地区	Western Region	35320118	340876	2519254
东北地区	Northeast Region	4037558	37365	269294
二、按地区分				
北 京	Beijing	96395717	634100	18067152
天 津	Tianjin	6507117	39774	502194
河 北	Hebei	2010469	18830	158758
山 西	Shanxi	2121476	20260	80390
内蒙古	Inner Mongolia	414657	4551	33484
辽 宁	Liaoning	2880558	25375	174772
吉 林	Jilin	647616	7577	66666
黑龙江	Heilongjiang	509384	4412	27856
上 海	Shanghai	45489581	287333	8791600
江 苏	Jiangsu	31591955	285112	2372056
浙 江	Zhejiang	53197908	333799	5580863
安 徽	Anhui	6257277	40667	320326
福 建	Fujian	13131332	136610	733849
江 西	Jiangxi	4780299	29846	894771
山 东	Shandong	8508406	74689	474772
河 南	Henan	5814890	83487	350293
湖 北	Hubei	21661001	156608	986619
湖 南	Hunan	7721000	129828	759041
广 东	Guangdong	58600444	437707	4788688
广 西	Guangxi	3529309	18010	134262
海 南	Hainan	6741273	36910	864080
重 庆	Chongqing	6863709	67464	333872
四 川	Sichuan	14488677	173454	1427074
贵 州	Guizhou	1208589	10887	80286
云 南	Yunnan	2383916	16875	104462
西 藏	Tibet	76513	278	7838
陕 西	Shaanxi	4532736	35193	285330
甘 肃	Gansu	512174	5271	32230
青 海	Qinghai	81713	703	7452
宁 夏	Ningxia	130134	2247	14783
新 疆	Xinjiang	1097991	5943	58181

2-2-9 续表 3 continued

单位：万元 (10 000 yuan)

地 区	Region	管理费用 Administration Expense	研发费用 R&D Expense	财务费用 Financial Expense
全 国	**National Total**	**56267077**	**33688063**	**370655**
一、按区域分				
东部地区	Eastern Region	44295856	30292957	-1203089
中部地区	Central Region	4177631	1754094	554571
西部地区	Western Region	6960889	1480518	917928
东北地区	Northeast Region	832702	160494	101245
二、按地区分				
北 京	Beijing	11120001	11680095	-716369
天 津	Tianjin	437865	265654	-5576
河 北	Hebei	414816	53641	172242
山 西	Shanxi	178505	28671	78324
内蒙古	Inner Mongolia	113642	3200	19505
辽 宁	Liaoning	549881	116765	60489
吉 林	Jilin	168830	23589	29264
黑龙江	Heilongjiang	113991	20139	11492
上 海	Shanghai	6499723	6417268	215259
江 苏	Jiangsu	4220176	2338792	534716
浙 江	Zhejiang	12697457	1904933	-1017951
安 徽	Anhui	592800	355657	85519
福 建	Fujian	1015245	662238	29657
江 西	Jiangxi	489905	54436	100633
山 东	Shandong	967644	265285	149588
河 南	Henan	605065	175072	134927
湖 北	Hubei	1329741	839861	56006
湖 南	Hunan	981615	300398	99161
广 东	Guangdong	6448362	6527624	-651200
广 西	Guangxi	1405561	28652	30662
海 南	Hainan	474569	177427	86544
重 庆	Chongqing	2744846	250922	114079
四 川	Sichuan	1260759	1016722	177822
贵 州	Guizhou	228435	20896	129298
云 南	Yunnan	292094	69698	92966
西 藏	Tibet	11507	335	1960
陕 西	Shaanxi	669435	72508	290950
甘 肃	Gansu	86521	9856	31078
青 海	Qinghai	21729	324	13314
宁 夏	Ningxia	30564	718	6905
新 疆	Xinjiang	95797	6689	9392

2-2-9 续表 4 continued

单位：万元 (10 000 yuan)

地区	Region	利润总额 Total Profit	应付职工薪酬 Payroll Payable	应交增值税 Value-added Tax Payable
全国	**National Total**	**65954671**	**86369202**	**10762128**
一、按区域分				
东部地区	Eastern Region	56317389	69024951	8493552
中部地区	Central Region	2725022	8631082	965024
西部地区	Western Region	6823036	7063800	1225289
东北地区	Northeast Region	89225	1649369	78262
二、按地区分				
北京	Beijing	18591269	20431292	2463205
天津	Tianjin	490008	954992	151700
河北	Hebei	-92876	544449	54194
山西	Shanxi	-22424	243441	40506
内蒙古	Inner Mongolia	-63931	118389	-10764
辽宁	Liaoning	51554	1330858	74096
吉林	Jilin	67897	172509	14678
黑龙江	Heilongjiang	-30226	146002	-10512
上海	Shanghai	4580855	12027186	1211758
江苏	Jiangsu	3396306	8504623	1021717
浙江	Zhejiang	14599349	9593545	1432817
安徽	Anhui	285340	1173390	126435
福建	Fujian	1454265	1710524	244309
江西	Jiangxi	264694	545899	79751
山东	Shandong	509017	1840177	176236
河南	Henan	355612	1454432	141848
湖北	Hubei	1450636	3657659	461410
湖南	Hunan	391165	1556262	115075
广东	Guangdong	12454982	12826511	1517182
广西	Guangxi	618929	434662	74905
海南	Hainan	334214	591653	220436
重庆	Chongqing	1624783	1304368	167325
四川	Sichuan	4721584	2936603	783346
贵州	Guizhou	-72717	320397	29571
云南	Yunnan	-39501	495775	53519
西藏	Tibet	-8600	13813	2671
陕西	Shaanxi	114268	1057174	75821
甘肃	Gansu	-80120	128617	11265
青海	Qinghai	-48488	32488	10387
宁夏	Ningxia	-13961	62125	3676
新疆	Xinjiang	70790	159391	23567

2-3-1 按类别分规模以下文化及相关产业法人单位情况(2022年)
Main Indicators on Culture and Related Industries below Designated Size by Caregory(2022)

单位：万元 (10 000 yuan)

类 别	Category	年末从业人员(人) Engaged Persons at Year-end (person)	资产总计 Total Assets	营业收入 Total Revenue
总 计	**Total**	**11259636**	**1296097969**	**417466185**
#文化新业态行业	Culture-Related New Form of Industry	1133196	92947242	43841831
一、按产业类型分	**by Industry Type**			
文化制造业	Culture-Related Manufacture	1848504	70314001	85005733
文化批发和零售业	Culture-Related Whole and Retail Trade	1144030	69722709	91482204
文化服务业	Culture-Related Service	8267102	1156061259	240978248
二、按领域分	**by Field**			
文化核心产业	Cultural Core Industry	7705221	1106020994	265713503
文化相关产业	Culture-Related Industry	3554415	190076975	151752682
三、按行业类别分	**by Industry Category**			
新闻信息服务	News Information Service	540577	73048068	16135768
内容创作生产	Creation and Manufacture of Content	2097340	184570721	64805958
创意设计服务	Services of Creative Design	3121959	183755375	116365285
文化传播渠道	Cultural Diffusion Channel	708165	61036993	38185484
文化投资运营	Investment and Operation of Culture	104203	397642311	7812920
文化娱乐休闲服务	Culture Leisure and Entertainment	1132977	205967526	22408088
文化辅助生产和中介服务	Supplementary Manufacture of Culture and Intermediary Services	2363914	138273398	75137867
文化装备生产	Manufacture of Culture Equipment	186307	9115350	10230887
文化消费终端生产	Manufacture of Culture Consumption Endpoint	1004194	42688226	66383928

2-3-2 按区域和地区分规模以下文化及相关产业法人单位主要指标情况(2022年)

Main Indicators on Culture and Related Industries below Designated Size by Region (2022)

单位：万元 (10 000 yuan)

地 区	Region	年末从业人员 (人) Engaged Persons at Year-end (person)	资产总计 Total Assets	营业收入 Total Revenue
全 国	**National Total**	**11259636**	**1296097969**	**417466185**
一、按区域分				
东部地区	Eastern Region	6238262	744109431	265711523
中部地区	Central Region	2603341	215158800	86787802
西部地区	Western Region	2121933	308187782	58358698
东北地区	Northeast Region	296100	28641956	6608163
二、按地区分				
北 京	Beijing	570110	133864798	27482377
天 津	Tianjin	64969	10265300	2331591
河 北	Hebei	353670	17978870	7599678
山 西	Shanxi	166945	24358277	2812520
内蒙古	Inner Mongolia	93048	7261811	1463507
辽 宁	Liaoning	171190	15986328	4720019
吉 林	Jilin	47345	7745550	458610
黑龙江	Heilongjiang	77565	4910078	1429535
上 海	Shanghai	336926	42919690	27886067
江 苏	Jiangsu	1244273	226310675	52644596
浙 江	Zhejiang	874955	91114649	41730331
安 徽	Anhui	484733	53649411	14953927
福 建	Fujian	653487	26833045	29740311
江 西	Jiangxi	354559	25351429	12022777
山 东	Shandong	729488	69783125	29050737
河 南	Henan	619388	13300850	23951126
湖 北	Hubei	524872	66350197	19714024
湖 南	Hunan	452844	32148636	13333428
广 东	Guangdong	1354279	85518415	46149468
广 西	Guangxi	171747	18307315	4027504
海 南	Hainan	56105	39520863	1096367
重 庆	Chongqing	391317	29674001	16032729
四 川	Sichuan	567572	63010581	14089586
贵 州	Guizhou	167345	78326264	4482110
云 南	Yunnan	183269	14345976	3519085
西 藏	Tibet	33982	7106463	4324126
陕 西	Shaanxi	250379	51318783	4083127
甘 肃	Gansu	105074	7806871	1057410
青 海	Qinghai	32540	2442426	278748
宁 夏	Ningxia	28910	2827652	559399
新 疆	Xinjiang	96750	25759639	4441366

2-4-1 文化及相关产业法人单位主要指标情况(2012-2022年)
Main Indicators on Culture and Related Industries (2012-2022)

单位：亿元 (100 million yuan)

年 份	年末从业人员(万人) Engaged Persons at Year-end (10 000 persons)	资产总计 Total Assets	营业收入 Total Revenue	#文化新业态行业 Culture-Related New Form of Industry	利润总额 Total Profit
2012	1603	86453	77809	6439	5409
2013	1760	103407	83743	7833	6284
2014	1925	120105	97866	10574	7148
2015	2041	146318	112904	13765	8208
2016	2178	175549	127693	17785	9802
2017	2138	211926	134371	20763	11047
2018	2056	225786	130186	24271	10611
2019	1923	246229	135025	30156	10689
2020	1894	274157	139005	38456	11430
2021	1947	297494	163804	46950	12366
2022	1898	315945	165502	50106	12707

2-4-2 按类别分文化及相关产业法人单位年末从业人员情况(2018-2022年)
Engaged Persons and Composition at Year-end on Culture and Related Industries by Category (2018-2022)

单位：万人 (10 000 persons)

类 别	Category	2018	2019	2020	2021	2022
总 计	**Total**	**2056**	**1923**	**1894**	**1947**	**1898**
#文化新业态行业	Culture-Related New Form of Industry	253	251	261	276	273
一、按产业类型分	**by Industry Type**					
文化制造业	Culture-Related Manufacture	662	601	583	584	550
文化批发和零售业	Culture-Related Whole and Retail Trade	180	164	163	167	167
文化服务业	Culture-Related Service	1214	1158	1148	1196	1181
二、按领域分	**by Field**					
文化核心产业	Cultural Core Industry	1273	1206	1188	1230	1207
文化相关产业	Culture-Related Industry	783	718	705	717	691
三、按行业类别分	**by Industry Category**					
新闻信息服务	News Information Service	115	109	104	111	108
内容创作生产	Creation and Manufacture of Content	423	382	378	387	378
创意设计服务	Services of Creative Design	408	402	401	419	416
文化传播渠道	Cultural Diffusion Channel	146	141	141	142	138
文化投资运营	Investment and Operation of Culture	14	14	14	14	14
文化娱乐休闲服务	Culture Leisure and Entertainment	168	158	151	157	153
文化辅助生产和中介服务	Supplementary Manufacture of Culture and Intermediary Services	411	385	375	385	374
文化装备生产	Manufacture of Culture Equipment	90	78	79	78	73
文化消费终端生产	Manufacture of Culture Consumption Endpoint	282	255	251	254	244

2-4-3 按类别分文化及相关产业法人单位资产总计情况(2018-2022年)
Total Assets and Composition on Culture and Related Industries by Category (2018-2022)

单位：亿元 (100 million yuan)

类　别	Category	2018	2019	2020	2021	2022
总　计	**Total**	**225786**	**246229**	**274157**	**297494**	**315945**
#文化新业态行业	Culture-Related New Form of Industry	35735	42365	53654	63035	70557
一、按产业类型分	**by Industry Type**					
文化制造业	Culture-Related Manufacture	41982	41151	43314	45139	46265
文化批发和零售业	Culture-Related Whole and Retail Trade	19962	19102	19578	20807	21738
文化服务业	Culture-Related Service	163843	185976	211265	231547	247942
二、按领域分	**by Field**					
文化核心产业	Cultural Core Industry	170676	191609	216555	235988	252407
文化相关产业	Culture-Related Industry	55110	54620	57602	61506	63538
三、按行业类别分	**by Industry Category**					
新闻信息服务	News Information Service	21463	20668	24634	34363	36875
内容创作生产	Creation and Manufacture of Content	38934	41951	49174	53108	57701
创意设计服务	Services of Creative Design	27562	31192	34067	36523	38184
文化传播渠道	Cultural Diffusion Channel	19424	24331	26045	23735	24462
文化投资运营	Investment and Operation of Culture	37149	44828	51205	53874	59028
文化娱乐休闲服务	Culture Leisure and Entertainment	26144	28640	31430	34385	36157
文化辅助生产和中介服务	Supplementary Manufacture of Culture and and Intermediary Services	29863	31294	32783	35085	35894
文化装备生产	Manufacture of Culture Equipment	6879	6346	6639	6779	7018
文化消费终端生产	Manufacture of Culture Consumption Endpoint	18368	16980	18181	19642	20626

2-4-4 按类别分文化及相关产业法人单位营业收入情况(2018-2022年)
Total Revenue and Composition on Culture and Related Industries by Category (2018-2022)

单位：亿元 (100 million yuan)

类别	Category	2018	2019	2020	2021	2022
总　计	**Total**	**130186**	**135025**	**139005**	**163804**	**165502**
#文化新业态行业	Culture-Related New Form of Industry	24271	30156	38456	46950	50106
一、按产业类型分	**by Industry Type**					
文化制造业	Culture-Related Manufacture	46300	44434	44645	52498	51932
文化批发和零售业	Culture-Related Whole and Retail Trade	27789	24281	23179	28313	29169
文化服务业	Culture-Related Service	56096	66310	71180	82994	84401
二、按领域分	**by Field**					
文化核心产业	Cultural Core Industry	73450	82868	87349	102309	103403
文化相关产业	Culture-Related Industry	56736	52157	51655	61495	62099
三、按行业类别分	**by Industry Category**					
新闻信息服务	News Information Service	10815	9471	11297	15844	16473
内容创作生产	Creation and Manufacture of Content	23185	25600	27488	32419	33193
创意设计服务	Services of Creative Design	21375	25425	27608	31957	31775
文化传播渠道	Cultural Diffusion Channel	13491	17187	16557	17132	17206
文化投资运营	Investment and Operation of Culture	1093	1351	1228	1326	1353
文化娱乐休闲服务	Culture Leisure and Entertainment	3490	3834	3172	3630	3403
文化辅助生产和中介服务	Supplementary Manufacture of Culture and and Intermediary Services	20787	21342	20389	24077	23979
文化装备生产	Manufacture of Culture Equipment	10122	7342	6946	7813	7756
文化消费终端生产	Manufacture of Culture Consumption Endpoint	25827	23474	24319	29605	30364

2-4-5 按区域和地区分文化及相关产业法人单位年末从业人员情况(2018-2022年)

Engaged Persons at Year-end on Culture and Related Industries by Region (2018-2022)

单位：万人 (10 000 persons)

地 区	Region	2018	2019	2020	2021	2022
全 国	**National Total**	**2056**	**1923**	**1894**	**1947**	**1898**
一、按区域分						
东部地区	Eastern Region	1236	1146	1135	1174	1137
中部地区	Central Region	457	444	427	427	417
西部地区	Western Region	308	281	282	299	298
东北地区	Northeast Region	55	53	50	48	46
二、按地区分						
北 京	Beijing	121	121	115	120	112
天 津	Tianjin	20	16	15	14	13
河 北	Hebei	58	52	49	48	48
山 西	Shanxi	23	21	21	21	20
内蒙古	Inner Mongolia	13	11	11	11	11
辽 宁	Liaoning	32	34	32	31	29
吉 林	Jilin	11	8	7	7	7
黑龙江	Heilongjiang	12	11	10	10	10
上 海	Shanghai	69	73	73	77	73
江 苏	Jiangsu	233	209	225	238	232
浙 江	Zhejiang	140	143	146	152	150
安 徽	Anhui	68	64	63	68	72
福 建	Fujian	106	105	102	104	104
江 西	Jiangxi	53	61	59	62	65
山 东	Shandong	142	104	101	107	111
河 南	Henan	124	105	104	104	90
湖 北	Hubei	98	107	98	89	88
湖 南	Hunan	90	85	82	83	82
广 东	Guangdong	337	314	301	305	285
广 西	Guangxi	29	26	25	25	26
海 南	Hainan	9	8	8	9	9
重 庆	Chongqing	56	49	48	53	55
四 川	Sichuan	72	74	80	88	88
贵 州	Guizhou	26	20	19	21	21
云 南	Yunnan	31	27	27	27	25
西 藏	Tibet	3	3	3	3	4
陕 西	Shaanxi	43	39	38	37	37
甘 肃	Gansu	13	13	13	13	12
青 海	Qinghai	4	4	4	4	4
宁 夏	Ningxia	5	4	4	4	4
新 疆	Xinjiang	11	12	11	12	11

2-4-6　按区域和地区分文化及相关产业法人单位资产总计情况(2018−2022年)

Total Assets on Culture and Related Industries by Region (2018-2022)

单位：亿元　　(100 million yuan)

地　区	Region	2018	2019	2020	2021	2022
全　国	**National Total**	**225786**	**246229**	**274157**	**297494**	**315945**
一、按区域分						
东部地区	Eastern Region	152112	167758	187484	200905	213312
中部地区	Central Region	32505	37278	39826	42432	44559
西部地区	Western Region	35909	36043	41651	48817	52816
东北地区	Northeast Region	5259	5151	5197	5339	5259
二、按地区分						
北　京	Beijing	27169	30583	35383	41028	43321
天　津	Tianjin	4345	3668	3397	3082	2939
河　北	Hebei	4521	4328	3692	3730	4034
山　西	Shanxi	1712	2840	3086	3417	3667
内蒙古	Inner Mongolia	1363	1217	1155	1195	1112
辽　宁	Liaoning	2971	3053	3053	3197	3006
吉　林	Jilin	1417	1223	1269	1295	1428
黑龙江	Heilongjiang	871	874	875	847	825
上　海	Shanghai	14155	15843	18355	20847	20316
江　苏	Jiangsu	30900	37301	42462	44336	49534
浙　江	Zhejiang	18737	21440	24648	27469	29951
安　徽	Anhui	5961	7692	7782	8267	9666
福　建	Fujian	5227	5776	6234	6250	6398
江　西	Jiangxi	3276	4255	5436	5835	5782
山　东	Shandong	15936	14840	14720	14483	14903
河　南	Henan	6069	5705	5914	5974	4953
湖　北	Hubei	9888	10895	11342	12325	13340
湖　南	Hunan	5600	5891	6267	6613	7151
广　东	Guangdong	27505	29585	33825	34760	36776
广　西	Guangxi	1989	1824	2397	3173	3589
海　南	Hainan	3618	4393	4769	4919	5140
重　庆	Chongqing	5963	5727	6448	6566	7172
四　川	Sichuan	8399	8582	10310	12229	14345
贵　州	Guizhou	4986	5451	7346	8291	9638
云　南	Yunnan	3628	2493	2647	3079	2931
西　藏	Tibet	487	584	628	649	782
陕　西	Shaanxi	5376	5889	6319	8581	8236
甘　肃	Gansu	1333	1135	1109	1151	1086
青　海	Qinghai	335	299	386	382	328
宁　夏	Ningxia	362	338	351	375	434
新　疆	Xinjiang	1689	2503	2556	3146	3163

2-4-7　按区域和地区分文化及相关产业法人单位营业收入情况(2018-2022年)

Total Revenue on Culture and Related Industries by Region (2018-2022)

单位：亿元　　(100 million yuan)

地　区	Region	2018	2019	2020	2021	2022
全　国	**National Total**	**130186**	**135025**	**139005**	**163804**	**165502**
一、按区域分						
东部地区	Eastern Region	94506	97061	100889	119290	120700
中部地区	Central Region	20797	22122	21988	26066	26525
西部地区	Western Region	13179	14194	14628	16727	16552
东北地区	Northeast Region	1704	1649	1499	1721	1725
二、按地区分						
北　京	Beijing	13455	15973	17606	20375	20546
天　津	Tianjin	2219	2286	1940	1627	1529
河　北	Hebei	1654	1578	1525	1762	1699
山　西	Shanxi	417	472	486	683	710
内蒙古	Inner Mongolia	222	239	236	285	264
辽　宁	Liaoning	1147	1148	1060	1231	1235
吉　林	Jilin	271	202	182	215	216
黑龙江	Heilongjiang	286	299	256	274	274
上　海	Shanghai	11080	11002	11596	14186	14045
江　苏	Jiangsu	15927	14834	15356	18258	18947
浙　江	Zhejiang	12237	13784	15275	17888	18243
安　徽	Anhui	3949	3854	3899	4350	4238
福　建	Fujian	5940	7549	7621	9038	8814
江　西	Jiangxi	2322	2907	3392	4192	4452
山　东	Shandong	9103	7464	7296	9148	9669
河　南	Henan	4447	4568	4389	4976	4865
湖　北	Hubei	5321	5855	5499	6964	7247
湖　南	Hunan	4342	4466	4324	4902	5013
广　东	Guangdong	22424	22113	21876	25859	25908
广　西	Guangxi	757	1088	1271	1478	1634
海　南	Hainan	467	476	798	1149	1300
重　庆	Chongqing	3138	2846	2904	3607	3750
四　川	Sichuan	4206	4823	5281	6160	6098
贵　州	Guizhou	790	726	737	846	783
云　南	Yunnan	1163	1123	1072	1107	941
西　藏	Tibet	223	549	524	537	446
陕　西	Shaanxi	1595	1625	1549	1603	1599
甘　肃	Gansu	228	231	220	246	228
青　海	Qinghai	100	85	48	50	42
宁　夏	Ningxia	91	91	88	112	113
新　疆	Xinjiang	667	768	699	696	653

2-4-8 规模以上文化及相关产业企业主要指标情况(2012-2022年)
Main Indicators on Culture and Related Industries above Designated Size (2012-2022)

单位：亿元 (100 million yuan)

类　别	Category	2012	2013	2014	2015	2016	2017
一、企业基本情况	**Basic Information**						
法人单位数(个)	Number of Enterprises (unit)	36469	41351	45799	49356	54728	60251
年末从业人员(万人)	Engaged Persons at Year-end (10 000 persons)	699	754	812	839	872	881
二、资产情况	**Balance Sheet Situation**						
固定资产原价	Original Value of Fixed Assets	16810	19246	23041	25743	31012	30557
本年折旧	Depreciation of Current Year	1229	1534	1783	1967	2078	2028
资产总计	Total Assets	50337	57568	69421	83902	98993	118888
三、损益情况	**Profit and Loss Distribution Situation**						
营业收入	Total Revenue	56264	64001	73841	84163	94051	98199
营业成本	Operating Cost	46310	52665	73925	69460	77074	78888
税金及附加	Total Tax and Extra Charges	516	509	530	577	571	627
销售费用	Selling Expense	2394	2640	3078	3604	3817	4670
管理费用	Administration Expense	3160	3640	4358	5017	5329	6581
研发费用	R&D Expense	—	—	—	—	—	—
财务费用	Financial Expense	374	419	467	528	474	572
利润总额	Total Profit	3705	4723	5249	5935	7143	8187
四、人工成本及增值税情况	**Labor Cost and Value-added Tax Situation**						
应付职工薪酬	Payroll Payable	4069	4666	5594	6445	7271	8026
应交增值税	Value-added Tax Payable	1102	1400	1561	1632	1719	1831

注：根据财政部《关于修订印发2018年度一般企业财务报表格式的通知》要求，国家统计局于2019年开始将“研发费用”指标纳入年度统计。

a) According to the Notice on Revising and Issuing the Format of General Enterprise Financial Statements in 2018 issued by the Ministry of Finance, the National Bureau of Statistics began incorporating the "R&D Expense" indicator into annual statistics in 2019.

2-4-8 续表 continued

单位：亿元 (100 million yuan)

类　别	Category	2018	2019	2020	2021	2022
一、企业基本情况	**Basic Information**					
法人单位数(个)	Number of Enterprises (unit)	60460	61232	63913	68358	71772
年末从业人员(万人)	Engaged Persons at Year-end (10 000 persons)	852	800	788	808	772
二、资产情况	**Balance Sheet Situation**					
固定资产原价	Original Value of Fixed Assets	31979	31450	33178	35061	36897
本年折旧	Depreciation of Current Year	2239	2099	2284	2493	2635
资产总计	Total Assets	126938	137054	156201	171414	186335
三、损益情况	**Profit and Loss Distribution Situation**					
营业收入	Total Revenue	96799	99033	103465	122642	123755
营业成本	Operating Cost	76495	77336	80096	95286	96363
税金及附加	Total Tax and Extra Charges	612	616	472	537	596
销售费用	Selling Expense	5091	5263	5786	7322	6936
管理费用	Administration Expense	7448	6623	6669	7945	7754
研发费用	R&D Expense	—	2344	3072	3984	4415
财务费用	Financial Expense	540	551	602	516	286
利润总额	Total Profit	7971	7887	8649	9116	9370
四、人工成本及增值税情况	**Labor Cost and Value-added Tax Situation**					
应付职工薪酬	Payroll Payable	9347	9841	10288	12422	13170
应交增值税	Value-added Tax Payable	1828	1646	1510	1747	1931

2-4-9 规模以上文化及相关产业制造业企业主要指标情况(2012-2022年)
Main Indicators on Culture-Related Manufacturing Enterprises above Designated Size (2012-2022)

单位：亿元 (100 million yuan)

类　别	Category	2012	2013	2014	2015	2016	2017
一、企业基本情况	**Basic Information**						
法人单位数(个)	Number of Enterprises (unit)	15940	18076	19048	20079	20361	19803
年末从业人员(万人)	Engaged Persons at Year-end (10 000 persons)	460	498	520	521	520	488
二、资产情况	**Balance Sheet Situation**						
固定资产原价	Original Value of Fixed Assets	10864	12299	14469	15905	19500	16702
本年折旧	Depreciation of Current Year	778	966	1134	1225	1299	1166
资产总计	Total Assets	21653	24796	28441	31534	33399	34014
三、损益情况	**Profit and Loss Distribution Situation**						
营业收入	Total Revenue	30938	37093	42309	45902	49478	46624
营业成本	Operating Cost	26696	32007	36669	39775	42802	40126
税金及附加	Total Tax and Extra Charges	165	217	248	280	289	294
销售费用	Selling Expense	782	937	1028	1155	974	1230
管理费用	Administration Expense	1240	1487	1621	1763	1474	1920
研发费用	R&D Expense	—	—	—	—	—	—
财务费用	Financial Expense	273	327	362	388	354	407
利润总额	Total Profit	1820	2249	2467	2640	2977	2880
四、人工成本及增值税情况	**Labor Cost and Value-added Tax Situation**						
应付职工薪酬	Payroll Payable	1869	2233	2642	2864	3048	2947
应交增值税	Value-added Tax Payable	785	959	1016	1063	1048	953
工业总产值(当年价格)	Gross Industrial Output Value (current prices)	30726	36904	42533	46535	50217	46638

2-4-9 续表 continued

单位：亿元 (100 million yuan)

类　别	Category	2018	2019	2020	2021	2022
一、企业基本情况	**Basic Information**					
法人单位数(个)	Number of Enterprises (unit)	19919	19284	19479	21099	21809
年末从业人员(万人)	Engaged Persons at Year-end (10 000 persons)	441	399	384	391	366
二、资产情况	**Balance Sheet Situation**					
固定资产原价	Original Value of Fixed Assets	14825	14553	14554	15247	15857
本年折旧	Depreciation of Current Year	1059	991	972	1115	1163
资产总计	Total Assets	34125	33288	35096	37401	39234
三、损益情况	**Profit and Loss Distribution Situation**					
营业收入	Total Revenue	39672	38044	38137	44611	43432
营业成本	Operating Cost	34029	32499	32639	38228	37544
税金及附加	Total Tax and Extra Charges	262	244	211	227	222
销售费用	Selling Expense	1099	1043	980	1108	1043
管理费用	Administration Expense	1901	1426	1355	1587	1567
研发费用	R&D Expense	—	688	783	956	1017
财务费用	Financial Expense	345	317	357	298	190
利润总额	Total Profit	2293	2116	2125	2509	2204
四、人工成本及增值税情况	**Labor Cost and Value-added Tax Situation**					
应付职工薪酬	Payroll Payable	3316	3238	3183	3738	3856
应交增值税	Value-added Tax Payable	856	690	578	667	706
工业总产值(当年价格)	Gross Industrial Output Value (current prices)	39361	37741	37334	43729	42642

2-4-10 限额以上文化及相关产业批发和零售业企业主要指标情况(2012-2022年)

Main Indicators on Culture-Related Whole and Retail Enterprises above Designated Size (2012-2022)

单位：亿元 (100 million yuan)

类　别	Category	2012	2013	2014	2015	2016	2017
一、企业基本情况	**Basic Information**						
法人单位数(个)	Number of Enterprises (unit)	6796	7617	8520	8620	9604	9739
年末从业人员(万人)	Engaged Persons at Year-end (10 000 persons)	51	50	52	54	57	55
二、资产情况	**Balance Sheet Situation**						
固定资产原价	Original Value of Fixed Assets	632	722	826	830	829	780
本年折旧	Depreciation of Current Year	35	43	45	44	45	44
资产总计	Total Assets	7717	7236	8568	9975	11296	12180
三、损益情况	**Profit and Loss Distribution Situation**						
营业收入	Total Revenue	13550	13426	14703	17707	19293	19684
营业成本	Operating Cost	12113	12001	13201	16093	17453	17746
税金及附加	Total Tax and Extra Charges	42	53	56	62	60	65
销售费用	Selling Expense	690	646	676	763	825	847
管理费用	Administration Expense	323	325	365	369	410	430
研发费用	R&D Expense	—	—	—	—	—	—
财务费用	Financial Expense	41	23	63	102	95	62
利润总额	Total Profit	265	420	371	384	520	594
四、人工成本及增值税情况	**Labor Cost and Value-added Tax Situation**						
应付职工薪酬	Payroll Payable	356	326	362	396	429	474
应交增值税	Value-added Tax Payable	153	165	153	162	128	168

2-4-10 续表 continued

单位：亿元 (100 million yuan)

类　别	Category	2018	2019	2020	2021	2022
一、企业基本情况	**Basic Information**					
法人单位数(个)	Number of Enterprises (unit)	10528	10462	11183	12169	13158
年末从业人员(万人)	Engaged Persons at Year-end (10 000 persons)	59	53	51	52	53
二、资产情况	**Balance Sheet Situation**					
固定资产原价	Original Value of Fixed Assets	936	896	978	1032	1068
本年折旧	Depreciation of Current Year	57	55	52	52	57
资产总计	Total Assets	12747	12221	12785	13894	14766
三、损益情况	**Profit and Loss Distribution Situation**					
营业收入	Total Revenue	20538	17534	16454	19739	20020
营业成本	Operating Cost	18384	15536	14497	17501	17830
税金及附加	Total Tax and Extra Charges	62	69	56	69	62
销售费用	Selling Expense	976	888	833	1009	1042
管理费用	Administration Expense	467	453	458	541	561
研发费用	R&D Expense	—	22	21	25	30
财务费用	Financial Expense	96	75	60	56	59
利润总额	Total Profit	601	541	570	690	570
四、人工成本及增值税情况	**Labor Cost and Value-added Tax Situation**					
应付职工薪酬	Payroll Payable	586	553	543	617	678
应交增值税	Value-added Tax Payable	212	139	134	160	149

2-4-11 规模以上文化及相关产业服务业企业主要指标情况(2012−2022年)
Main Indicators on Culture-Related Service Enterprises above Designated Size (2012-2022)

单位：亿元 (100 million yuan)

类　别	Category	2012	2013	2014	2015	2016	2017
一、企业基本情况	**Basic Information**						
法人单位数(个)	Number of Enterprises (unit)	13733	15658	18231	20657	24763	30709
年末从业人员(万人)	Engaged Persons at Year-end (10 000 persons)	188	205	240	264	295	338
二、资产情况	**Balance Sheet Situation**						
固定资产原价	Original Value of Fixed Assets	5315	6224	7745	9007	10683	13075
本年折旧	Depreciation of Current Year	416	525	604	698	735	817
资产总计	Total Assets	20966	25537	32412	42393	54297	72694
三、损益情况	**Profit and Loss Distribution Situation**						
营业收入	Total Revenue	11776	13482	16829	20553	25280	31891
营业成本	Operating Cost	7501	8657	24055	13592	16820	21016
税金及附加	Total Tax and Extra Charges	309	239	226	234	222	268
销售费用	Selling Expense	922	1056	1374	1686	2018	2593
管理费用	Administration Expense	1597	1828	2373	2884	3445	4230
研发费用	R&D Expense	—	—	—	—	—	—
财务费用	Financial Expense	60	69	42	39	25	102
利润总额	Total Profit	1621	2053	2410	2911	3646	4713
四、人工成本及增值税情况	**Labor Cost and Value-added Tax Situation**						
应付职工薪酬	Payroll Payable	1844	2107	2591	3185	3794	4604
应交增值税	Value-added Tax Payable	165	276	392	407	543	710

2-4-11 续表 continued

单位：亿元 (100 million yuan)

类　别	Category	2018	2019	2020	2021	2022
一、企业基本情况	**Basic Information**					
法人单位数(个)	Number of Enterprises (unit)	30013	31486	33251	35090	36805
年末从业人员(万人)	Engaged Persons at Year-end (10 000 persons)	352	348	353	365	354
二、资产情况	**Balance Sheet Situation**					
固定资产原价	Original Value of Fixed Assets	16218	16001	17647	18782	19972
本年折旧	Depreciation of Current Year	1123	1053	1260	1326	1415
资产总计	Total Assets	80066	91544	108320	120119	132336
三、损益情况	**Profit and Loss Distribution Situation**					
营业收入	Total Revenue	36589	43454	48874	58292	60303
营业成本	Operating Cost	24082	29301	32960	39557	40989
税金及附加	Total Tax and Extra Charges	288	302	205	241	312
销售费用	Selling Expense	3017	3332	3972	5205	4851
管理费用	Administration Expense	5081	4744	4856	5816	5627
研发费用	R&D Expense	—	1634	2268	3004	3369
财务费用	Financial Expense	99	160	184	161	37
利润总额	Total Profit	5078	5230	5954	5918	6595
四、人工成本及增值税情况	**Labor Cost and Value-added Tax Situation**					
应付职工薪酬	Payroll Payable	5445	6050	6563	8067	8637
应交增值税	Value-added Tax Payable	760	817	798	921	1076

2-4-12　文化新业态行业法人单位主要指标情况(2018-2022年)
Main Indicators on Culture-Related New Form of Industry(2018-2022)

年　份	年末从业人员 Engaged Persons at Year-end		资产总计 Total Assets		营业收入 Total Revenu	
	绝对值 (万人) Absolute Figures (10 000 persons)	占全国比重 (%) As Percentage of National Total(%)	绝对值 (亿元) Absolute Figures (100 million yuan)	占全国比重 (%) As Percentage of National Total(%)	绝对值 (亿元) Absolute Figures (100 million yuan)	占全国比重 (%) As Percentage of National Total(%)
2018	253	12.3	35735	15.8	24271	18.6
2019	251	13.1	42365	17.2	30156	22.3
2020	261	13.8	53654	19.6	38456	27.7
2021	276	14.2	63035	21.2	46950	28.7
2022	273	14.4	70557	22.3	50106	30.3

3

主要文化行业发展情况

Development of Main Cultural Industries

3-1-1 图书、期刊和报纸出版情况
Statistics on Books, Periodicals and Newspapers

年份 Year / 地区 Region	图书 Books Published: 种数(种) Number of Publications (kind)	#新出版 New Publications	总印数(亿册、亿张) Printed Copies (100 million copies)	期刊 Periodicals Published: 种数(种) Number of Publications (kind)	总印数(亿册) Total Printed Copies (100 million copies)	报纸 Newspapers Published: 种数(种) Number of Publications (kind)	总印数(亿份) Total Printed Copies (100 million copies)
1978	14987	11888	37.7	930	7.6	186	127.8
1980	21621	17660	45.9	2191	11.2	188	140.4
1985	45603	33743	66.7	4705	25.6	1445	246.8
1990	80224	55245	56.4	5751	17.9	1444	211.2
1995	101381	59159	63.2	7583	23.4	2089	263.3
2000	143376	84235	62.7	8725	29.4	2007	329.3
2005	222473	128578	64.7	9468	27.6	1931	412.6
2006	233971	160757	64.1	9468	28.5	1938	424.5
2007	248283	136226	62.9	9468	30.4	1938	438.0
2008	274123	148978	70.6	9549	31.0	1943	442.9
2009	301719	168296	70.4	9851	31.5	1937	439.1
2010	328387	189295	71.7	9884	32.2	1939	452.1
2011	369523	207506	77.0	9849	32.9	1928	467.4
2012	414005	241986	79.2	9867	33.5	1918	482.3
2013	444427	255981	83.1	9877	32.7	1915	482.4
2014	448431	255890	81.8	9966	30.9	1912	463.9
2015	475768	260426	86.6	10014	28.8	1906	430.1
2016	499884	262415	90.4	10084	27.0	1894	390.1
2017	512487	255106	92.4	10130	24.9	1884	362.5
2018	519250	247108	100.1	10139	22.9	1871	337.3
2019	505979	224762	106.0	10171	21.9	1851	317.6
2020	489051	213636	103.7	10192	20.4	1810	289.1
2021	529197	225253	118.6	10185	20.1	1752	283.0
2022	502246	205261	114.0	10139	19.3	1709	271.0
中央 Central Level	206199	80851	29.5	3219	7.1	197	75.1
北京 Beijing	12354	5256	2.7	171	0.2	30	2.6
天津 Tianjin	7937	3749	1.1	236	0.2	15	1.7
河北 Hebei	9472	2605	3.5	216	0.3	60	9.2
山西 Shanxi	3011	1768	1.2	198	0.2	54	21.2
内蒙古 Inner Mongolia	2274	949	0.6	150	0.1	52	2.2
辽宁 Liaoning	10694	5149	1.7	312	0.5	66	4.5
吉林 Jilin	25523	12083	2.9	239	0.3	46	5.3
黑龙江 Heilongjiang	8302	5403	1.2	315	0.2	49	3.1
上海 Shanghai	26897	10638	4.6	632	0.6	67	6.3
江苏 Jiangsu	25957	9044	6.8	453	1.2	74	19.0
浙江 Zhejiang	16546	7797	5.1	235	0.6	66	16.4
安徽 Anhui	10181	3285	3.3	181	0.3	48	5.1
福建 Fujian	4784	2073	1.7	174	0.2	42	6.4
江西 Jiangxi	10146	4049	3.3	165	0.7	37	7.0
山东 Shandong	14699	4902	5.9	268	0.6	78	13.1
河南 Henan	9761	4061	4.3	245	0.6	77	12.3
湖北 Hubei	16878	6208	3.8	416	0.7	68	5.8
湖南 Hunan	11012	4216	6.1	253	0.9	44	5.3
广东 Guangdong	10557	4938	5.1	380	0.9	92	13.2
广西 Guangxi	6797	2399	3.6	177	0.3	42	4.5
海南 Hainan	4317	1393	0.8	41	0.0	13	1.5
重庆 Chongqing	5412	1839	1.4	139	0.3	27	1.6
四川 Sichuan	12477	6613	4.1	354	0.5	70	9.8
贵州 Guizhou	1165	756	1.3	93	0.1	26	2.1
云南 Yunnan	5348	2738	1.9	127	0.2	40	3.1
西藏 Tibet	405	224	0.1	40	0.0	24	0.9
陕西 Shaanxi	12918	5263	2.7	269	0.3	43	4.5
甘肃 Gansu	3667	1764	1.2	131	0.9	44	2.7
青海 Qinghai	616	303	0.1	55	0.0	25	0.7
宁夏 Ningxia	2085	965	0.5	37	0.0	13	0.9
新疆 Xinjiang	3855	1980	1.9	218	0.1	80	4.1

3-1-2 图书出版情况（2022年）
Statistics on Books Published by Category (2022)

类　别	Category	种　数 （种） Number of Publications (kind)	印　数 （万册） Printed Copies (10 000 copies)
图书总计	**Total**	**502246**	**1139832**
使用“中国标准书号”部分合计	**Publications with "China Standard Book Numbering"**	**501976**	**1137675**
马列主义、毛泽东思想	Marxism-Leninism, Mao Zedong Thought	951	1585
哲学	Philosophy	9189	9481
社会科学总论	General Social Sciences	4939	2810
政治、法律	Politics and Law	16855	42986
军事	Military Affairs	1205	1142
经济	Economics	32734	13192
文化、科学、教育、体育	Culture, Science, Education and Sports	207999	876116
语言、文字	Languages	16724	22930
文学	Literature	49905	81073
艺术	Arts	22618	19305
历史、地理	History and Geography	17701	17998
自然科学总论	General Natural Sciences	1002	800
数理科学、化学	Mathematics, Physics and Chemistry	12065	6371
天文学、地球科学	Astronomy and Geology	4083	2278
生物科学	Biology	5051	3336
医学、卫生	Medicine and Health Care	22271	10055
农业科学	Agricultural Science	5028	1441
工业技术	Industrial Technology	56313	16627
交通运输	Transportation	6827	2095
航空、航天	Aeronautics and Aerospace	1167	396
环境科学	Environmental Science	3332	1645
综合性图书	General Books	4017	4013
不使用“中国标准书号”部分合计	**Publications without "China Standard Book Numbering"**	**270**	**2157**
图片	Pictures	270	274
国标(GB)、部标(BB)等标准类文件印品	Standards Publications such as National Standards, Ministry Standards		1015
活页文选、活页歌篇、小件印品等	Loose-leaf Collectanea, Loose-leaf Song Collections and Prints of Small Volume		868

3-1-3　分地区少年儿童读物和课本出版情况（2022年）
Statistics on Juvenile and Children's Books, Textbooks by Region (2022)

地　区	Region	种数(种) Number of Publications (kind)		总印数（万册） Printed Copies (10 000 copies)		总印张(千印张) Printed Sheets (1 000 sheets)	
		少儿读物 Juvenile and Children's Books	课　本 Textbooks	少儿读物 Juvenile and Children's Books	课　本 Textbooks	少儿读物 Juvenile and Children's Books	课　本 Textbooks
全　国	**National Total**	**43560**	**88682**	**104579**	**435831**	**5528385**	**33137458**
中　央	Central Level	10872	55414	27772	106944	1520331	10313027
北　京	Beijing	2774	904	7564	2595	461714	252164
天　津	Tianjin	1034	494	1917	1992	108622	147543
河　北	Hebei	673	258	1260	17203	61305	1090391
山　西	Shanxi	207	139	106	5881	9670	416311
内蒙古	Inner Mongolia	260	613	107	4491	3876	322181
辽　宁	Liaoning	1119	2384	1400	6203	89348	504349
吉　林	Jilin	2603	580	2587	4116	162677	296919
黑龙江	Heilongjiang	456	968	1590	3713	29053	274953
上　海	Shanghai	1764	6035	7545	15731	281455	1366300
江　苏	Jiangsu	1463	3504	2156	25865	155648	1759706
浙　江	Zhejiang	2435	1502	4126	20566	257599	1236809
安　徽	Anhui	1249	739	2298	14591	158447	1049611
福　建	Fujian	618	425	2628	7306	82265	507685
江　西	Jiangxi	1862	288	6476	9675	391931	761429
山　东	Shandong	1771	1262	4332	24926	250142	1630765
河　南	Henan	502	1040	1209	25117	34831	1681384
湖　北	Hubei	2417	2758	5204	9986	301624	806736
湖　南	Hunan	920	967	2466	20410	150695	1251880
广　东	Guangdong	922	1674	3407	29882	155624	1888931
广　西	Guangxi	2027	543	4043	12737	194211	883744
海　南	Hainan	183	37	322	2409	15019	150146
重　庆	Chongqing	123	2032	155	7274	7844	519713
四　川	Sichuan	2572	1679	7692	13659	396478	1004031
贵　州	Guizhou	356	86	2066	8141	54046	590145
云　南	Yunnan	552	130	947	9720	73747	683841
西　藏	Tibet	52	54	30	1072	832	74693
陕　西	Shaanxi	765	1864	2396	8466	65581	638108
甘　肃	Gansu	199	45	320	4101	31006	299222
青　海	Qinghai	28	130	11	1045	577	81899
宁　夏	Ningxia	49	17	71	1204	4127	88728
新　疆	Xinjiang	733	117	376	8810	18060	564114

3-1-4 课本出版情况(2022年)
Statistics on Publication of Textbooks (2022)

项　目	Item	种数 (种) Number of Publications (kind)	#新出版 New Publications	总印数 (万册) Printed Copies (10 000 copies)	总印张 (千印张) Printed Sheets (1 000 sheets)	定价总金额 (万元) Total Priced Value (10 000 yuan)
总　计	**Total**	**88682**	**21022**	**435831**	**33137458**	**4836295**
大专及以上课本	Textbooks for Higher Education	66185	17373	30116	5310960	1424706
中专、技校课本	Textbooks for Secondary Vocational Education	7030	1537	9689	1402866	311502
中学课本	Textbooks for Secondary Education	4991	563	191069	15411189	1654222
小学课本	Textbooks for Primary Education	4557	419	201418	10397864	1261167
业余教育课本	Textbooks for Spare-time Education	1953	634	1160	220546	62540
扫盲课本	Textbooks for Literacy Courses	5		1	89	16
教学用书	Teaching Materials	3961	496	2378	393944	122142

3-1-5 音像制品和电子出版物情况
Statistics on Audio-Vedio and Electronic Products

年　份 Year	音像制品 Audio-Vedio Products		电子出版物 Electronic Products	
	种数 (种) Number of Publications (kind)	出版数量 (万盒、万张) Volume of Publication (10 000 cassettes, 10 000 discs)	种数 (种) Number of Publications (kind)	数量 (万张) Volume of Publication (10 000 discs)
2009	25384	39146.5	10708	22914.0
2010	21552	42383.9	11175	25911.9
2011	19408	46431.0	11154	21322.2
2012	18485	39365.8	11822	26344.9
2013	16972	40604.6	11708	35220.2
2014	15355	32839.0	11823	35048.8
2015	15372	29418.2	10091	21438.4
2016	14384	27584.6	9836	29064.7
2017	13552	25591.9	9240	28132.9
2018	11063	24124.1	8403	25884.2
2019	10712	23171.4	9070	29261.9
2020	8611	17515.0	7825	25270.7
2021	8172	17200.8	8199	31773.1
2022	6612	10099.0	8072	11924.3

3-1-6 分地区音像制品及电子出版物情况（2022年）
Statistics on Publication of Audio-Visual and Electronic Products by Region (2022)

地 区	Region	录像制品出版品种（种） Number of Publications of Video Products (kind)	录像制品出版数量（万盒、万张） Volume of Publications of Video Products (10 000 cassettes, 10 000 discs)	录音制品出版品种（种） Number of Publications of Audio Products (kind)	录音制品出版数量（万盒、万张） Volume of Publications of Audio Products (10 000 cassettes, 10 000 discs)	电子出版物出版品种（种） Number of Electronic Publications (kind)	电子出版物出版数量（万张） Volume of Electronic Publications (10 000 discs)
全 国	**National Total**	**2941**	**2730.0**	**3671**	**7369.0**	**8072**	**11924.3**
中 央	Central Level	1236	1639.7	1375	4816.8	3485	7865.6
北 京	Beijing	47	9.8	244	136.2	55	10.5
天 津	Tianjin	10	1.9	10	0.7	10	0.8
河 北	Hebei			42	811.4	102	97.6
山 西	Shanxi	42	2.5	62	85.3	20	0.9
内蒙古	Inner Mongolia	2	0.2	6	1.3	56	44.2
辽 宁	Liaoning	39	2.4	111	164.7	534	137.1
吉 林	Jilin	62	24.3	47	78.9	69	6.2
黑龙江	Heilongjiang	8	0.1			1	0.0
上 海	Shanghai	245	434.0	378	444.4	350	676.5
江 苏	Jiangsu	11	2.4	74	68.3	416	1413.7
浙 江	Zhejiang	57	46.5	55	126.8	243	477.5
安 徽	Anhui	12	0.9	18	0.8	12	0.4
福 建	Fujian	31	5.4	14	1.9	16	3.5
江 西	Jiangxi	174	255.1	56	84.7	68	47.7
山 东	Shandong	95	17.3	54	5.0	1039	182.2
河 南	Henan	112	21.9	1	0.1	458	153.4
湖 北	Hubei	20	5.4	16	1.1	151	8.4
湖 南	Hunan	70	31.5	92	88.3	92	106.6
广 东	Guangdong	239	14.3	756	362.6	357	640.0
广 西	Guangxi	14	2.1	124	58.9	9	1.1
海 南	Hainan	5	0.3	15	0.7	6	0.2
重 庆	Chongqing	26	3.2	10	0.8	78	18.2
四 川	Sichuan	41	4.8	13	1.8	292	18.3
贵 州	Guizhou	2	0.2			4	2.0
云 南	Yunnan	152	4.1	25	2.3	92	7.9
西 藏	Tibet	8	4.5	2	0.4		
陕 西	Shaanxi	46	13.2	48	5.3	34	2.3
甘 肃	Gansu	12	0.8	3	0.1	18	1.3
青 海	Qinghai	15	0.3	1	0.0	3	0.3
宁 夏	Ningxia	4	0.0			2	0.0
新 疆	Xinjiang	104	181.0	19	19.4		

3-1-7 全国图书出版机构及人员情况
Statistics on Institutions and Employed Persons of Publication Industry

年份 地区	Year Region	机构数（个） Number of Institutions (unit)	职工人数（人） Number of Employed Persons (person)
	2009	580	62890
	2010	581	63903
	2011	580	67173
	2012	580	67125
	2013	582	64757
	2014	583	66074
	2015	584	67103
	2016	584	66820
	2017	585	67252
	2018	585	67166
	2019	585	66507
	2020	586	65759
	2021	587	66178
	2022	587	67136
中　央	Central Level	220	29304
北　京	Beijing	19	1143
天　津	Tianjin	12	847
河　北	Hebei	8	913
山　西	Shanxi	8	661
内蒙古	Inner Mongolia	7	487
辽　宁	Liaoning	18	1475
吉　林	Jilin	15	1899
黑龙江	Heilongjiang	13	884
上　海	Shanghai	40	3851
江　苏	Jiangsu	19	2800
浙　江	Zhejiang	15	1606
安　徽	Anhui	11	1030
福　建	Fujian	11	802
江　西	Jiangxi	7	1352
山　东	Shandong	17	2301
河　南	Henan	12	1348
湖　北	Hubei	14	2111
湖　南	Hunan	13	1544
广　东	Guangdong	19	1823
广　西	Guangxi	8	1430
海　南	Hainan	4	302
重　庆	Chongqing	3	1200
四　川	Sichuan	16	1514
贵　州	Guizhou	6	403
云　南	Yunnan	8	731
西　藏	Tibet	2	92
陕　西	Shaanxi	17	1831
甘　肃	Gansu	9	301
青　海	Qinghai	2	165
宁　夏	Ningxia	3	170
新　疆	Xinjiang	11	816

3-1-8 出版物发行购、销、存情况
Statistics on Purchase,Sales and Stock of Publications

单位：万元 (10 000 yuan)

年份 地区	Year Region	购进金额 Purchase	销售金额 Sales	库存金额 Stock
	2009	16005755	15569553	6582141
	2010	17753997	17541569	7377979
	2011	20248910	19534916	8040534
	2012	21609143	21598845	8418751
	2013	24182149	23461488	9643972
	2014	24478617	24155210	10101107
	2015	26693829	25637427	10824358
	2016	28571116	27713353	11430050
	2017	30421914	29544348	12209707
	2018	33605735	32133713	13754029
	2019	36618876	35655010	14771552
	2020	37047468	36589123	15185913
	2021	44973585	43561574	17057717
	2022	45744389	44669253	18193838
中　央	Central Level	9007902	8880954	6155601
北　京	Beijing	736719	676640	623375
天　津	Tianjin	377613	371787	163840
河　北	Hebei	1581565	1575390	191126
山　西	Shanxi	634755	624409	214647
内蒙古	Inner Mongolia	294267	301107	65508
辽　宁	Liaoning	626651	629545	271534
吉　林	Jilin	831304	813181	268181
黑龙江	Heilongjiang	414756	411952	81533
上　海	Shanghai	1448956	1462744	1014172
江　苏	Jiangsu	3489517	3185051	2026419
浙　江	Zhejiang	3334667	3103353	1344641
安　徽	Anhui	1852337	1883219	331668
福　建	Fujian	892117	900877	180307
江　西	Jiangxi	1739127	1762083	288626
山　东	Shandong	2892333	2680285	892677
河　南	Henan	1847923	1839765	269546
湖　北	Hubei	1140387	1109454	343558
湖　南	Hunan	2557550	2489432	914037
广　东	Guangdong	2077262	2104961	484816
广　西	Guangxi	1081886	1079451	193769
海　南	Hainan	255673	259014	14187
重　庆	Chongqing	583934	602156	193701
四　川	Sichuan	1971078	1901653	896704
贵　州	Guizhou	656489	621383	109213
云　南	Yunnan	710028	721499	162643
西　藏	Tibet	61067	59426	20608
陕　西	Shaanxi	1124453	1135964	224973
甘　肃	Gansu	575148	552824	76839
青　海	Qinghai	50930	50510	13611
宁　夏	Ningxia	148126	150170	15505
新　疆	Xinjiang	747871	729014	146270

注：本表数据为全国新华书店系统和出版社自办发行单位的数据。
a)Data in the table above refer to data of issuing units owned by Xinhua bookstores and presses.

3-1-9 出版物印刷机构情况
Statistics on Printing Institutions

年份 地区	Year Region	印刷单位数（个） Number of Printing Institutions (unit)	职工人数（万人） Number of Employed Persons (10 000 persons)	印刷产量 Output of Printing 黑白（万令） Black and White (10 000 reams)	彩色（万对开色令） Color (10 000 bisect color reams)	装订产量（万令） Output of Bookbinding (10 000 reams)	用纸量（万令） Amount of Paper Used (10 000 reams)
	2009	8189	63.14	27034	129520	35498	
	2010	8484	61.28	28272	141917	29007	37860
	2011	8309	57.62	30091	152913	28985	33366
	2012	8714	55.09	32654	164713	29740	63821
	2013	8963	51.68	32608	255672	36316	85621
	2014	9079	48.85	31936	252659	31965	65406
	2015	8910	48.29	30945	219634	31630	60698
	2016	8936	47.83	31518	150688	33669	64299
	2017	8753	45.17	30375	140601	33425	62256
	2018	8923	42.98	27760	116388	33358	55951
	2019	9014	40.86	24907	119584	34739	51814
	2020	9271	37.28	20960	110037	29640	43238
	2021	9518	35.76	18956	123687	29626	39305
	2022	9409	34.22	17485	119798	27450	36570
北京	Beijing	989	2.39	1300	12149	2351	3004
天津	Tianjin	178	0.58	300	2681	462	794
河北	Hebei	780	2.56	2103	6903	3306	3189
山西	Shanxi	137	0.49	141	1156	216	326
内蒙古	Inner Mongolia	172	0.27	83	834	103	241
辽宁	Liaoning	185	0.47	360	2091	502	664
吉林	Jilin	209	0.50	340	1785	289	645
黑龙江	Heilongjiang	155	0.34	154	909	179	288
上海	Shanghai	165	1.22	306	3900	473	1188
江苏	Jiangsu	433	2.39	1407	8471	2159	2981
浙江	Zhejiang	638	2.45	1591	13207	2358	3464
安徽	Anhui	354	1.06	441	4312	876	1047
福建	Fujian	295	1.32	635	2853	689	1030
江西	Jiangxi	141	0.51	545	1401	632	755
山东	Shandong	619	3.40	2030	8157	2760	3360
河南	Henan	458	1.15	720	4681	1178	1353
湖北	Hubei	341	1.22	963	4249	1340	1616
湖南	Hunan	517	1.59	688	6463	1241	1644
广东	Guangdong	793	5.72	1518	17785	3468	4777
广西	Guangxi	262	0.64	253	3437	552	786
海南	Hainan	51	0.16	52	577	33	130
重庆	Chongqing	128	0.45	183	1463	307	401
四川	Sichuan	309	0.88	488	3515	718	992
贵州	Guizhou	162	0.32	67	1307	138	250
云南	Yunnan	164	0.44	153	1397	233	350
西藏	Tibet	24	0.06	25	264	31	58
陕西	Shaanxi	299	0.74	371	2101	506	724
甘肃	Gansu	140	0.31	132	409	140	183
青海	Qinghai	61	0.13	29	130	30	49
宁夏	Ningxia	115	0.10	37	126	36	54
新疆	Xinjiang	135	0.37	73	1089	146	227

3-1-10 图书、期刊、报纸进出口情况
Statistics on Import and Export of Books, Periodicals and Newspapers

年 份 Year	出口 Exports		进口 Imports	
	数量 (万册、万份) Number (10 000 copies)	金额 (万美元) Value (10 000 USD)	数量 (万册、万份) Number (10 000 copies)	金额 (万美元) Value (10 000 USD)
2009	885.16	3437.72	2794.53	24505.27
2010	945.64	3711.00	2881.87	26008.58
2011	1144.18	3905.51	2979.88	28373.26
2012	1639.27	4863.15	3138.07	30121.65
2013	1992.86	6012.40	2361.54	28048.63
2014	1689.42	5649.66	2538.85	28381.57
2015	1552.63	5726.74	2811.75	30557.53
2016	1765.52	5886.67	3108.18	30051.73
2017	1870.72	6024.66	3255.60	31978.76
2018	1478.09	5723.00	4088.02	36202.19
2019	1472.85	6079.69	4206.50	38560.51
2020	928.63	3262.80	3974.18	36216.29
2021	699.47	3539.03	4435.73	37858.58
2022	622.20	3271.76	3901.99	33201.39

注：本表仅包括有出版物进口经营许可证的出版物进出口经营单位数据(以下相关表同)。
a) Data in the table above only source from those units with the quanlification of publication imports and exports. The same applies to the relevant tables following.

3-1-11 图书、期刊、报纸进出口情况（2022年）
Statistics on Import and Export of Books, Periodicals and Newspapers (2022)

指 标	Item	出 口 Exports		进 口 Imports	
		数量 (万册、万份) Number (10 000 copies)	金额 (万美元) Value (10 000 USD)	数量 (万册、万份) Number (10 000 copies)	金额 (万美元) Value (10 000 USD)
总 计	**Total**	**622.20**	**3271.76**	**3901.99**	**33201.39**
图书	Books	512.31	3085.14	3158.00	21631.34
哲学、社会科学	Philosophy, Social Science	84.34	741.16	88.71	1823.84
文化、教育	Culture and Education	95.96	499.89	316.61	2885.03
文学、艺术	Literature and Arts	77.04	578.95	985.71	6182.70
自然、科学技术	Natural Science and S&T	20.93	201.15	203.26	2970.18
少儿读物	Juvenile and Children's Books	85.80	182.98	1010.86	3855.43
综合性图书	General Books	148.24	881.01	552.85	3914.16
期刊	Periodicals	103.46	182.67	208.43	10625.66
报纸	Newspapers	6.43	3.95	535.56	944.39

3-1-12 全国音像制品、电子出版物与数字出版物进出口情况
Statistics on Import and Export of Audio-Visual Products, Electronic Publications and Digital Publications

年 份 Year	出口 Exports		进口 Imports	
	数量（盒、张）Number (cassette, disc)	金额（万美元）Value (10 000 USD)	数量（盒、张）Number (cassette, disc)	金额（万美元）Value (10 000 USD)
2009	100053	61.11	167428	6527.06
2010	1018687	47.16	629542	11382.70
2011	77091	35.17	396287	14134.78
2012	93448	33.54	185646	16685.95
2013	34136	122.43	285070	20022.34
2014	20692	156.46	134380	21000.13
2015	9409	136.76	116213	24207.67
2016	13270	156.43	108096	25859.38
2017	19294	163.34	135551	34584.46
2018	12354	212.20	88444	38019.93
2019	11126	205.90	113804	41116.31
2020	6660	171.74	200690	43293.73
2021	1863	185.19	146387	42688.27
2022	828	124.21	151131	43501.49

3-1-13 全国音像、电子出版物与数字出版物进出口情况(2022年)
Statistics on Import and Export of Audio-Visual Products and Electronic Publications (2022)

指 标	Item	出 口 Exports		进 口 Imports	
		数量（盒、张）Number (cassette,disc)	金额（万美元）Value (10 000 USD)	数量（盒、张）Number (cassette,disc)	金额（万美元）Value (10 000 USD)
总 计	**Total**	**828**	**124.21**	**151131**	**43501.49**
录音合计	Audio Products	805	2.53	149380	155.13
录像合计	Video Products	8	0.25	1751	3.55
电子出版物	Electronic Publications	15	31.70		
数字出版物	Digital Publications		89.73		43342.81

3-1-14 版权合同登记情况
Statistics on Registration of Copyright Contracts

单位：份 (unit)

年份 地区	Year Region	合计 Total	#书刊 Books	#音像制品 Audio-Video Products	#电子出版物 Electronic Publications	#软件 Software
	2009	14223	12741	257	473	393
	2010	15160	13537	306	418	453
	2011	20797	14689	245	485	955
	2012	18645	16753	319	417	1085
	2013	19521	17431	150	183	1161
	2014	17376	16214	130	194	276
	2015	19030	16085	1688	190	762
	2016	19744	16854	1790	238	686
	2017	20015	16635	1860	424	869
	2018	20339	16685	1877	420	1045
	2019	20313	16218	1563	296	1156
	2020	17811	15336	1001	169	965
	2021	17610	14788	788	88	1353
	2022	16215	13086	714	53	1527
中国版权保护中心	Copyright Protection Center of China	1038		701		337
北京	Beijing	7182	7177		4	1
天津	Tianjin	301	301			
河北	Hebei	168	168			
山西	Shanxi	7	7			
内蒙古	Inner Mongolia					
辽宁	Liaoning	214	213			1
吉林	Jilin	21	21			
黑龙江	Heilongjiang	71	71			
上海	Shanghai	1125	1072	13	40	
江苏	Jiangsu	1390	535			855
浙江	Zhejiang	783	451			332
安徽	Anhui	42	42			
福建	Fujian	89	89			
江西	Jiangxi	114	114			
山东	Shandong	139	139			
河南	Henan	92	92			
湖北	Hubei	171	167		4	
湖南	Hunan	247	247			
广东	Guangdong	1047	207		5	
广西	Guangxi	280	280			
海南	Hainan	110	110			
重庆	Chongqing	276	276			
四川	Sichuan	950	949			1
贵州	Guizhou	23	23			
云南	Yunnan	158	158			
西藏	Tibet					
陕西	Shaanxi	155	155			
甘肃	Gansu	5	5			
青海	Qinghai					
宁夏	Ningxia					
新疆	Xinjiang	17	17			

3-1-15 全国作品自愿登记情况
Statistics on Registration of Original Products

单位：件 (piece)

年份 地区	Year Region	合计 Total	#文字 Literature	#音乐 Music	#曲艺 Recitation and Ballad	#舞蹈 Dance	#美术 Arts	#摄影 Photograph	#影视 Films and TV
	2009	336086	3509	1360	94	47	30501	299218	291
	2010	359871	6294	1425	112	18	37607	311897	1243
	2011	442983	80424	2004	46	34	53326	297028	7544
	2012	560583	179471	3901	58	40	85873	239801	30335
	2013	834569	124948	62119	118	21	171059	429903	11943
	2014	997350	349885	6094	73	19	187408	424449	11222
	2015	1349552	485539	2839	90	119	279884	540722	13820
	2016	1895053	631997	18496	310	147	440099	729473	26530
	2017	2068388	487238	11683	179	270	668930	778647	45938
	2018	2458995	291489	35119	382	175	1019601	961561	71746
	2019	2967177	192974	17467	397	164	1370975	1179451	93331
	2020	3362591	219440	16478	374	185	1318146	1526428	197659
	2021	4051221	300727	50875	444	279	1694362	1591157	261202
	2022	4531857	350450	33209	659	706	2145750	1604703	128730
中国版权保护中心	Copyright Protection Center of China	506051	24284	2161	22	351	430963	4262	28988
北京	Beijing	1047270	1919	16138			75659	950966	
天津	Tianjin	92319	592	46	1	1	5391	3213	
河北	Hebei	131522	33461	268	47	81	25076	49314	2620
山西	Shanxi	913	99	5			673	56	64
内蒙古	Inner Mongolia	6110	1053	429	45	55	2847	1142	111
辽宁	Liaoning	31986	1040	118			12527	17651	574
吉林	Jilin	2605	146	64			1455		
黑龙江	Heilongjiang	7146	319	70			4489	1490	449
上海	Shanghai	382000	47399	2724		3	245755	49770	22633
江苏	Jiangsu	334896	43506	662	30	24	226203	18628	7559
浙江	Zhejiang	47825	1521	172	10		38870	5697	543
安徽	Anhui	265386	53863	536	194	21	44961	146937	15649
福建	Fujian	285778	7202	435	4		228874	36731	8538
江西	Jiangxi	64808	12671	272	13	40	33130	7264	10910
山东	Shandong	254367	19128	1420	182	24	176240	42797	5389
河南	Henan	2709	551	25		17	1536	110	47
湖北	Hubei	86197	4703	173	1		65065	328	4821
湖南	Hunan	138929	30403	3044	1	37	39327	54812	6945
广东	Guangdong	55737	1485	930	53	9	39067	5854	2578
广西	Guangxi	3215	469	80		1	2174	139	17
海南	Hainan	438	63	54			259		44
重庆	Chongqing	170195	4361	209	5	4	45577	84970	1323
四川	Sichuan	229022	38048	1113	46	24	103329	83938	2129
贵州	Guizhou	243518	2253	793	2	4	220179	5411	1924
云南	Yunnan	51538	11648	745			13485	19995	1312
西藏	Tibet	2	2						
陕西	Shaanxi	37082	3449	93	1		21144	9417	2839
甘肃	Gansu	50321	4392	146		5	40564	3689	670
青海	Qinghai	33	1	1			30		
宁夏	Ningxia	1337	131	242	2	4	782	119	43
新疆	Xinjiang	602	288	41		1	119	3	11

3-1-16 版权引进和输出情况
Statistics on Copyright Import and Export

单位：项 (item)

项 目	Item	2011	2012	2013	2014	2015	2016
引进合计	**Total Number of Copyright Import**	**16639**	**17589**	**18167**	**16695**	**16467**	**17252**
#图书	Books	14708	16115	16625	15542	15458	16587
录音制品	Audio Products	278	475	378	208	133	119
录像制品	Video Products	421	503	538	451	90	251
电子出版物	Electronic Publications	185	100	72	120	292	217
输出合计	**Total Number of Copyright Export**	**7783**	**9365**	**10401**	**10293**	**10471**	**11133**
#图书	Books	5922	7568	7305	8088	7998	8328
录音制品	Audio Products	130	97	300	139	217	201
录像制品	Video Products	20	51	193	73		18
电子出版物	Electronic Publications	125	115	646	433	650	1264

3-1-16 续表 continued

单位：项 (item)

项 目	Item	2017	2018	2019	2020	2021	2022
引进合计	**Total Number of Copyright Import**	**18120**	**16829**	**16140**	**14185**	**12220**	**10904**
#图书	Books	17154	16071	15684	13919	12005	10791
录音制品	Audio Products	147	125	78	79	63	39
录像制品	Video Products	364	192	204	154	124	72
电子出版物	Electronic Publications	372	214	11	33	28	2
输出合计	**Total Number of Copyright Export**	**13816**	**12778**	**15767**	**13895**	**12770**	**11908**
#图书	Books	10670	10873	13680	12915	11795	11072
录音制品	Audio Products	322	214	290	230	238	247
录像制品	Video Products	102		8	14	23	18
电子出版物	Electronic Publications	1557	743	838	736	714	571

3-1-17 版权引进和输出情况（2022年）
Basic Statistics on Import and Export of Copyright (2022)

单位：项 (item)

项 目	Item	合 计 Total	图 书 Books	录音制品 Audio Products	录像制品 Video Products	电子出版物 Electronic Publications
本年引进版权总数	**Number of Imported Copyright in the Year**	**10904**	**10791**	**39**	**72**	**2**
美 国	United States	3411	3397	14		
英 国	United Kingdom	2326	2313	10	3	
德 国	Germany	687	685		2	
法 国	France	610	602	1	7	
俄罗斯	Russia	73	72		1	
加拿大	Canada	112	108		4	
新加坡	Singapore	203	197		5	1
日 本	Japan	1695	1679	9	7	
韩 国	South Korea	455	428		27	
中国香港	Hong Kong, China	78	70	3	4	1
中国澳门	Macao, China	6	6			
中国台湾	Taiwan, China	331	328	1	2	
其 他	Others	917	906	1	10	
本年输出版权总数	**Number of Exported Copyright in the Year**	**11908**	**11072**	**247**	**18**	**571**
美 国	United States	686	653			33
英 国	United Kingdom	426	394			32
德 国	Germany	462	413			49
法 国	France	211	194			17
俄罗斯	Russia	816	794	6		16
加拿大	Canada	224	208			16
新加坡	Singapore	536	468	3	12	53
日 本	Japan	352	341			11
韩 国	South Korea	439	404		1	34
中国香港	Hong Kong, China	1326	1083	228		15
中国澳门	Macao, China	9	9			
中国台湾	Taiwan, China	956	880			76
其 他	Others	5465	5231	10	5	219

3-2-1 广播电视事业发展情况
Statistics on Radio and Television

指　　标	Item	2010	2020	2021	2022
广播	**Radio**				
广播节目综合人口覆盖率 (%)	Population Coverage Rate of Radio Programs (%)	96.78	99.38	99.48	99.65
#乡村	Rural Areas	95.64	99.17	99.26	99.49
公共广播节目套数 (套)	Number of Public Radio Programs (set)	2549	2932	2941	2927
公共广播节目播出时间(万小时)	Broadcasting of Public Radio Programs (10 000 hours)	1266.0	1580.7	1589.5	1602.2
广播节目制作时间 (万小时)	Production of Radio Programs (10 000 hours)	681.4	821.0	812.7	787.7
电视	**Television**				
电视节目综合人口覆盖率 (%)	Population Coverage Rate of TV Programs (%)	97.62	99.59	99.66	99.75
#乡村	Rural	96.78	99.45	99.52	99.65
有线广播电视实际用户数(万户)	Actual Users of Cable Radio and TV(10 000 households)	18872	20745	20423	19964
#乡村	Rural	7293	7055	6719	6585
#数字电视	Users of Digital TV	8870	19889	19634	19199
有线广播电视实际用户数占家庭总户数比重 (%)	Actual Popularization Rate of Cable Radio and TV(%)	46.40	46.23	44.63	43.66
#乡村	Rural	29.35	30.18	33.11	31.92
公共电视节目套数 (套)	Number of Public TV Programs(set)	3272	3603	3613	3559
公共电视节目播出时间(万小时)	Broadcasting of Public TV Programs (10 000 hours)	1635.5	1988.3	2014.0	2003.6
电视剧播出数 (万部)	Number of TV Dramas Broadcasted (10 000 series)	24.92	21.27	20.89	20.82
#进口电视剧播出数	Imported TV Dramas	0.88	0.04	0.03	0.02
电视剧播出数 (万集)	Number of TV Dramas Broadcasted (10 000 episodes)	635.86	739.38	744.14	734.28
#进口电视剧播出数	Imported TV Dramas	19.51	1.18	0.98	0.71
电视动画播出时间 (万小时)	Number of Cartoons Broadcasted(10 000 hours)		44.61	45.24	46.53
#进口电视动画播出时间	Imported Cartoons		0.71	0.29	0.28
电视节目制作时间 (万小时)	Production of TV Programs (10 000 hours)	274.3	328.2	306.0	285.2

3-2-2 全国广播和电视综合人口覆盖情况
Population Coverage of Radio and TV Programs

单位：% (%)

年份 地区	Year Region	广播节目综合人口覆盖率 Population Covertage Rate of Radio Programs	#乡村 Rural	电视节目综合人口覆盖率 Population Covertage Rate of TV Programs	#乡村 Rural
	2009	96.31	95.10	97.23	91.90
	2010	96.78	95.64	97.62	96.78
	2011	97.06	96.09	97.82	97.10
	2012	97.51	96.60	98.20	97.55
	2013	97.79	97.00	98.42	97.86
	2014	97.99	97.29	98.60	98.11
	2015	98.17	97.53	98.77	98.32
	2016	98.37	97.79	98.88	98.49
	2017	98.71	98.24	99.07	98.74
	2018	98.94	98.58	99.25	99.01
	2019	99.13	98.84	99.39	99.19
	2020	99.38	99.17	99.59	99.45
	2021	99.48	99.26	99.66	99.52
	2022	99.65	99.49	99.75	99.65
北京	Beijing	100.00	100.00	100.00	100.00
天津	Tianjin	100.00	100.00	100.00	100.00
河北	Hebei	99.79	99.69	99.86	99.81
山西	Shanxi	98.97	98.39	99.29	99.00
内蒙古	Inner Mongolia	99.75	99.56	99.75	99.53
辽宁	Liaoning	99.50	99.11	99.48	99.08
吉林	Jilin	99.56	99.50	99.63	99.46
黑龙江	Heilongjiang	99.96	99.95	99.95	99.93
上海	Shanghai	100.00	100.00	100.00	100.00
江苏	Jiangsu	100.00	100.00	100.00	100.00
浙江	Zhejiang	99.81	99.78	99.88	99.90
安徽	Anhui	99.95	99.94	99.94	99.93
福建	Fujian	99.87	99.82	99.90	99.85
江西	Jiangxi	99.47	99.15	99.75	99.60
山东	Shandong	99.66	99.51	99.71	99.65
河南	Henan	99.70	99.65	99.69	99.60
湖北	Hubei	99.90	99.85	99.88	99.82
湖南	Hunan	99.42	98.99	99.76	99.61
广东	Guangdong	99.98	99.95	99.98	99.97
广西	Guangxi	98.80	98.48	99.45	99.26
海南	Hainan	99.45	99.36	99.48	99.41
重庆	Chongqing	99.55	99.34	99.65	99.54
四川	Sichuan	99.39	99.21	99.72	99.63
贵州	Guizhou	99.02	98.61	99.24	98.88
云南	Yunnan	99.64	99.55	99.67	99.58
西藏	Tibet	99.41	99.42	99.56	99.62
陕西	Shaanxi	99.48	99.15	99.71	99.51
甘肃	Gansu	99.46	99.19	99.52	99.29
青海	Qinghai	99.15	98.73	99.20	98.68
宁夏	Ningxia	99.93	99.89	99.98	99.98
新疆	Xinjiang	99.20	98.99	99.30	99.17

3-2-3 有线广播电视传输干线网络及实际用户情况
Transmission Trunk and Actual Users of Cable Radio and TV

年份 Year 地区 Region	有线广播电视传输干线网络总长(万公里) Total Length of Transmission Trunk for Cable Radio and TV (10 000 km)	有线广播电视实际用户数(万户) Actual Users of Cable Radio and TV (10 000 households)	#乡村 Rural Areas	#数字电视 Users of Digital TV	#增值业务 Value-Added Service	有线广播电视实际用户数占家庭总户数的比重(%) Actual Popularization Rate of Cable Radio and TV (%)	#乡村 Rural Areas
2009		17523	6863	6322		44.0	
2010	356.3	18872	7293	8870	1105	46.4	29.4
2011	369.7	20264	8123	11489	1761	49.4	32.4
2012	376.1	21509	8432	14303	2501	51.5	33.5
2013	381.6	22894	8911	17160	3498	54.1	35.3
2014	415.3	23458	7986	19143	4505	54.8	31.5
2015	426.2	23567	8250	19776	5559	54.6	33.5
2016	477.6	22830	8093	20157	5817	52.8	33.2
2017	214.5	21446	7504	19404	7014	48.3	31.7
2018	225.3	21832	7404	20144	7730	49.0	31.2
2019	218.9	20661	7322	19417	7987	46.2	30.5
2020	227.6	20745	7055	19889	5872	46.2	30.2
2021	220.6	20423	6719	19634	6059	44.6	33.1
2022	224.4	19964	6585	19199	5998	43.7	31.9
北　京 Beijing	22.4	613	98	575	81	112.3	86.5
天　津 Tianjin	0.4	362	51	357	1	85.0	70.0
河　北 Hebei	8.0	607	145	587	99	23.9	14.1
山　西 Shanxi	7.9	384	107	323	13	109.8	116.7
内蒙古 Inner Mongolia	1.3	270	43	267	158	29.9	13.3
辽　宁 Liaoning	3.0	509	127	483	153	34.8	19.8
吉　林 Jilin	1.7	623	209	623	185	63.2	43.9
黑龙江 Heilongjiang	9.9	550	103	545	183	39.1	18.9
上　海 Shanghai	9.5	755		741	172	195.9	
江　苏 Jiangsu	4.4	1248	438	1243	349	48.4	32.3
浙　江 Zhejiang	4.4	1251	706	1244	344	71.0	67.5
安　徽 Anhui	3.5	810	277	616	171	36.7	20.0
福　建 Fujian	23.7	730	480	730	560	64.5	62.9
江　西 Jiangxi	11.2	536	293	506	148	36.2	51.4
山　东 Shandong	45.4	1472	662	1401	530	42.8	37.5
河　南 Henan	5.5	637	169	619	166	19.2	10.9
湖　北 Hubei	3.1	1272	567	1261	361	60.9	57.9
湖　南 Hunan	11.0	639	129	614	159	27.4	13.8
广　东 Guangdong	21.9	1536	327	1477	869	43.3	41.7
广　西 Guangxi	1.3	782	312	782	185	46.4	40.4
海　南 Hainan	0.3	126	41	117		46.6	25.3
重　庆 Chongqing	0.7	614	153	549	234	50.9	28.5
四　川 Sichuan	3.3	889	276	859	262	28.1	14.8
贵　州 Guizhou	1.6	910	478	910	134	67.5	72.8
云　南 Yunnan	3.7	393	119	369	133	25.9	15.9
西　藏 Tibet	0.5	25	0	24		24.3	0.1
陕　西 Shaanxi	4.1	751	247	748	287	55.3	60.2
甘　肃 Gansu	1.7	156	14	118	7	17.9	3.5
青　海 Qinghai	0.8	99	0	99	9	48.5	0.5
宁　夏 Ningxia	0.5	123	11	122		44.8	12.8
新　疆 Xinjiang	3.6	292	3	289	46	33.4	1.0

注：自2020年起，原“付费电视用户数”指标改为为“增值业务用户数”。

a)Since 2020, the former indicator "pay TV users" has been changed to "value-added service users".

3-2-4 全国广播电视节目制作和播出情况
Production and Broadcasting of Radio and TV Programs

单位：小时 (hour)

年 份 Year	广播节目制作时间 Radio Programs Produced	公共广播节目播出时间 Broadcasting Hours of Public Radio Programs	电视节目制作时间 TV Programs Produced	公共电视节目播出时间 Broadcasting Hours of Public TV Programs
2009	6716500	12265513	2653552	15776767
2010	6814226	12660314	2742949	16355043
2011	6936960	13057496	2950490	16753029
2012	7188245	13383651	3436301	16985291
2013	7391000	13795461	3398000	17057212
2014	7647267	14058328	3277394	17476126
2015	7718163	14218253	3520190	17796010
2016	7820296	14565058	3507217	17924388
2017	7888254	14918863	3651775	18810197
2018	8017573	15267407	3577444	19250257
2019	8018667	15533983	3455809	19509935
2020	8210448	15807230	3282440	19883117
2021	8127066	15894889	3059642	20139917
2022	7876547	16021508	2852115	20036401

3-2-5 广播电视节目制作时间
Statistics on Production of Radio and Television Programs

单位：小时 (hour)

项 目	Item	1995	2005	2010	2015	2020	2021	2022
广播节目制作	**Production of Radio Programs**	**2332164**	**6139227**	**6814226**	**7718163**	**8210448**	**8127066**	**7876547**
新闻资讯	News Programs	353368	1066880	1216632	1436129	1452701	1457219	1427331
专题服务	Special Subject Programs	1054140	1822621	1955180	2072348	2241754	2226133	2167907
综艺益智	General Entertainment Programs	924656	1937290	1942828	2078791	1977798	1938630	1890869
广播剧	Radio Play Programs		75456	80181	183124	218581	223858	201393
广告	Advertising Programs		671071	775931	752705	684014	712183	654182
其他	Others		565909	843474	1195065	1635600	1569044	1534865
电视节目制作	**Production of TV Programs**	**383513**	**2553861**	**2742949**	**3520190**	**3282440**	**3059642**	**2852115**
新闻资讯	News Programs	80800	637956	719680	978801	1097543	1093688	1091683
专题服务	Special Subject Programs	193391	525528	640857	930283	899825	792714	743000
综艺益智	General Entertainment Programs	109322	382350	407849	511398	341886	300189	279907
影视剧	TV Drama Programs		193771	93536	120604	95403	75241	60738
广告	Advertising Programs		524892	526839	481973	389655	379452	346682
其他	Others		289364	354188	497131	458128	418358	330104

3-2-6 分地区广播节目制作情况(2022年)

Production and Transaction of Radio Program by Region(2022)

单位：小时 (hour)

地区	Region	全年制作广播节目时间 Radio Programs Produced	新闻资讯类 News Programs	专题服务类 Special Subject Programs	综艺益智类 General Entertainment Programs	广播剧类 Radio Play Programs	广告类 Advertising Programs	其他类 Others
全国	**National Total**	**7876547**	**1427331**	**2167907**	**1890869**	**201393**	**654182**	**1534865**
国家广播电视总局	National Radio and Television Administration	2093		1127	566		130	269
中央广播电视总台	China Media Group	248084	59185	103553	58004	2601	5213	19529
其他部门所属单位	Under Other Department							
北京	Beijing	99342	11322	24869	25419	6794	2613	28326
天津	Tianjin	98067	8771	18522	47120	60	15274	8321
河北	Hebei	436480	60186	104417	120549	12849	44599	93880
山西	Shanxi	268450	51418	73900	49685	16045	29018	48384
内蒙古	Inner Mongolia	295059	45714	93916	98944	8660	18036	29789
辽宁	Liaoning	397885	57029	133961	111508	17190	32564	45633
吉林	Jilin	226941	21960	73974	81399	4272	24799	20537
黑龙江	Heilongjiang	218345	34909	78124	51203	3506	11412	39191
上海	Shanghai	87737	13575	25341	21845	1308	3118	22550
江苏	Jiangsu	563913	88293	137223	149872	12948	62739	112838
浙江	Zhejiang	500592	92672	141444	110503	9606	49769	96597
安徽	Anhui	305527	51002	83138	44631	5029	30691	91036
福建	Fujian	238787	51610	54075	58810	3724	7408	63160
江西	Jiangxi	170161	40065	36397	46486	5756	13212	28245
山东	Shandong	565026	88715	136976	142815	14876	52935	128708
河南	Henan	342691	62458	89642	101166	6794	33419	49213
湖北	Hubei	239508	49482	79590	62622	6542	22590	18682
湖南	Hunan	242411	47988	34367	52459	2675	20221	84701
广东	Guangdong	598147	107729	134120	77402	13686	44481	220730
广西	Guangxi	206365	45614	39402	76854	2011	10184	32300
海南	Hainan	70025	13197	14125	10657	2143	2893	27010
重庆	Chongqing	104435	21062	38914	21755	2625	4661	15418
四川	Sichuan	292777	79100	96115	51924	7335	17101	41202
贵州	Guizhou	129113	29850	27716	30727	5687	13247	21886
云南	Yunnan	179484	39338	60304	26926	5947	14375	32595
西藏	Tibet	27809	6447	8572	8274	1357	1327	1833
陕西	Shanxi	230297	43303	69303	38320	7848	18741	52783
甘肃	Gansu	162431	36060	35980	45971	3407	16668	24345
青海	Qinghai	36570	12250	10963	6302	1459	2685	2912
宁夏	Ningxia	54657	10859	22163	11764	1376	6088	2407
新疆	Xinjiang	237340	46168	85674	48392	5279	21973	29855

3-2-7 分地区电视节目制作交易情况(2022年)
Production and Transaction of TV Program by Region(2022)

地 区	Region	全年制作电视节目时间(小时) TV Programs Produced (hour)	新闻资讯类 News Programs	专题服务类 Special Subject Programs	综艺益智类 General Entertainment Programs	影视剧类 TV Drama Programs
全 国	**National Total**	**2852115**	**1091683**	**743000**	**279907**	**60738**
国家广播电视总局	National Radio and Television Administration					
中央广播电视总台	Chian Media Group	234413	118101	69023	34421	6515
其他部门所属单位	Under Other Department	10039	3317	518	5681	50
北 京	Beijing	61883	11883	24144	7530	874
天 津	Tianjin	19713	8613	8601	963	742
河 北	Hebei	134318	45404	38254	14463	3677
山 西	Shanxi	109796	38381	24151	9701	5750
内蒙古	Inner Mongolia	78396	31612	17036	9162	
辽 宁	Liaoning	113289	31276	19336	17878	186
吉 林	Jilin	60630	12369	17723	12635	157
黑龙江	Heilongjiang	90880	32323	32011	6458	213
上 海	Shanghai	36037	13297	8017	2293	3859
江 苏	Jiangsu	182141	58419	44470	20002	6546
浙 江	Zhejiang	139208	48553	36444	9720	3101
安 徽	Anhui	77188	29802	17992	4310	309
福 建	Fujian	49024	23223	13340	2435	546
江 西	Jiangxi	80517	30658	18348	5651	8880
山 东	Shandong	177272	56186	53583	19992	3166
河 南	Henan	130065	41686	36802	19741	287
湖 北	Hubei	85815	32769	25338	6257	206
湖 南	Hunan	99970	39169	20419	10847	161
广 东	Guangdong	142036	59913	36753	16759	3003
广 西	Guangxi	87451	36101	18363	3029	435
海 南	Hainan	19413	8556	5117	2939	45
重 庆	Chongqing	65289	18984	21195	3799	300
四 川	Sichuan	127166	59686	30693	8134	289
贵 州	Guizhou	57253	28199	10963	907	821
云 南	Yunnan	102707	50897	22117	3245	1053
西 藏	Tibet	32309	13210	8027	1853	3247
陕 西	Shaanxi	91058	38649	20795	7610	247
甘 肃	Gansu	61773	23294	17289	5206	2179
青 海	Qinghai	19730	10448	5905	621	1287
宁 夏	Ningxia	16103	7476	4260	679	
新 疆	Xinjiang	59231	29231	15973	4986	2605

3-2-7 续表 1 continued

地 区	Region	广告类 Advertising Programs	其他类 Others	全年电视节目制作投资额(万元) Investment in Production of TV Programs (10 000 yuan)	#电视剧 TV Dramas	#动画电视 Cartoon Programs
全 国	**National Total**	**346682**	**330104**	**2607316**	**1196747**	**115803**
国家广播电视总局	National Radio and Television Administration					
中央广播电视总台	Chian Media Group	13	6339	919687	15161	7834
其他部门所属单位	Under Other Department	0	473	16567		
北 京	Beijing	10667	6786	496175	426679	9355
天 津	Tianjin	326	467	13339	9189	1430
河 北	Hebei	19706	12814	3752	732	2254
山 西	Shanxi	12047	19767	3477	3079	289
内蒙古	Inner Mongolia	10395	10190	16174	16000	20
辽 宁	Liaoning	20860	23754	234	1	170
吉 林	Jilin	14006	3741	847		395
黑龙江	Heilongjiang	9441	10435	219		
上 海	Shanghai	864	7707	180458	162613	7717
江 苏	Jiangsu	31445	21258	73257	59260	11930
浙 江	Zhejiang	27846	13545	232692	128614	9511
安 徽	Anhui	11216	13559	8049	4938	1527
福 建	Fujian	4166	5314	61256	49073	9487
江 西	Jiangxi	8798	8182	15020	8500	450
山 东	Shandong	24802	19543	50429	21953	3422
河 南	Henan	13156	18393	10013		670
湖 北	Hubei	13241	8005	87981	4824	236
湖 南	Hunan	16970	12405	134838	125707	855
广 东	Guangdong	12026	13581	97841	22066	38409
广 西	Guangxi	15947	13576	4480	31	1466
海 南	Hainan	2287	469	27848	27379	
重 庆	Chongqing	8378	12633	5890	2023	3379
四 川	Sichuan	9787	18577	62613	44200	4600
贵 州	Guizhou	5049	11313			
云 南	Yunnan	14648	10747	8290	2977	130
西 藏	Tibet	4319	1654	5746	3185	120
陕 西	Shaanxi	12725	11031	29974	21294	
甘 肃	Gansu	6483	7323	12102	11335	10
青 海	Qinghai	382	1087			
宁 夏	Ningxia	2368	1320	81		18
新 疆	Xinjiang	2318	4118	27991	25934	120

3-2-7 续表 2 continued

地　区	地　区	#纪录片 documentaires	全年电视节目国内销售额(万元) Domestic Sales of TV Programs (10 000 yuan)	#电视剧 TV Dramas	#动画电视 Cartoon Programs	#纪录片 documentaires
全　国	**National Total**	**126973**	**2321009**	**1602543**	**106329**	**67385**
国家广播电视总局	National Radio and Television Administration					
中央广播电视总台	Chian Media Group	74413	392455	32521	12308	23789
其他部门所属单位	Under Other Department	3712	227			50
北　京	Beijing	13248	398568	289995	6637	28722
天　津	Tianjin	844	61655	58670	373	1405
河　北	Hebei	528	1341	207	337	225
山　西	Shanxi	19	177	37		94
内蒙古	Inner Mongolia	116	187	108	25	54
辽　宁	Liaoning		473	286	16	
吉　林	Jilin	360	3008	2305	92	596
黑龙江	Heilongjiang	116	29			
上　海	Shanghai	973	270986	257581	6632	954
江　苏	Jiangsu	1259	125714	102806	2832	1121
浙　江	Zhejiang	6991	486357	418514	4729	1714
安　徽	Anhui	65	10083	7816	859	755
福　建	Fujian	551	83712	61094	16985	515
江　西	Jiangxi	464	3683	1297		9
山　东	Shandong	1065	24663	19570	583	1364
河　南	Henan		2312		2284	
湖　北	Hubei	2163	2924	2316	25	201
湖　南	Hunan	3050	68721	59550	148	369
广　东	Guangdong	4177	60670	10012	42591	2231
广　西	Guangxi	518	6042	833	1647	217
海　南	Hainan	195	143093	142790		303
重　庆	Chongqing	200	22916	15134	6888	165
四　川	Sichuan	1210	46081	24417	219	894
贵　州	Guizhou		3628	3543		
云　南	Yunnan	3399	6444	5653	25	277
西　藏	Tibet	2211	4313	3842	5	318
陕　西	Shaanxi	3432	34873	28963		202
甘　肃	Gansu	304	734	114	36	176
青　海	Qinghai					
宁　夏	Ningxia		224		53	
新　疆	Xinjiang	1390	54717	52571		666

3-2-8 分地区广播节目播出情况(2022年)
Broadcasting of Radio Programs by Region(2022)

地 区	Region	公共广播节目套数(套) Number of Public Radio Programs (set)	全年公共广播节目播出时间(小时) Broadcasting Hours of Radio Programs (hour)	#转中央台节目 Relaying Programs of CCTV	#自制节目 Own-produced Programs	#购买交换节目 Purchased or Exchanged Programs
全 国	**National Total**	**2927**	**16021508**	**2026445**	**9447557**	**3121480**
中央广播电视总台	China Media Group	23	172127		171658	469
北 京	Beijing	19	124049	2569	88906	31126
天 津	Tianjin	22	143308	3425	119956	13728
河 北	Hebei	184	917038	88269	489229	278901
山 西	Shanxi	126	565537	94519	278575	135466
内蒙古	Inner Mongolia	125	688016	96207	382433	109431
辽 宁	Liaoning	109	676837	53054	432120	180068
吉 林	Jilin	83	594441	50375	342027	190418
黑龙江	Heilongjiang	105	579242	103497	285427	110240
上 海	Shanghai	21	142568	6072	100970	28393
江 苏	Jiangsu	120	756184	38547	585635	106286
浙 江	Zhejiang	112	766323	56873	576181	84239
安 徽	Anhui	111	656161	80482	372521	148404
福 建	Fujian	93	538024	99947	305921	63974
江 西	Jiangxi	95	378542	76702	195963	66609
山 东	Shandong	173	1052591	77617	650503	275140
河 南	Henan	161	736345	79501	501591	98626
湖 北	Hubei	100	611185	65935	344000	165562
湖 南	Hunan	123	546585	63744	311376	103579
广 东	Guangdong	140	846706	60839	650675	71408
广 西	Guangxi	77	422679	46857	255388	80525
海 南	Hainan	25	157610	18930	80233	42955
重 庆	Chongqing	31	207649	23509	116523	54149
四 川	Sichuan	154	724512	158302	372825	136632
贵 州	Guizhou	47	277161	44114	173305	45912
云 南	Yunnan	80	453509	103991	254799	77754
西 藏	Tibet	30	154886	34662	41213	26137
陕 西	Shaanxi	109	486684	82967	271293	91801
甘 肃	Gansu	99	385297	77270	201122	53691
青 海	Qinghai	47	263705	92558	76636	59863
宁 夏	Ningxia	23	133316	20822	74716	30226
新 疆	Xinjiang	160	862694	124291	343839	159771

3-2-8 续表 continued

地区	Region	按节目类型分播出时间(小时) by Type of Programs (hour)						少儿广播节目播出时间(小时) Broadcasting Hours of Juvenile Programs (hour)
		新闻资讯类 News	专题服务类 Special Subject	综艺益智类 General Entertainment	广播剧类 Radio Plays	广告类 Advertising	其他类 Others	
全国	**National Total**	**3185854**	**3349359**	**3584601**	**994278**	**1404904**	**3502513**	**277526**
中央广播电视总台	China Media Group	36331	56512	68070	3329	7238	647	1061
北京	Beijing	17673	41092	37748	5017	10613	11906	1378
天津	Tianjin	18362	27051	64709	445	17976	14765	479
河北	Hebei	137516	151528	261444	76256	79365	210928	15368
山西	Shanxi	127120	108087	101791	49270	47902	131368	7859
内蒙古	Inner Mongolia	125338	143998	199261	45997	28523	144899	10681
辽宁	Liaoning	106418	182921	170056	46885	66041	104515	10196
吉林	Jilin	67455	116751	191966	38407	73616	106244	8198
黑龙江	Heilongjiang	129439	131992	98923	49610	37532	131746	5586
上海	Shanghai	26402	42348	38732	5912	7835	21339	1923
江苏	Jiangsu	129900	168388	174228	33289	95423	154956	13693
浙江	Zhejiang	156284	181425	166556	19945	77502	164611	12850
安徽	Anhui	112908	120456	109166	42878	70315	200438	13572
福建	Fujian	116928	93811	106199	16972	25174	178940	7080
江西	Jiangxi	87438	66423	82177	29438	32364	80701	10639
山东	Shandong	162112	210224	255453	60850	104670	259282	15313
河南	Henan	136313	141521	221179	52311	71192	113830	12500
湖北	Hubei	112184	143424	198623	37525	56133	63295	10255
湖南	Hunan	113860	79530	90500	26944	53741	182011	10629
广东	Guangdong	155688	144045	114189	26914	81035	324836	16549
广西	Guangxi	107217	54592	118127	12036	36354	94353	6843
海南	Hainan	33612	29025	16143	4612	11257	62961	2665
重庆	Chongqing	46156	56651	38430	14141	12697	39575	2713
四川	Sichuan	192679	156921	125275	52135	46908	150593	15768
贵州	Guizhou	55728	43732	46614	18450	28694	83943	2910
云南	Yunnan	112305	101383	65765	35051	40831	98175	11202
西藏	Tibet	35251	33094	36330	27638	4523	18051	9448
陕西	Shaanxi	113139	104193	78454	47338	45870	97691	12283
甘肃	Gansu	113570	74007	77970	20823	32040	66887	7421
青海	Qinghai	73096	54209	43693	50231	13544	28932	5223
宁夏	Ningxia	31520	33705	29448	7828	15451	15363	1182
新疆	Xinjiang	195912	256319	157383	35800	72547	144733	14062

3-2-9　分地区电视节目播出情况(2022年)
Statistics on Broadcasting of TV Program by Region(2022)

地　区	Region	公共电视节目套数(套) Number of Public TV Programs (set)	全年公共电视节目播出时间(小时) Broadcasting Hours of TV Programs (hour)	#转中央台节目 Relaying Programs of CCTV	#自制节目 Own-produced Programs	#购买交换节目 Purchased or Exchanged Programs
全　国	**National Total**	**3559**	**20036401**	**1724528**	**5807603**	**11138728**
中央广播电视总台	China Media Group	31	255569		245265	10304
其他部门所属单位	Under Other Department	5	43800	221	23313	20266
北　京	Beijing	27	176266	1904	63868	93105
天　津	Tianjin	26	184426	22142	64706	92379
河　北	Hebei	187	979952	70146	275224	585615
山　西	Shanxi	135	632135	56746	182566	338428
内蒙古	Inner Mongolia	119	688058	63592	197034	384203
辽　宁	Liaoning	112	667473	31196	215742	394058
吉　林	Jilin	77	534762	18985	193840	316181
黑龙江	Heilongjiang	102	610060	69633	183211	296790
上　海	Shanghai	21	135998	2874	63974	69151
江　苏	Jiangsu	122	771895	29163	297000	432221
浙　江	Zhejiang	113	710932	21577	274701	410395
安　徽	Anhui	133	742315	46493	200805	451709
福　建	Fujian	99	476506	25884	136691	288188
江　西	Jiangxi	126	655677	102475	161568	349806
山　东	Shandong	267	1487286	67441	415664	953053
河　南	Henan	171	935512	88371	311365	490536
湖　北	Hubei	114	698779	39114	197832	447676
湖　南	Hunan	143	800749	101785	195615	427905
广　东	Guangdong	148	837056	45360	267260	482902
广　西	Guangxi	117	643515	31228	172286	377194
海　南	Hainan	16	110597	2174	44064	60539
重　庆	Chongqing	45	298861	12112	104271	176161
四　川	Sichuan	212	1215957	192444	315306	625149
贵　州	Guizhou	112	580616	58722	130451	360201
云　南	Yunnan	172	952065	141836	228311	520082
西　藏	Tibet	82	391317	57547	52581	143376
陕　西	Shaanxi	126	645933	69757	187216	353288
甘　肃	Gansu	115	574749	67721	148541	317681
青　海	Qinghai	50	315520	63211	56714	134861
宁　夏	Ningxia	29	178305	22344	36176	114756
新　疆	Xinjiang	205	1103762	100327	164444	620572

3-2-9 续表 continued

地 区	Region	按节目类型分播出时间(小时) by Type of Programs (hour)					
		新闻资讯类 News	专题服务类 Special Subject	综艺益智类 General Entertainment	影视剧类 TV Plays	广告类 Advertising	其他类 Others
全 国	**National Total**	**2904968**	**2771032**	**1042427**	**8789486**	**2191037**	**2337451**
中央广播电视总台	China Media Group	79725	79480	35300	50462	6782	3820
其他部门所属单位	Under Other Department	1260	7109	14038	12249	4349	4796
北 京	Beijing	26783	48233	7831	44211	16857	32351
天 津	Tianjin	23033	49878	7737	59461	20808	23509
河 北	Hebei	115035	114158	47664	520184	96172	86740
山 西	Shanxi	94436	75072	34823	290131	70320	67351
内蒙古	Inner Mongolia	91953	80822	50430	317221	51055	96576
辽 宁	Liaoning	73455	109986	60329	275586	72951	75165
吉 林	Jilin	44480	89540	75304	207890	72313	45234
黑龙江	Heilongjiang	91698	91362	30488	230937	60345	105231
上 海	Shanghai	18308	37847	7014	46697	11549	14583
江 苏	Jiangsu	106926	123679	36695	292080	110401	102113
浙 江	Zhejiang	104018	104486	23470	300684	111149	67125
安 徽	Anhui	97628	80368	22058	379250	101450	61561
福 建	Fujian	75769	83820	14173	186411	68958	47374
江 西	Jiangxi	91603	66271	28513	307813	67937	93540
山 东	Shandong	159827	213935	85054	729585	158992	139893
河 南	Henan	117102	137523	64310	435586	83797	97195
湖 北	Hubei	105136	117206	27766	324761	91374	32535
湖 南	Hunan	104393	79260	58784	370841	87828	99643
广 东	Guangdong	138244	115229	28222	306248	105103	144011
广 西	Guangxi	110907	75903	16567	246162	97227	96750
海 南	Hainan	26645	17228	5184	40746	18445	2350
重 庆	Chongqing	42505	62554	19965	99803	35218	38816
四 川	Sichuan	190974	130952	53067	585747	93231	161985
贵 州	Guizhou	102486	61919	9088	240584	79347	87192
云 南	Yunnan	145043	107045	20782	397527	131362	150307
西 藏	Tibet	71098	33168	24664	193860	16980	51548
陕 西	Shaanxi	115272	68561	26842	300723	58639	75896
甘 肃	Gansu	100714	76808	20998	263290	47973	64966
青 海	Qinghai	58771	46012	37100	132603	17042	23992
宁 夏	Ningxia	22219	23366	4602	82063	22228	23827
新 疆	Xinjiang	157520	162253	43565	518092	102856	119475

3-2-10 分地区电视剧播出情况(2022年)
Statistics on Broadcasting of TV Plays by Region(2022)

地 区	Region	全年电视剧播出数 Number of TV Plays Broadcasted		#进口电视剧 Imported TV Plays		全年电视动画片播出时间(小时) Broadcasting Hours of Cartoon Cartoon (hour)	#进口动画电视 Imported Cartoon
		部 series	集 episodes	部 series	集 episodes		
全 国	**National Total**	**208213**	**7342750**	**234**	**7093**	**465326**	**2805**
中央广播电视总台	China Media Group	1217	56851			6178	904
其他部门所属单位	Under Other Department	98	5009			419	146
北 京	Beijing	969	40400			8136	
天 津	Tianjin	1502	57792			6523	
河 北	Hebei	12740	445032			17129	
山 西	Shanxi	7983	229661			7645	107
内蒙古	Inner Mongolia	7781	266938			17936	
辽 宁	Liaoning	7651	267686			9410	
吉 林	Jilin	5485	187844			4222	
黑龙江	Heilongjiang	4702	179006			10511	
上 海	Shanghai	782	35591	10	150	17718	
江 苏	Jiangsu	6215	230191			14966	
浙 江	Zhejiang	6724	257888			24512	
安 徽	Anhui	9224	325756	9	270	12727	
福 建	Fujian	4065	148016	10	240	17475	
江 西	Jiangxi	7015	221565	61	1221	15674	585
山 东	Shandong	16183	596309			25948	
河 南	Henan	12922	412095			10092	22
湖 北	Hubei	10136	355662	20	637	16388	
湖 南	Hunan	11537	351820	7	167	26678	53
广 东	Guangdong	6734	265591	3	120	37390	
广 西	Guangxi	5944	236694	76	3257	16518	365
海 南	Hainan	800	32898			7001	
重 庆	Chongqing	2449	110541			8899	
四 川	Sichuan	15234	523170			28238	
贵 州	Guizhou	4981	191453			10771	548
云 南	Yunnan	7315	261143	13	370	19125	
西 藏	Tibet	989	37121	25	661	2595	
陕 西	Shaanxi	7224	238634			6304	20
甘 肃	Gansu	5636	194934			13319	57
青 海	Qinghai	2113	71186			6670	
宁 夏	Ningxia	1538	60738			5065	0
新 疆	Xinjiang	12325	447535			33144	

3-2-11 全国广播电视从业人员情况
Number of Employed Persons in Radio and TV Broadcasting Industry

单位：人 (person)

年份 地区	Year Region	从业人员 Number of Employed Persons	#编辑、记者 Editors and Reporters	#播音员、主持人 Announcers and Anchor Persons	#工程技术人员 Engineering Technical Personnel
	2009	705817	122004	24627	126257
	2010	750899	132186	25743	132431
	2011	786372	135748	28007	143474
	2012	820410	142297	28164	151884
	2013	844330	146798	29683	152130
	2014	864351	152571	29116	149882
	2015	900664	154976	30191	153624
	2016	919283	160253	30563	151234
	2017	976856	167284	30812	158294
	2018	978974	167792	30962	152859
	2019	994422	172246	31001	152592
	2020	1010997	175679	29997	149627
	2021	1050050	180175	30120	149828
	2022	1047549	180843	30862	148791
国家广播电视总局	National Radio and Television Administration	9741	161	1	5409
中央广播电视总台	China Media Group	42197	8705	599	4592
其他部门所属单位	Under Other Department	3684	1416	36	426
北京	Beijing	118299	8012	1458	13361
天津	Tianjin	8585	2762	252	1235
河北	Hebei	35270	6603	1445	4851
山西	Shanxi	26196	6615	689	3126
内蒙古	Inner Mongolia	18339	5492	985	3466
辽宁	Liaoning	24885	5230	1073	3986
吉林	Jilin	19655	4517	770	3372
黑龙江	Heilongjiang	22563	4906	736	3845
上海	Shanghai	38222	3809	631	4690
江苏	Jiangsu	65440	11801	1909	8668
浙江	Zhejiang	63445	9845	1588	9694
安徽	Anhui	27914	5221	1222	4024
福建	Fujian	35890	5544	841	4866
江西	Jiangxi	21223	3477	765	2279
山东	Shandong	62364	13147	2773	8928
河南	Henan	37411	9251	1653	4620
湖北	Hubei	36821	6175	999	5187
湖南	Hunan	44548	6194	981	5882
广东	Guangdong	79703	9212	2040	12339
广西	Guangxi	19264	3918	673	3376
海南	Hainan	7615	1468	287	662
重庆	Chongqing	15445	2849	399	1770
四川	Sichuan	51324	8303	1460	5683
贵州	Guizhou	20214	4031	679	2723
云南	Yunnan	22974	6293	889	4840
西藏	Tibet	5154	1185	381	852
陕西	Shaanxi	21350	4524	796	2788
甘肃	Gansu	15023	3487	644	2016
青海	Qinghai	4516	986	304	1035
宁夏	Ningxia	5374	1374	215	896
新疆	Xinjiang	16901	4330	689	3304

3-2-12 全国广播电视实际创收收入情况
Revenue and Assets of Radio and TV Broadcasting Industry

单位：万元 (10 000 yuan)

年 份 Year	实际创收收入 Actual Revenue	#广告收入 Revenue from Advertising	#广播广告收入 Radio Advertising Revenue	#电视广告收入 TV Advertising Revenue
2009	15820227	7817757	814648	6758184
2010	20028538	9399745	995807	7965883
2011	23711781	11228956	1233178	9345355
2012	28033517	12702465	1361954	10462897
2013	32427688	13870071	1399245	11192629
2014	36355079	14644911	1599361	11161883
2015	39522681	15295391	1564218	10651632
2016	43224005	15472245	1458277	10048691
2017	48417556	16512368	1555599	9683447
2018	56396113	18644866	1403677	9588555
2019	67668964	20752728	1212365	8776106
2020	77117578	19400576	956710	6939079
2021	96731132	30794236	1025201	6839432
2022	106685188	33423228	737211	5532270

3-2-12 续表 continued

单位：万元 (10 000 yuan)

年 份 Year	#有线电视网络收入 Revenue from Network Services	#有线电视收视费收入 Revenue from Subscription of Cable TV Programs	#付费电视收入 Revenue from Pay Digital TV	#增值业务收入 Revenue from Value-Added Service
2009	4188499	2846206	181747	
2010	4874430	3225188	252921	
2011	5637763	3641728	376876	205841
2012	6609791	4083530	448793	376684
2013	7549089	4378749	585982	501372
2014	8272101	4573905	665108	579657
2015	8660586	4751534	702337	845340
2016	9102646	4579214	764358	1223967
2017	8344311	4140032	655596	1028187
2018	7794763	3683780	568467	1114073
2019	7533513	3266825	503951	1161175
2020	7569791	2987229	343302	1016509
2021	7345627	2760252	296222	1037299
2022	7195480	2553122	271318	1010287

注：原指标“三网融合业务收入”于2020年调整为“增值业务收入”，统计范围与口径与原指标基本一致。

a) "Revenue from Value-Added Service" is changed from"Revenue from Three-network Convergence" in 2020, statistical range and specification are basically consistent with the original index.

3-2-13 分地区广播电视实际创收收入情况(2022年)
Revenue of Radio and TV Broadcasting Industry by Region(2022)

单位：万元 (10 000 yuan)

地区	Region	实际创收收入 Actual Revenue	#广告收入 Revenue from Advertising	#有线电视网络收入 Revenue from Network Services
全国	**National Total**	**106685188**	**33423228**	**7195480**
国家广播电视总局	National Radio and Television Administration	426468	1283	59022
中央广播电视总台	China Media Group	5750916	2240993	5712
其他部门所属单位	Under Other Department	274322	168746	222
北京	Beijing	43185592	13015308	219510
天津	Tianjin	631122	58854	50526
河北	Hebei	537408	97161	232973
山西	Shanxi	232853	64688	51404
内蒙古	Inner Mongolia	157456	29027	92975
辽宁	Liaoning	349530	100793	183431
吉林	Jilin	338221	69575	180023
黑龙江	Heilongjiang	301212	54532	151429
上海	Shanghai	16125493	10397694	315849
江苏	Jiangsu	3496105	591228	727080
浙江	Zhejiang	5575192	1022011	819203
安徽	Anhui	952078	385518	173358
福建	Fujian	2487182	881602	423543
江西	Jiangxi	490155	128817	163639
山东	Shandong	1682754	517514	378453
河南	Henan	413702	117812	85063
湖北	Hubei	1446570	167302	326409
湖南	Hunan	2726208	868860	201672
广东	Guangdong	13292441	1683535	865430
广西	Guangxi	372540	42159	163504
海南	Hainan	408946	27708	35377
重庆	Chongqing	545128	88981	202043
四川	Sichuan	1650832	176019	399370
贵州	Guizhou	745022	94623	272804
云南	Yunnan	463791	119228	102996
西藏	Tibet	50229	10015	2051
陕西	Shaanxi	685969	95968	181021
甘肃	Gansu	92342	20283	37593
青海	Qinghai	25630	6233	12945
宁夏	Ningxia	56349	11273	24928
新疆	Xinjiang	715432	67886	53921

3-2-13 续表 continued

单位：万元 (10 000 yuan)

地区	Region	#新媒体业务收入 revenue New media	#广播电视节目销售收入 Revenue from Sales of Radio and TV Programs	#电视购物频道收入 Revenue from TV Shopping
全国	**National Total**	**43999240**	**3306760**	**815872**
国家广播电视总局	National Radio and Television Administration	88505	3013	
中央广播电视总台	China Media Group	1004190	417306	118561
其他部门所属单位	Under Other Department	3620	14728	
北京	Beijing	25816852	542952	60535
天津	Tianjin	121469	134484	5496
河北	Hebei	93859	3037	
山西	Shanxi	27772	1311	10297
内蒙古	Inner Mongolia	8452	1139	
辽宁	Liaoning	20738	2413	2913
吉林	Jilin	26055	2790	1
黑龙江	Heilongjiang	22028	110	
上海	Shanghai	2925679	406729	54148
江苏	Jiangsu	321643	261146	27953
浙江	Zhejiang	1283308	729948	19491
安徽	Anhui	56901	17027	163376
福建	Fujian	172082	93070	
江西	Jiangxi	106293	12343	16169
山东	Shandong	322974	27553	20180
河南	Henan	79771	8608	1
湖北	Hubei	769810	3443	
湖南	Hunan	799677	75883	130810
广东	Guangdong	9209443	122648	26355
广西	Guangxi	31298	5115	2646
海南	Hainan	61115	143592	
重庆	Chongqing	42543	36573	4900
四川	Sichuan	362423	45135	3710
贵州	Guizhou	67726	3628	77908
云南	Yunnan	26071	7673	330
西藏	Tibet	77	3242	
陕西	Shaanxi	69187	54064	69449
甘肃	Gansu	10310	999	197
青海	Qinghai	3346		
宁夏	Ningxia	5528	917	444
新疆	Xinjiang	38494	124143	1

3-2-14 分地区广播电视行政事业单位财务收支情况(2022年)
Main Financial Indicators of Administrative Organs and Institutions Engaged in Radio and TV Broadcasting(2022)

单位：万元 (10 000元)

地 区	Region	总收入 Total Revenue	财政补助收入 Government Subsidy	事业收入 Revenue from Radio and TV Institutions	经营收入 Business Revenue	其他收入 Other income	总支出 Total Expenses
全 国	**National Total**	**11956381**	**9255061**	**1815856**	**477761**	**407703**	**12172643**
国家广播电视总局	National Radio and Television Administration	407198	325869	62180		19150	430798
其他部门所属单位	Under Other Department	128311	16729	91655	12883	7044	124953
北 京	Beijing	540475	334331	181253	3864	21027	575205
天 津	Tianjin	102075	45527	31673	5231	19644	117533
河 北	Hebei	294452	269628	19938	3218	1668	286793
山 西	Shanxi	492327	450629	29032	1859	10806	478375
内蒙古	Inner Mongolia	357181	354529	200	1285	1167	353488
辽 宁	Liaoning	247946	216499	27628	3408	412	342188
吉 林	Jilin	275268	267670	1863	3379	2356	271201
黑龙江	Heilongjiang	318515	300543	3790	9357	4826	284243
上 海	Shanghai	269980	254121	1814	636	13410	274103
江 苏	Jiangsu	548212	235112	154764	100210	58125	581265
浙 江	Zhejiang	705201	465197	151364	59173	29467	725671
安 徽	Anhui	612806	475390	102550	24057	10809	635003
福 建	Fujian	328082	254434	42957	5338	25353	320930
江 西	Jiangxi	506592	458330	16895	17661	13706	506772
山 东	Shandong	721628	433717	249862	18292	19756	735664
河 南	Henan	501585	350547	133255	4212	13571	481729
湖 北	Hubei	290963	232172	47703	2717	8371	299103
湖 南	Hunan	370582	288385	56911	13400	11886	371027
广 东	Guangdong	491331	258863	149182	49621	33665	650525
广 西	Guangxi	429086	346209	70673	1698	10506	411689
海 南	Hainan	128089	107858	13857	228	6146	121249
重 庆	Chongqing	102615	94830	297	6361	1127	103700
四 川	Sichuan	961482	860615	40149	50324	10395	966441
贵 州	Guizhou	205561	193832	6534	59	5136	210466
云 南	Yunnan	317195	225080	76794	3440	11881	313523
西 藏	Tibet	146577	144405	1010	0	1162	126235
陕 西	Shaanxi	259009	200285	15590	40644	2490	285029
甘 肃	Gansu	263504	240293	12386	1576	9249	253810
青 海	Qinghai	107926	103881	2342		1703	95886
宁 夏	Ningxia	103427	81120	14712	2198	5398	105524
新 疆	Xinjiang	421197	368431	5045	31432	16289	332523

3-2-15 分地区广播电视行政事业单位实际创收情况(2022年)

Actual Revenue of Administrative Organs and Institutions Engaged in Radio and TV Broadcasting by Region(2022)

单位：万元 (10 000 yuan)

地 区	Region	实际创收收入 Actual Revenue	#广告收入 Revenue from Advertising	#有线电视网络收入 Revenue from Network Services	#新媒体业务收入 revenue New media	#广播电视节目销售收入 Revenue from Sales of Radio and TV Programs	#电视购物频道收入 Revenue from TV Shopping
全 国	**National Total**	**2789779**	**1692503**	**147162**	**116708**	**14798**	**2658**
国家广播电视总局	National Radio and Television Administration	72091	173				
其他部门所属单位	Under Other Department	95342	60696	222	62	4651	
北 京	Beijing	206711	134617		859	2058	
天 津	Tianjin	50666	11603			19	
河 北	Hebei	24102	20518	145	34	5	
山 西	Shanxi	65582	43039	6623	398		
内蒙古	Inner Mongolia	41529	28156	92	8291		
辽 宁	Liaoning	33547	13259	16872	1029		
吉 林	Jilin	72188	59745	348	7401		
黑龙江	Heilongjiang	17593	12726				
上 海	Shanghai	1553	657				
江 苏	Jiangsu	313099	188596	301	7246	262	
浙 江	Zhejiang	245903	152944	54239	2229	10	
安 徽	Anhui	135526	119046	1621	354	607	
福 建	Fujian	47565	24638		915	652	
江 西	Jiangxi	105311	90718	1867	69		12
山 东	Shandong	270910	239422		986		
河 南	Henan	147917	73406	7550	57665	25	
湖 北	Hubei	54121	45161		637	1	
湖 南	Hunan	78908	58389	8115	1562	101	
广 东	Guangdong	224796	80755	38623	3062	5072	
广 西	Guangxi	90725	35459		101		2646
海 南	Hainan	17203	6028				
重 庆	Chongqing	5910	3642		17		
四 川	Sichuan	124357	32069	831	2827	1233	
贵 州	Guizhou	3301	2964		8		
云 南	Yunnan	82431	47756	771	16383		
西 藏	Tibet	550	76	474			
陕 西	Shaanxi	61003	55700		25	47	
甘 肃	Gansu	20078	11899		10		
青 海	Qinghai	5708	4904				
宁 夏	Ningxia	18053	8070		4471		
新 疆	Xinjiang	55500	25673	8467	67	56	

3-2-16 分地区广播电视行政事业单位资产负债情况(2022年)
Assets and Liabilities of Administrative Organs and Institutions Engaged in Radio and TV Broadcasting by Region(2022)

单位：万元　　(10 000 yuan)

地　区	Region	资产总额 Total Assets	#固定资产净值 Net Value of Fixed Assets	负债合计 Total Liabilities
全　国	**National Total**	**26626460**	**10430223**	**5684957**
国家广播电视总局	National Radio and Television Administration	1165183	525068	97795
其他部门所属单位	Under Other Department	371820	13730	15598
北　京	Beijing	1103158	446104	163964
天　津	Tianjin	650569	240144	102196
河　北	Hebei	651904	206625	94766
山　西	Shanxi	704447	223118	121256
内蒙古	Inner Mongolia	582555	355268	69815
辽　宁	Liaoning	821081	174616	391850
吉　林	Jilin	526697	165491	163057
黑龙江	Heilongjiang	576513	307810	68651
上　海	Shanghai	508574	234905	77790
江　苏	Jiangsu	2800430	1041180	855256
浙　江	Zhejiang	2111744	718886	463008
安　徽	Anhui	1225074	599316	330507
福　建	Fujian	527190	244973	60124
江　西	Jiangxi	521220	173510	76132
山　东	Shandong	1536437	619455	328459
河　南	Henan	912606	475196	126779
湖　北	Hubei	679706	360327	113573
湖　南	Hunan	551962	185841	82249
广　东	Guangdong	1855960	537379	733896
广　西	Guangxi	847825	299877	269055
海　南	Hainan	605865	134777	50175
重　庆	Chongqing	110814	52553	22957
四　川	Sichuan	1292585	443955	234835
贵　州	Guizhou	365576	178385	31707
云　南	Yunnan	554143	323365	202359
西　藏	Tibet	182565	73233	3036
陕　西	Shaanxi	499511	254868	144438
甘　肃	Gansu	471915	236824	63332
青　海	Qinghai	244256	99750	17668
宁　夏	Ningxia	211675	101997	52572
新　疆	Xinjiang	854899	381698	56105

3-2-17 分地区广播电视企业单位经营情况(2022年)

Main Financial Indicators of Enterprises Engaged in Radio and TV Broadcasting by Region(2022)

单位：万元 (10 000 yuan)

地 区	Region	总收入 Total Revenue	#营业收入 Revenue from Principal Business	本年应缴税金 Value Tax Payable	营业利润 Principal Profits	本年新增固定资产 Newly Increased Fixed Assets
全 国	**National Total**	**112237017**	**110377361**	**4067183**	**2544936**	**5579595**
国家广播电视总局	National Radio and Television Administration	363776	354763	29511	-25913	175995
中央广播电视总台	China Media Group	5757887	5410438	245982	497860	309966
其他部门所属单位	Under Other Department	228589	218432	9366	24307	1771
北 京	Beijing	46844194	46600960	1268853	321089	3250110
天 津	Tianjin	595920	581563	25529	7354	19721
河 北	Hebei	616534	543128	13517	11135	21756
山 西	Shanxi	257833	252426	10444	-7660	9413
内蒙古	Inner Mongolia	128456	123501	1038	-32349	30940
辽 宁	Liaoning	354820	320582	6600	-52585	25084
吉 林	Jilin	265576	259823	3438	81707	77327
黑龙江	Heilongjiang	312413	293520	4158	-26934	33893
上 海	Shanghai	16680151	16572873	1293351	-358863	137768
江 苏	Jiangsu	3272585	3075658	163958	312023	295873
浙 江	Zhejiang	6152837	6034073	172453	508525	214506
安 徽	Anhui	925064	905839	16063	10529	40520
福 建	Fujian	2813831	2734767	61904	108052	105734
江 西	Jiangxi	436500	374669	9711	-7800	43008
山 东	Shandong	1688258	1647465	47704	55421	62399
河 南	Henan	272467	264179	4738	-63347	9205
湖 北	Hubei	1584472	1510423	138726	-108458	109719
湖 南	Hunan	2734746	2682833	130579	61246	78168
广 东	Guangdong	13727404	13597732	154144	1229999	143215
广 西	Guangxi	363689	354920	8878	-35963	25031
海 南	Hainan	485587	473662	39665	34189	15982
重 庆	Chongqing	718701	698667	20693	5018	29950
四 川	Sichuan	1791124	1729125	67534	123021	85473
贵 州	Guizhou	758648	699969	25111	30856	64547
云 南	Yunnan	471217	465822	30468	-107407	35601
西 藏	Tibet	101816	99581	2127	13658	20702
陕 西	Shaanxi	651165	640398	27808	16172	88763
甘 肃	Gansu	80074	77953	1053	-59087	2101
青 海	Qinghai	19922	18593	1820	-4898	932
宁 夏	Ningxia	60065	41389	679	-3717	737
新 疆	Xinjiang	720696	717634	29583	-12243	13683

3-2-18 分地区广播电视企业单位创收情况(2022年)
Actual Revenue of Enterprises Engaged in Radio and TV Broadcasting by Region(2022)

单位：万元 (10 000 yuan)

地区	Region	实际创收收入 Actual Revenue	#广告收入 Revenue from Advertising	#有线电视网络收入 Revenue from Network Services	#新媒体业务收入 revenue New media	#广播电视节目销售收入 Revenue from Sales of Radio and TV Programs	#电视购物频道收入 Revenue from TV Shopping
全　国	**National Total**	**103895409**	**31730725**	**7048318**	**43882532**	**3291963**	**813214**
国家广播电视总局	National Radio and Television Administration	354377	1110	59022	88505	3013	
中央广播电视总台	China Media Group	5750916	2240993	5712	1004190	417306	118561
其他部门所属单位	Under Other Department	178979	108050		3558	10077	
北　京	Beijing	42978881	12880691	219510	25815993	540894	60535
天　津	Tianjin	580455	47252	50526	121469	134465	5496
河　北	Hebei	513305	76643	232828	93825	3033	
山　西	Shanxi	167272	21649	44781	27375	1311	10297
内蒙古	Inner Mongolia	115927	871	92883	161	1139	
辽　宁	Liaoning	315984	87534	166558	19709	2413	2913
吉　林	Jilin	266033	9829	179675	18654	2790	1
黑龙江	Heilongjiang	283618	41806	151429	22028	110	
上　海	Shanghai	16123941	10397037	315849	2925679	406729	54148
江　苏	Jiangsu	3183006	402632	726779	314397	260884	27953
浙　江	Zhejiang	5329289	869067	764964	1281079	729938	19491
安　徽	Anhui	816552	266472	171737	56548	16419	163376
福　建	Fujian	2439617	856964	423543	171167	92418	
江　西	Jiangxi	384843	38099	161772	106224	12343	16157
山　东	Shandong	1411844	278092	378453	321988	27553	20180
河　南	Henan	265785	44406	77512	22106	8583	1
湖　北	Hubei	1392450	122142	326409	769173	3442	
湖　南	Hunan	2647300	810471	193556	798115	75782	130810
广　东	Guangdong	13067645	1602780	826807	9206381	117576	26355
广　西	Guangxi	281815	6700	163504	31197	5115	
海　南	Hainan	391742	21679	35377	61115	143592	
重　庆	Chongqing	539217	85339	202043	42526	36573	4900
四　川	Sichuan	1526475	143950	398540	359596	43902	3710
贵　州	Guizhou	741721	91659	272804	67718	3628	77908
云　南	Yunnan	381360	71472	102225	9688	7673	330
西　藏	Tibet	49679	9938	1577	77	3242	
陕　西	Shaanxi	624966	40268	181021	69162	54017	69449
甘　肃	Gansu	72265	8384	37593	10300	999	197
青　海	Qinghai	19922	1329	12945	3346		
宁　夏	Ningxia	38296	3204	24928	1057	917	444
新　疆	Xinjiang	659932	42213	45454	38426	124088	1

3-2-19 分地区广播电视企业单位资产负债情况(2022年)

Assets and Liabilities of Enterprises Engaged in Radio and TV Broadcasting by Region(2022)

单位：万元 (10 000 yuan)

地 区	Region	资产总额 Total Assets	#固定资产净值 Net Value of Fixed Assets	负债总额 Total Liabilities
全 国	**National Total**	**262182759**	**23566242**	**150636596**
国家广播电视总局	National Radio and Television Administration	8205399	241390	1290482
中央广播电视总台	China Media Group	20757106	2147871	3679036
其他部门所属单位	Under Other Department	677900	13780	192255
北 京	Beijing	63846960	2188393	51215121
天 津	Tianjin	2335670	170216	1794513
河 北	Hebei	2211138	582671	1345419
山 西	Shanxi	715597	151728	527528
内蒙古	Inner Mongolia	675324	209147	374309
辽 宁	Liaoning	1019824	434159	573889
吉 林	Jilin	2979178	771944	1428491
黑龙江	Heilongjiang	1314667	398457	926794
上 海	Shanghai	37391298	1347360	27670722
江 苏	Jiangsu	18124564	2745174	9187817
浙 江	Zhejiang	23218596	1609704	11746938
安 徽	Anhui	1640704	422651	961851
福 建	Fujian	3815957	510026	2503212
江 西	Jiangxi	1085575	242057	727203
山 东	Shandong	5404677	1387332	2258499
河 南	Henan	1589074	366658	1415982
湖 北	Hubei	4293274	1037296	3326467
湖 南	Hunan	10183151	904207	4398904
广 东	Guangdong	26365403	1424819	7115816
广 西	Guangxi	1295392	509349	813626
海 南	Hainan	1025754	114131	650746
重 庆	Chongqing	1473264	349011	937767
四 川	Sichuan	5222492	823149	3110267
贵 州	Guizhou	3851955	735489	2553307
云 南	Yunnan	2792211	513159	1989789
西 藏	Tibet	204988	32468	126893
陕 西	Shaanxi	2738198	537617	1754716
甘 肃	Gansu	1353982	348391	1251630
青 海	Qinghai	62832	48465	24392
宁 夏	Ningxia	320563	121078	219628
新 疆	Xinjiang	3990092	126894	2542589

3-2-20 全国电视节目进口情况
Statistics on Imported TV Programs

单位：万元 (10 000 yuan)

年份 Year	电视节目进口额 Value of Imported TV Programs	#电视剧 TV Dramas	#动画电视 Cartoon Programs
2009	49146	26887	128
2010	43047	21450	247
2011	54099	34564	702
2012	62534	39584	1489
2013	58658	24498	4432
2014	209024	169807	11028
2015	99398	29466	44472
2016	209872	81500	105645
2017	190278	81453	82254
2018	360621	80657	250634
2019	164302	33793	108290
2020	96223	37885	45826
2021	133054	63140	57420
2022	69243	33144	23218

3-2-21 电视节目进口情况(2022年)
Statistics on Imported TV Programs (2022)

指标	Item	合计 Total	欧洲 Europe	非洲 Africa	美洲 America
全年电视节目进口总额(万元)	**Value of Imported TV Programs(10 000 yuan)**	**69243**	**16553**	**33**	**22997**
#电视剧	TV Dramas	33144	4463		16182
动画电视	Cartoon Programs	23218	7278		1917
纪录片	Documentary	5272	3515	33	1167
全年电视节目进口量(小时)	**Time of Imported TV Programs (hour)**	**35281**	**1390**	**5**	**2706**
#电视剧 (部/集)	TV Dramas (series/episodes)	418/5591	100/483		126/1245
动画电视 (小时)	Cartoon Programs (hour)	1116	367		387
纪录片 (小时)	Documentary (hour)	1314	431	5	806

3-2-21 续表 1 continued

指 标	Item	#美 国 United States	亚 洲 Asia	#日 本 Japan	#韩 国 Republic of Korea
全年电视节目进口总额（万元）	**Value of Imported TV Programs(10 000 yuan)**	**21718**	**29343**	**17059**	**4235**
#电视剧	TV Dramas	15579	12440	5742	4235
动画电视	Cartoon Programs	1803	13995	11262	
纪录片	Documentary	1161	499		
全年电视节目进口量（小时）	**Time of Imported TV Programs (hour)**	**2246**	**31083**	**427**	**104**
#电视剧 （部/集）	TV Dramas (series/episodes)	119/1202	190/3861	34/316	5/89
动画电视 （小时）	Cartoon Programs (hour)	337	350	183	
纪录片 （小时）	Documentary (hour)	805	64		

3-2-21 续表 2 continued

指 标	Item	#东南亚 Southeast Asia	#中国香港 Hong Kong, China	#中国台湾 Taiwan, China	大洋洲 Oceania
全年电视节目进口总额（万元）	**Value of Imported TV Programs(10 000 yuan)**	**776**	**5003**	**1525**	**316**
#电视剧	TV Dramas	711	539	484	59
动画电视	Cartoon Programs	27	1711	995	28
纪录片	Documentary	38	456		58
全年电视节目进口量（小时）	**Time of Imported TV Programs (hour)**	**122**	**30212**	**116**	**98**
#电视剧 （部/集）	TV Dramas (series/episodes)	5/146	122/2949	4/76	2/2
动画电视 （小时）	Cartoon Programs (hour)	9	101	56	11
纪录片 （小时）	Documentary (hour)	4	60		8

3-2-22 分地区电视节目进口情况(2022年)
Statistics on Imported TV Programs by Region(2022)

地 区	Region	全年电视节目进口总额(万元) Value of Imported TV Programs (10 000 yuan)	#电视剧 TV Dramas	#动画电视 Cartoon Programs	全年电视节目进口量(小时) Time of Imported TV Programs (hour)	进口电视剧 Imported TV Plays 部 series	集 episodes
全 国	**National Total**	**69243**	**33144**	**23218**	**35281**	**418**	**5591**
中央广播电视总台	China Media Group	1307			192		
其他部门所属单位	Under Other Department	6264			342		
北 京	Beijing	40919	22776	16630	3024	190	1907
天 津	Tianjin	660	660		89	4	118
河 北	Hebei						
山 西	Shanxi						
内蒙古	Inner Mongolia						
辽 宁	Liaoning						
吉 林	Jilin						
黑龙江	Heilongjiang						
上 海	Shanghai	17332	9610	3925	31484	221	3514
江 苏	Jiangsu						
浙 江	Zhejiang	51	51		21	1	28
安 徽	Anhui						
福 建	Fujian						
江 西	Jiangxi						
山 东	Shandong						
河 南	Henan						
湖 北	Hubei						
湖 南	Hunan	2463	47	2415	115	2	24
广 东	Guangdong	248		248	14		
广 西	Guangxi						
海 南	Hainan						
重 庆	Chongqing						
四 川	Sichuan						
贵 州	Guizhou						
云 南	Yunnan						
西 藏	Tibet						
陕 西	Shaanxi						
甘 肃	Gansu						
青 海	Qinghai						
宁 夏	Ningxia						
新 疆	Xinjiang						

3-2-23 电影综合情况
Basic Statistics on Film Production

年 份 Year	电影故事片厂（个） Number of Feature Film Studios (unit)	生产故事影片（部） Feature Films (film)	生产动画影片（部） Cartoon Films (reel)	生产科教影片（部） Popular Science Films (reel)	生产纪录影片（部） Documentary Films (reel)	生产特种影片（部） Special Films (reel)
1978	12	46	26	289	202	
1979	17	65	25	349	317	
1980	17	82	32	337	242	
1981	19	105	33	277	276	
1982	19	112	33	284	259	
1983	19	127	37	343	299	
1984	20	144	37	387	337	
1985	20	127	45	357	419	
1986	20	134	46	383	417	
1987	22	146	45	353	347	
1988	22	158	38	344	350	
1989	22	136	53	334	259	
1990	22	134	51	326	296	
1991	22	130	46	351	283	
1992	22	170	56	354	307	
1993	22	154	47	252	300	
1994	22	148	32	182	22	
1995	30	146	37	40	111	
1996	30	110	58	33	39	
1997	31	88	28	34	95	
1998	31	82	9	30	54	
1999	31	99	3	20	14	
2000	31	91	1	49	10	
2001	27	88	1	56	9	
2002	31	100	2	60	7	
2003	31	140	2	53	6	
2004	31	212	4	30	10	
2005	32	260	7	33	2	
2006	32	330	13	36	13	
2007	32	402	6	34	9	
2008	33	406	16	39	16	2
2009	31	456	27	52	19	4
2010	31	526	16	54	16	9
2011	31	558	24	76	26	5
2012	31	745	33	74	15	26
2013	31	638	29	121	18	18
2014	31	618	40	52	25	23
2015	31	686	51	96	38	17
2016	31	772	49	67	32	24
2017	31	798	32	68	44	28
2018		902	51	61	57	11
2019		850	51	74	47	15
2020		531	45	25	31	18
2021		565	47	54	55	19
2022		380	25	37	30	13

注：1.本表电影故事片厂指国有电影故事片厂。
2.2005年及以前动画片数为美术片数。
a) Number of feature film studios in this table refers to state-owned film studios.
b) Cartoon films before 2005 referred to puppet films.

3-2-24 电影院线及票房情况
Statistics on Movie Circuit and Movie Box Office Revenue

年 份 Year	电影院线 Movie Circuit			全国电影票房收入（亿元） Domestic Movie Box Office Revenue (100 million yuan)	国产电影票房收入（亿元） Chinese Movies (100 million yuan)	进口电影票房收入（亿元） Imported Movies (100 million yuan)
	数量（条） Number of Movie Circuit (line)	院线内影院（家） Cinemas in Movie Circuit (unit)	银幕（块） Screens in Movie Circuit (unit)			
2009	37	1687	4723	106.7		
2010	37	1820	6256	157.2		
2011	39	2803	9286	177.5		
2012	40		13118	208.2		
2013	42		18195	217.7	127.7	90.0
2014	45		23600	296.4	161.6	134.8
2015	46	6395	31600	440.7	271.4	169.3
2016	48	8011	41129	492.8	287.5	205.4
2017	48	9293	50776	559.1	301.0	258.1
2018	48	10955	60079	609.8	379.0	230.8
2019	50	12408	69787	642.7	411.8	230.9
2020	51	13374	75581	204.2	170.9	33.2
2021	51	14480	82248	472.6	399.3	73.3
2022	51	14037	83998	300.7	255.1	45.6

3-3-1 主要文化机构情况
Statistics on Cultural Institutions

单位：个 (unit)

年份 Year	公共图书馆 Public Libraries	文化馆(站) Cultural Centers	省级、地市级文化馆 Cultural Centers at Provincial & Prefecture Level	县市级文化馆 Cultural Centers at County & City Level	乡镇(街道)文化站 Township (sub-district) Cultural Centers	博物馆 Museums	艺术表演团体 Art Performance Troupes	艺术表演场馆 Art Performance Venues
1978	1218	6893	92	2748	4053	349	3150	1095
1980	1732	8739	218	2912	5609	365	3533	1444
1985	2344	8576	335	2960	5281	711	3317	1377
1986	2406	8913	337	2993	5583	777	3195	2058
1987	2440	8974	348	2973	5653	827	3094	2148
1988	2485	9045	358	2975	5712	903	2985	2081
1989	2512	9037	366	2955	5716	967	2850	2050
1990	2527	9216	366	2955	5895	1013	2805	1955
1991	2535	10507	371	2894	7242	1075	2772	2068
1992	2558	9564	372	2900	6292	1106	2753	2037
1993	2572	10155	370	2886	6899	1130	2707	2024
1994	2589	11276	374	2887	8015	1161	2698	1998
1995	2615	13487	373	2886	10228	1194	2682	1958
1996	2620	45253	392	2892	41969	1219	2664	1934
1997	2628	45449	385	2901	42163	1282	2663	1947
1998	2662	45834	386	2901	42547	1339	2652	1929
1999	2669	45837	389	2905	42543	1363	2632	1911
2000	2675	45321	390	2907	42024	1392	2619	1900
2001	2696	43379	399	2842	40138	1461	2605	1854
2002	2697	42516	389	2854	39273	1511	2587	1829
2003	2709	41816	382	2846	38588	1515	2601	1900
2004	2720	41402	380	2841	38181	1548	2759	1928
2005	2762	41588	375	2851	38362	1581	2805	1866
2006	2778	40088	395	2819	36874	1617	2866	1839
2007	2799	40601	411	2806	37384	1722	4512	1732
2008	2820	41156	389	2829	37938	1893	5114	1662
2009	2850	41959	361	2862	38736	2252	6139	1499
2010	2884	43382	374	2890	40118	2435	6864	1461
2011	2952	43675	379	2906	40390	2650	7055	1429
2012	3076	43876	382	2919	40575	3069	7321	1279
2013	3112	44260	385	2930	40945	3473	8180	1344
2014	3117	44423	385	2928	41110	3658	8769	1338
2015	3139	44291	386	2929	40976	3852	10787	2143
2016	3153	44497	389	2933	41175	4109	12301	2285
2017	3166	44521	390	2938	41193	4721	15742	2455
2018	3176	44464	390	2936	41138	4918	17123	2478
2019	3196	44073	390	2936	40747	5132	17795	2716
2020	3212	43687	390	2931	40366	5452	17581	2770
2021	3215	43531	390	2926	40215	5772	18370	3093
2022	3303	45623	404	3099	42120	6091	19739	3199

注：1.1996年以前文化站数据未包括其他部门所属乡镇文化站。1996—1998年包括其他部门所属文化站，1999年以后，其他部门所属文化站划归文化部门管理。

2.2007年以前艺术表演团体为系统内数据，2007年起含系统外单位。

3.2015年以前艺术表演场馆为公有制艺术表演场馆，2015年起含民营艺术表演场馆。

a) Culture stations did not include township culture stations of other departments before 1996. During 1996-1998, culture stations of other departments Since 1999, culture stations of other department were put under the management of culture departments.

b) Art performance troupes referred to those under the cultural departments before 2007, and expanded to cover those both under and outside the cultural departments starting from 2007.

c) Art performance venues refer to those of state-owned before 2015, and include those of non-state venues since 2015.

3-3-2 文化文物机构人员情况(2022年)
Number and Personnel of Cultural and Relics Institutions (2022)

机构类别	Category of Institution	机 构 (个) Number of Institutions (unit)	文化和旅游部门 Cultural and Tourism Department	其他部门 Other Depart-ments
总 计	**Total**	**328879**	**68080**	**260799**
文化和旅游合计	**Total culture and Tourism**	**317539**	**59207**	**258332**
艺术表演团体	Art Performance Troupes	19739	1934	17805
艺术表演场馆	Art Performance Venues	3199	1052	2147
公共图书馆	Public Libraries	3303	3303	
文化馆	Cultural Centers	3503	3503	
文化站	Cultural Stations	42120	42120	
艺术展览创作机构	Art Exhibition and Creative Institutions	851	802	49
文化和旅游部门教育机构	Educational Institutions in the Cultural and Tourism Sector	100	100	
文化和旅游科研机构	Cultural and Tourism Research Institutions	172	172	
文化市场经营机构	Institutions of Cultural Market Management	183085		183085
文化和旅游行政部门	Cultural and Tourism Administration	3253	3253	
其他文化和旅游机构	Other Cultural and Tourism Institutions	58214	2968	55246
文物合计	**Cultural Relics Institutions**	**11340**	**8873**	**2467**
博物馆	Museums	6091	3782	2309
文物保护管理机构	Agencies of Cultural Relics Preservation	2663	2608	55
文物科研机构	Scientific and Research Agencies	129	128	1
其他文物机构	Other Cultural Relics Agencies	2457	2355	102

注：文化市场经营机构不包括非公有制院团和场馆。
a) Institutions of cultural market managemnet do not include non-public troupes and venues.

3-3-2 续表 continued

机构类别	Category of Institution	从业人员（人） Number of Employed Persons (person)	文化和旅游部门 Cultural and Tourism Department	其他部门 Other Depart-ments
总 计	**Total**	**4483665**	**724936**	**3758729**
文化和旅游合计	**Total culture and Tourism**	**4293377**	**569623**	**3723754**
艺术表演团体	Art Performance Troupes	415207	107139	308068
艺术表演场馆	Art Performance Venues	66814	18724	48090
公共图书馆	Public Libraries	60740	60740	
文化馆	Cultural Centers	55753	55753	
文化站	Cultural Stations	140073	140073	
艺术展览创作机构	Art Exhibition and Creative Institutions	7572	6984	588
文化和旅游部门教育机构	Educational Institutions in the Cultural and Tourism Sector	12618	12618	
文化和旅游科研机构	Cultural and Tourism Research Institutions	4342	4342	
文化市场经营机构	Institutions of Cultural Market Management	994857		994857
文化和旅游行政部门	Cultural and Tourism Administration	114579	114579	
其他文化和旅游机构	Other Cultural and Tourism Institutions	2420822	48671	2372151
文物合计	**Cultural Relics Institutions**	**190288**	**155313**	**34975**
博物馆	Museums	131461	100465	30996
文物保护管理机构	Agencies of Cultural Relics Preservation	32131	29456	2675
文物科研机构	Scientific and Research Agencies	6501	6489	12
其他文物机构	Other Cultural Relics Agencies	20195	18903	1292

3-3-3 群众文化机构基本情况
Statistics on Cultural Institutions

年 份 Year	机构数（个） Number of Institutions (unit)	从业人员（人） Number of Employed Persons (person)	组织文艺活动次数（次） Number of Art and Cultural Activities (time)	举办训练班次（次） Number of Training Courses (time)	举办展览个数（个） Number of Exhibitions (unit)	收入合计（万元） Total Revenue (10 000 yuan)	支出合计（万元） Total Expenditure (10 000 yuan)	实际使用房屋建筑面积（万平方米） Floor Space of Buildings Actually Used (10 000 sq.m)
2009	41959	137484	555052	304955	110251	807244	794190	2194
2010	43382	141002	576799	358719	117353	944397	931951	2527
2011	43675	147732	620586	339883	107785	1285601	1267505	2983
2012	43876	156228	688482	387201	114774	1453601	1467803	3172
2013	44260	164355	740611	390758	138225	1667594	1635395	3389
2014	44423	170299	845421	469300	131728	1901726	1828632	3686
2015	44291	173499	959901	536328	139792	2077606	2014894	3848
2016	44497	182030	1065287	590516	150128	2272289	2183721	3991
2017	44521	180911	1114261	675852	154106	2533892	2562411	4107
2018	44464	185636	1231269	768995	158742	2955019	3057577	4283
2019	44073	190068	1359460	889247	163968	2998761	3094571	4518
2020	43687	185076	1088949	668940	137945	2828093	2871598	4678
2021	43531	190007	1391490	920740	167497	3067449	3186376	4974
2022	45623	195826	1607329	879961	177506	3416190	3444820	5298

3-3-4 全国群众文化机构基本情况(2022年)
Statistics on Cultural Institutions (2022)

指　标	Item	总计 Total	省、区、直辖市级 Provincial Level	地市级 Prefecture Level	县市级 County (City) Level
机构数 (个)	Institutions (unit)	45623	33	371	3099
从业人员 (人)	Number of Employed Persons (person)	195826	1809	10587	43357
组织文艺活动 (万次)	Art Performances and Story-telling Sessions (10 000 times)	160.7	0.1	2.6	28.2
参加文艺活动人次 (万人次)	Participants Attending Art and Cultural Activities (10 000 person-times)	68474	188	2748	25813
举办训练班 (万次)	Number of Training Courses (10 000 times)	88.0	0.5	9.1	28.9
参加培训人次 (万人次)	Participants to Training Courses (10 000 person-times)	6811	37	513	1853
举办展览个数 (万个)	Number of Exhibitions (10 000 units)	17.8	0.0	0.4	3.5
参观展览人次 (万人次)	Visitors to Exhibitions(10 000 person-times)	19872	134	1441	7183
组织各类理论研讨和讲座次数 (万次)	Number of Seminars and Lectures (10 000 times)	4.2	0.0	0.6	3.7
参加研讨和讲座人次 (万人次)	Participants to Seminars and Lectures (10 000 person-times)	762	6	95	660
拥有计算机台数 (万台)	Computer Owned (10 000 units)	36.5	0.2	1.1	4.9
线上群众文化活动次数(万次)	Number of Online Activities (10 000 units)	281.0	6.7	3.0	271.3
线上服务人次 (万人次)	Participants to Online Activities (10 000 person-times)	156302	34889	35022	86391
本年收入合计 (亿元)	Revenue in the Year (100 million yuan)	341.6	14.9	37.6	97.7
本年支出合计 (亿元)	Expenditure in the Year (100 million yuan)	344.5	14.6	37.7	98.1
馆办文艺团体 (个)	Art Performance Troupes Run by Centers (unit)	9322	95	1208	8019
馆办文艺团体演出场次 (万场次)	Number of Art Performances Run by Centers (10 000 times)	10.3	0.0	0.7	9.5
馆办老年大学 (个)	Colleges for the Elderly Run by Centers(unit)	643	9	60	574
群众业余文艺团体(万个)	Part-time Art Troupes (10 000 units)	46.4	0.1	0.8	9.9

3-3-4 续表 continued

指　　标	Item	#县文化馆 County Cultural Centers	乡镇(街道)文化站 Township (sub-district) Cultural Stations	#乡　镇文化站 Township Cultural Stations
机构数 (个)	Institutions (unit)	1584	42120	33932
从业人员 (人)	Number of Employed Persons (person)	21533	140073	108952
组织文艺活动 (万次)	Art Performances and Story-telling Sessions (10 000 times)	13.8	129.9	91.8
参加文艺活动人次 (万人次)	Participants Attending Art and Cultural Activities (10 000 person-times)	12531	39725	28772
举办训练班 (万次)	Number of Training Courses (10 000 times)	8.9	49.5	31.4
参加培训人次 (万人次)	Participants to Training Courses (10 000 person-times)	622	4408	2725
举办展览个数 (万个)	Number of Exhibitions (10 000 units)	1.5	13.8	10.4
参观展览人次 (万人次)	Visitors to Exhibitions(10 000 person-times)	2497	11113	7338
组织各类理论研讨和讲座次数 (万次)	Number of Seminars and Lectures (10 000 times)	1.3		
参加研讨和讲座人次 (万人次)	Participants to Seminars and Lectures (10 000 person-times)	253		
拥有计算机台数 (万台)	Computer Owned (10 000 units)	2.1	30.3	23.6
线上群众文化活动次数(万次)	Number of Online Activities (10 000 units)	69.6		
线上服务人次(万人次)	Participants to Online Activities (10 000 person-times)	23159		
本年收入合计 (亿元)	Revenue in the Year (100 million yuan)	35.8	191.3	129.5
本年支出合计 (亿元)	Expenditure in the Year (100 million yuan)	35.9	194.0	131.9
馆办文艺团体 (个)	Art Performance Troupes Run by Centers (unit)	3440		
馆办文艺团体演出场次 (万场次)	Number of Art Performances Run by Centers (10 000 times)	5.1		
馆办老年大学 (个)	Colleges for the Elderly Run by Centers(unit)	320		
群众业余文艺团体(万个)	Part-time Art Troupes (10 000 units)	4.3	35.6	27.2

3-3-5 分地区群众文化机构基本情况(2022年)
Statistics on Cultural Institutions by Region(2022)

地 区	Region	机构数（个） Number of Institutions (unit)	从业人员（人） Number of Employed Persons (person)	#专业技术人员 Professional &Technical Staff	组织文艺活动次数（次） Number of Art and Cultural Activities (time)	组织文艺活动观众人次（万人次） Attending Art and Cultural Activities (10 000 person-times)
全 国	**National Total**	**45623**	**195826**	**77183**	**1607329**	**68473.5**
北 京	Beijing	357	4273	725	30971	473.2
天 津	Tianjin	274	1732	537	17984	409.5
河 北	Hebei	2467	8284	2625	72957	3601.8
山 西	Shanxi	1431	4335	1811	30563	1100.1
内蒙古	Inner Mongolia	1201	5003	2431	21954	1040.8
辽 宁	Liaoning	1477	4244	1811	13289	425.8
吉 林	Jilin	990	4190	2521	9104	320.0
黑龙江	Heilongjiang	1398	5256	2523	14207	345.2
上 海	Shanghai	237	4804	1116	29596	650.3
江 苏	Jiangsu	1366	7498	3166	145767	7557.5
浙 江	Zhejiang	1463	9951	3927	314596	13818.9
安 徽	Anhui	1635	6246	2997	49716	2732.6
福 建	Fujian	1207	4010	1307	16329	581.3
江 西	Jiangxi	1854	6521	2110	50724	3140.6
山 东	Shandong	1981	9122	4300	166539	4603.1
河 南	Henan	2705	13104	3368	96037	3474.7
湖 北	Hubei	1427	5495	2737	40320	2470.0
湖 南	Hunan	2316	10946	3565	99347	7798.3
广 东	Guangdong	1761	15352	4114	72639	2969.1
广 西	Guangxi	1300	5602	3033	27681	1223.8
海 南	Hainan	242	767	219	3157	355.4
重 庆	Chongqing	1072	4988	1639	26595	844.0
四 川	Sichuan	4289	11462	4033	47990	1267.1
贵 州	Guizhou	1702	6851	2696	21805	1669.7
云 南	Yunnan	1611	7620	5692	27838	1238.8
西 藏	Tibet	779	5501	3583	23053	469.2
陕 西	Shaanxi	1467	6846	2552	29159	1388.9
甘 肃	Gansu	1458	5806	1738	15876	519.9
青 海	Qinghai	444	1664	644	6007	283.9
宁 夏	Ningxia	272	1270	670	10000	341.8
新 疆	Xinjiang	3440	7083	2993	75529	1358.4

3-3-5 续表 1 continued

地区	Region	举办训练班 Training Courses		举办展览 Exhibitions		线上群众文化活动 Online Activities	
		班次（次） Number of Training Courses (time)	培训人次（万人次） Attending Training (10 000 person-times)	个数（个） Number of Exhibitions (time)	参观人次（万人次） Visitors (10 000 person-times)	活动次数（次） Number of Activities (time)	人次（万人次） Online Visitors (10 000 person-times)
全　国	**National Total**	**879961**	**6811.2**	**177506**	**19871.5**	**2809580**	**156301.8**
北　京	Beijing	34411	139.1	1224	91.6	1438	4521.0
天　津	Tianjin	9756	76.9	1150	62.5	1113	1626.6
河　北	Hebei	38144	379.8	10918	1016.0	12211	3739.9
山　西	Shanxi	12558	62.7	2934	253.0	9385	4309.2
内蒙古	Inner Mongolia	8726	65.4	2226	126.0	3556	1160.6
辽　宁	Liaoning	14828	63.7	1697	70.8	2385	735.0
吉　林	Jilin	5771	59.2	1203	77.9	3256	1236.6
黑龙江	Heilongjiang	9009	39.6	1596	52.3	7964	289.2
上　海	Shanghai	18784	84.8	2244	328.6	6176	4018.4
江　苏	Jiangsu	108227	1170.5	24432	5243.6	6869	10775.8
浙　江	Zhejiang	139633	1094.6	24570	3202.4	11393	24974.8
安　徽	Anhui	34966	215.2	6777	478.5	2233	3858.2
福　建	Fujian	16103	61.5	3191	184.1	123254	6901.2
江　西	Jiangxi	17743	155.9	4864	686.3	5047	3891.3
山　东	Shandong	54129	444.3	10285	651.6	11365	4340.5
河　南	Henan	30763	236.8	12451	766.0	11844	4561.3
湖　北	Hubei	26332	246.3	5957	493.0	4760	7637.4
湖　南	Hunan	63949	997.7	11846	2714.3	2940	7669.0
广　东	Guangdong	79610	376.1	7872	1196.8	7913	30775.7
广　西	Guangxi	13585	88.2	2160	119.9	2257	616.0
海　南	Hainan	6140	22.1	354	66.8	406	1522.4
重　庆	Chongqing	21360	123.2	5400	247.1	1835415	5018.6
四　川	Sichuan	24803	85.0	7762	378.2	7484	3314.1
贵　州	Guizhou	14080	108.5	2854	280.3	1775	2288.7
云　南	Yunnan	17136	109.1	4070	241.8	708862	7354.7
西　藏	Tibet	2912	9.8	750	23.0	489	348.7
陕　西	Shaanxi	16526	101.0	4654	278.7	7153	4402.7
甘　肃	Gansu	7883	57.7	3430	184.1	5070	969.8
青　海	Qinghai	1341	8.1	652	35.3	1364	1539.0
宁　夏	Ningxia	3355	27.8	559	68.0	1421	705.7
新　疆	Xinjiang	27398	101.0	7424	252.9	2782	1199.9

3-3-5 续表 2 continued

地 区	Region	收入合计（万元） Total Revenue (10 000 yuan)	支出合计（万元） Total Expenditure (10 000 yuan)	资产总计（万元） Total Assets (10 000 yuan)	#固定资产净值 Net Value of Fixed Assets	实际使用房屋建筑面积（万平方米） Floor Space of Buildings Actually Used (10 000 sq.m)	#业务用房面积 Buildings for Mass Cultural Activities
全 国	**National Total**	**3416190**	**3444820**	**13617410**	**8921907**	**5297.6**	**3667.6**
北 京	Beijing	96228	95196	109217	76736	99.3	77.9
天 津	Tianjin	26967	26495	90117	79653	63.7	49.8
河 北	Hebei	68369	68390	158090	130067	186.1	140.2
山 西	Shanxi	42813	42337	158227	120619	97.3	73.1
内蒙古	Inner Mongolia	54000	53946	120926	90438	108.4	71.1
辽 宁	Liaoning	36023	38361	104003	83208	113.9	66.2
吉 林	Jilin	45600	45597	88176	73843	64.7	39.4
黑龙江	Heilongjiang	53904	54118	80010	62151	94.9	61.0
上 海	Shanghai	233746	231616	1225506	649584	148.7	110.4
江 苏	Jiangsu	202768	202265	747461	640407	591.5	464.4
浙 江	Zhejiang	398294	415061	977870	775594	588.1	424.0
安 徽	Anhui	66866	66995	294510	221085	154.1	116.5
福 建	Fujian	64849	63180	197256	150451	136.8	102.1
江 西	Jiangxi	57452	57608	292087	247904	131.5	90.1
山 东	Shandong	121509	132603	398284	337623	305.7	211.9
河 南	Henan	83792	91966	151374	130297	182.3	135.8
湖 北	Hubei	94960	94347	457572	270586	166.0	112.5
湖 南	Hunan	108016	103623	1325531	1167530	255.5	152.3
广 东	Guangdong	426306	417373	918367	580388	477.6	361.4
广 西	Guangxi	62950	64732	96125	78939	87.1	57.7
海 南	Hainan	32719	32835	75797	21880	15.6	11.9
重 庆	Chongqing	81804	83196	249092	203376	104.4	78.9
四 川	Sichuan	123573	124378	407895	327722	237.5	183.5
贵 州	Guizhou	57313	57748	149818	114218	96.4	68.7
云 南	Yunnan	382446	380876	1179937	1026921	116.3	86.6
西 藏	Tibet	54053	48929	106206	88663	42.0	28.8
陕 西	Shaanxi	100735	100681	359127	255884	102.0	71.4
甘 肃	Gansu	46332	46335	241892	162168	85.0	60.7
青 海	Qinghai	30800	31921	43257	33405	26.9	18.1
宁 夏	Ningxia	39403	32155	2439331	441992	34.0	18.6
新 疆	Xinjiang	121602	139957	374348	278579	384.3	122.5

3-3-6 公共图书馆基本情况
Statistics on Public Libraries

年 份 Year	机构数（个） Number of Institutions (unit)	从业人员（人） Number of Employed Persons (person)	总藏量（万册件） Total Collections (10 000 copies)	总流通人次（万人次） Total Number of Circulation (10 000 person-times)	#外借人次 Borrowing from Libraries
2009	2850	52688	58521	32167	13277
2010	2884	53564	61726	32823	13934
2011	2952	54475	63896	37423	15316
2012	3076	54997	68827	43437	17402
2013	3112	56320	74896	49232	20552
2014	3117	56071	79092	53036	22737
2015	3139	56422	83844	58892	23085
2016	3153	57208	90163	66037	24892
2017	3166	57567	96953	74450	25503
2018	3176	57602	103716	82032	25814
2019	3196	57796	111181	90135	26609
2020	3212	57980	117930	54146	17467
2021	3215	59301	126178	74614	23809
2022	3303	60740	135959	78970	24894

3-3-6 续表 continued

年 份 Year	书刊文献外借册次（万册次） Number of Books and Periodicals Lent to Readers (10 000 copy-times)	实际持证读者数（万个） Actual Number of Licensed Readers (10 000 units)	收入合计（万元） Total Revenue (10 000 yuan)	支出合计（万元） Total Expenses (10 000 yuan)	实际使用公用房屋建筑面积（万平方米） Floor Space of Buildings Actually Used (10 000 sq.m)
2009	25857	1749	613175	606630	850
2010	26392	2020	646085	643629	900
2011	28452	2214	813232	776839	995
2012	33191	2485	1002068	977556	1058
2013	40868	2877	1151163	1130035	1158
2014	46734	3944	1212979	1163583	1232
2015	50896	5721	1358370	1340481	1301
2016	54725	5593	1494998	1451469	1424
2017	55091	6736	1801357	1692580	1515
2018	58010	7263	1829159	1876015	1596
2019	61373	8627	1912115	1928714	1700
2020	42087	10251	1914647	1883153	1786
2021	58730	10314	1843958	1892952	1914
2022	60719	12229	1931241	1990741	2098

3-3-7　公共图书馆基本情况（2022年）
Statistics on Public Libraries (2022)

指　标	Item	总计 Total	#少儿图书馆 Children's Libraries	按隶属关系分 By Jurisdiction of Management 省、区、直辖市(级) Under Provinces, Autonomous Regions and Municipalities	地市级 Prefecture Level	县市级 County (City) Level	#县图书馆 County Libraries
机构数（个）	Number of Institutions (unit)	3303	146	37	393	2872	1547
从业人员（人）	Number of Employed Persons (person)	60740	2696	7732	16291	35380	14782
总藏量（万册件）	Total Collections (10000 copies)	135959	5644	23296	34684	73652	25938
当年购买的报刊种类(万种)	Kinds of Newspapers and Periodicals Purchased in the Year (10 000 kinds)	100.4	3.7	13.9	31.1	53.9	20.2
实际持证读者数（万个）	Actual number of licensed readers (10 000 units)	12229	351	1464	4460	5670	1290
总流通人次（万人次）	Total Number of Circulation (10 000 person-times)	78970	3583	5038	22045	51711	19014
线上服务人次(万人次)	Online Visitors (10 000 person-times)	284216	7181	83192	86603	55477	17369
#书刊文献外借人次	Borrowing from Libraries of Books and Periodicals	24894	1131	965	6367	17544	7319
书刊文献外借册次(万册次)	Number of Books and Periodicals Lent to Readers (10 000 copies-times)	60719	3637	3457	18279	38952	13484
组织各类讲座次数（次）	Number of Lectures (time)	85592	5608	2181	20410	62974	25111
举办展览（个）	Exhibitions Held (unit)	55537	2255	1441	10388	43690	21009
举办培训班（个）	Training Classes Held (unit)	71144	4283	2258	19256	49165	17253
计算机（台）	Computers (set)	222810	8280	20575	52115	145997	66277
#电子阅览室终端数	Terminals in Electronic Media Reading Rooms	137380	4797	8908	28463	99499	47531
阅览室坐席数（万个）	Seats of Reading Rooms (10 000 units)	155.2	6.1	10.1	41.9	102.6	44.8

3-3-8 分地区公共图书馆基本情况(2022年)
Statistics on Public Libraries by Region(2022)

地 区	Region	机构数(个) Number of Institutions (unit)	从业人员(人) Number of Employed Persons (person)	#专业技术人员 Professional &Technical Staff	总藏量(万册件) Total Collections (10 000 copies)	#图书 Books
全 国	**National Total**	**3303**	**60740**	**41719**	**135959.2**	**110479.6**
北 京	Beijing	20	1306	1054	3491.8	3254.9
天 津	Tianjin	20	1041	804	2390.6	2142.3
河 北	Hebei	180	2250	1410	4641.4	3972.5
山 西	Shanxi	127	1798	1062	2519.1	2087.6
内蒙古	Inner Mongolia	117	1826	1503	2314.0	1933.8
辽 宁	Liaoning	129	2136	1623	4821.7	3944.7
吉 林	Jilin	67	1494	1177	2545.4	2064.7
黑龙江	Heilongjiang	104	1521	1275	2507.3	2082.4
上 海	Shanghai	20	2112	1902	8239.8	3946.3
江 苏	Jiangsu	122	3937	2520	11506.9	10127.9
浙 江	Zhejiang	103	3993	2196	11545.4	10481.2
安 徽	Anhui	133	1736	1053	4202.6	3735.5
福 建	Fujian	95	1748	1098	5622.5	4489.9
江 西	Jiangxi	114	1461	893	3403.5	2723.9
山 东	Shandong	153	3182	2355	8180.4	7090.1
河 南	Henan	175	3101	1773	4576.8	3866.4
湖 北	Hubei	118	2177	1620	4992.6	4210.0
湖 南	Hunan	148	2256	1612	5471.6	4587.1
广 东	Guangdong	150	5444	3393	14253.5	12066.0
广 西	Guangxi	116	1821	1375	3168.4	2476.8
海 南	Hainan	24	367	255	736.0	651.8
重 庆	Chongqing	43	1045	647	2727.0	2203.8
四 川	Sichuan	209	2578	1539	5065.9	4224.0
贵 州	Guizhou	99	1258	917	1955.7	1652.2
云 南	Yunnan	151	1773	1604	2546.6	1954.9
西 藏	Tibet	82	202	134	264.3	221.2
陕 西	Shaanxi	117	2128	1289	2502.2	2153.2
甘 肃	Gansu	104	1489	926	2023.5	1603.0
青 海	Qinghai	50	492	291	621.9	528.8
宁 夏	Ningxia	27	580	385	859.6	663.1
新 疆	Xinjiang	185	1151	827	1934.4	1599.2

注：全国合计数中包括中央级公共图书馆。

a) Data of national total libiaries include one central-level public library.

3-3-8 续表 1 continued

地 区	Region	本年新购藏量（万册） New Collections During the Year (10 000 copies)	实际持证读者数（个） Actual Number of Licensed Readers (units)	总流通人次（万人次） Total Number of Circulation (10 000 person-times)	#书刊文献外借人次 Borrowing from Libraries	书刊文献外借册次（万册次） Number of Books and Periodicals Lent to Readers (10 000 copy-times)	人均拥有公共图书馆藏量（册） Collections of PublicLibraries Per Person (copy)
全 国	**National Total**	**7732.6**	**122291643**	**78969.8**	**24894.0**	**60718.5**	**0.96**
北 京	Beijing	185.6	2446441	677.7	125.4	578.6	1.60
天 津	Tianjin	87.9	1472861	661.0	197.1	570.5	1.75
河 北	Hebei	411.1	2440800	2936.8	1222.5	2410.9	0.63
山 西	Shanxi	184.9	2064640	1348.1	479.7	924.2	0.72
内蒙古	Inner Mongolia	108.1	1082972	894.8	237.4	531.9	0.96
辽 宁	Liaoning	148.7	2260250	1522.3	406.9	1848.8	1.15
吉 林	Jilin	144.7	1238373	490.1	148.6	425.9	1.08
黑龙江	Heilongjiang	76.3	772560	375.0	132.6	314.3	0.81
上 海	Shanghai	96.9	6157566	585.5	135.1	856.0	3.33
江 苏	Jiangsu	491.1	29606196	10797.5	4804.4	8507.4	1.35
浙 江	Zhejiang	876.7	8534371	11631.9	1848.1	8098.7	1.76
安 徽	Anhui	373.2	3555179	5196.9	1239.4	2501.0	0.69
福 建	Fujian	303.7	2649836	2374.3	1039.9	3562.3	1.34
江 西	Jiangxi	196.4	2179721	2903.5	878.4	1768.5	0.75
山 东	Shandong	428.7	6817504	4816.1	1885.3	3296.5	0.80
河 南	Henan	429.7	2988303	3232.8	1323.6	2302.9	0.46
湖 北	Hubei	267.2	3055883	2252.5	959.5	1859.1	0.85
湖 南	Hunan	298.1	3480812	5194.3	2006.5	3781.8	0.83
广 东	Guangdong	1016.1	18044453	9239.1	2076.7	8822.2	1.13
广 西	Guangxi	89.8	2612906	1975.2	435.3	952.4	0.63
海 南	Hainan	39.2	395147	407.3	81.2	196.7	0.72
重 庆	Chongqing	301.6	3050320	1552.1	465.5	1149.5	0.85
四 川	Sichuan	378.7	3926172	2369.0	994.3	1802.7	0.60
贵 州	Guizhou	141.4	1192224	1219.3	422.3	706.2	0.51
云 南	Yunnan	91.3	958351	1053.0	378.2	1002.0	0.54
西 藏	Tibet	27.9	16373	38.9	3.2	8.7	0.73
陕 西	Shaanxi	214.2	900480	1347.5	390.9	805.7	0.63
甘 肃	Gansu	67.9	612214	637.8	212.8	451.6	0.81
青 海	Qinghai	22.0	211158	99.1	19.9	33.9	1.05
宁 夏	Ningxia	46.8	385423	423.9	128.6	232.7	1.18
新 疆	Xinjiang	90.0	824638	539.8	196.9	383.7	0.75

3-3-8 续表 2 continued

地 区	Region	收入合计（万元） Total Revenue (10 000 yuan)	支出合计（万元） Total Expenses (10 000 yuan)	资产总计（万元） Total Assets (10 000 yuan)	#固定资产净值 Net Value of Fixed Assets	计算机（台） Computers (set)	#电子阅览室终端数 Terminals in Electronic Media Reading Rooms
全 国	**National Total**	**1931241.1**	**1990740.7**	**14322344.6**	**12409670.6**	**222810**	**137380**
北 京	Beijing	75530.5	76693.3	244098.3	159375.8	4406	1841
天 津	Tianjin	44068.8	43115.3	131112.5	112674.1	4445	2775
河 北	Hebei	49125.7	50184.5	176836.0	132723.8	8551	5951
山 西	Shanxi	41435.8	39628.9	247617.6	203219.8	6868	4276
内蒙古	Inner Mongolia	42595.8	42630.8	139971.2	125981.8	6109	3821
辽 宁	Liaoning	45248.1	45116.8	326452.1	277885.1	8962	5505
吉 林	Jilin	31612.0	32245.5	98514.5	75791.1	4259	2486
黑龙江	Heilongjiang	34747.5	32874.7	106311.0	91153.3	4989	2970
上 海	Shanghai	133184.6	156824.8	858243.7	711195.9	6565	2720
江 苏	Jiangsu	138858	148469.3	459874.7	372415.5	13189	6863
浙 江	Zhejiang	158466.5	155940.8	506922.7	417838.0	11645	6824
安 徽	Anhui	56168.7	56134.9	294761.5	249862.5	8100	5472
福 建	Fujian	67684.1	67929.5	284254.3	215037.3	7079	4415
江 西	Jiangxi	44015.6	44738.9	160624.3	141090.6	7274	5236
山 东	Shandong	88617.3	89297.4	242242.5	178887.3	11786	7568
河 南	Henan	53658.0	53426.2	204317.0	162210.8	10435	6950
湖 北	Hubei	69568.1	69732.1	270225.3	215691.3	7453	4428
湖 南	Hunan	50434.1	70857.4	118245.7	92481.1	8199	5484
广 东	Guangdong	236133.9	236381.5	7424726.6	6974663.2	20108	12376
广 西	Guangxi	35035.3	34906.8	132427.0	107917.4	6558	4390
海 南	Hainan	19363.3	19296.8	58286.3	19961.9	1579	976
重 庆	Chongqing	35570.2	35015.3	114471.0	66947.9	4058	2615
四 川	Sichuan	61338.8	62032.6	184602.7	154111.7	10538	7426
贵 州	Guizhou	30626.9	31273.1	269872.6	189011.3	5352	3520
云 南	Yunnan	41072.5	46157.5	137467.7	93804.6	7504	4869
西 藏	Tibet	7398.2	6387.1	24046.3	18390.9	1408	1008
陕 西	Shaanxi	78714.2	74900.1	169827.4	86773.5	6369	4133
甘 肃	Gansu	30263.9	31307.6	143596.0	66665.1	5296	3336
青 海	Qinghai	13545.6	13922.6	37750.0	25529.0	1869	1082
宁 夏	Ningxia	17435.4	17330.0	54486.8	43830.6	2181	1529
新 疆	Xinjiang	33442.1	32546.7	155009.7	134745.4	5553	4025

3-3-8 续表 3 continued

地 区	Region	实际使用公用房屋建筑面积(万平方米) Floor Space of Buildings Actually Used (10 000 sq.m)	#书库面积 Stack Rooms	#阅览室面积 Reading Rooms	每万人拥有公共图书馆建筑面积(平方米) Floor Space of Public Libraries per 10 000 Population (sq.m)	阅览室座席数(个) Seats of Reading Rooms (unit)
全 国	**National Total**	**2098.01**	**395.78**	**676.80**	**148.6**	**1551536**
北 京	Beijing	34.36	5.81	9.02	157.3	18020
天 津	Tianjin	45.77	8.19	12.40	335.8	22107
河 北	Hebei	94.44	16.80	35.92	127.3	77922
山 西	Shanxi	60.01	8.51	20.37	172.4	45478
内蒙古	Inner Mongolia	51.29	6.60	17.68	213.6	39644
辽 宁	Liaoning	63.45	11.22	18.06	151.2	47143
吉 林	Jilin	33.51	5.61	10.81	142.7	23974
黑龙江	Heilongjiang	36.44	6.43	11.34	117.6	28860
上 海	Shanghai	56.90	8.90	13.62	229.9	28401
江 苏	Jiangsu	162.87	19.72	46.24	191.3	82941
浙 江	Zhejiang	162.98	25.40	51.06	247.8	108115
安 徽	Anhui	71.35	11.13	25.87	116.5	63069
福 建	Fujian	71.38	18.96	27.64	170.4	51568
江 西	Jiangxi	64.22	15.37	20.15	141.8	59992
山 东	Shandong	141.69	26.41	38.94	139.4	91046
河 南	Henan	95.85	20.81	27.75	97.1	80824
湖 北	Hubei	83.52	19.15	29.84	142.9	60005
湖 南	Hunan	83.25	21.33	25.18	126.1	60196
广 东	Guangdong	191.15	39.71	71.05	151.0	155195
广 西	Guangxi	51.17	12.20	13.37	101.4	40994
海 南	Hainan	10.58	2.8	3.96	103.0	7860
重 庆	Chongqing	41.06	7.65	12.77	127.8	36878
四 川	Sichuan	94.30	16.73	36.34	112.6	86008
贵 州	Guizhou	42.56	9.61	14.07	110.4	37974
云 南	Yunnan	44.41	11.97	14.01	94.6	39326
西 藏	Tibet	7.53	1.13	1.81	206.9	3651
陕 西	Shaanxi	56.89	11.55	19.77	143.8	45710
甘 肃	Gansu	40.20	6.49	14.13	161.3	38795
青 海	Qinghai	13.19	1.65	5.33	221.7	8612
宁 夏	Ningxia	16.08	2.74	6.11	220.9	16417
新 疆	Xinjiang	47.80	8.27	19.94	184.8	39472

3-3-9 艺术表演团体基本情况
Statistics on Art Performance Troupes

年 份 Year	机构数 (个) Number of Institutions (unit)	从业人员 (人) Number of Employed Persons (person)	演出场次 (万场次) Number of Performances (10 000 shows)	国内演出观众人次 (万人次) Number of Domestic Audience (10 000 person-times)
2009	6139	184678	120	81716
2010	6864	185413	137	88456
2011	7055	226599	155	74585
2012	7321	242047	135	82805
2013	8180	260865	165	90064
2014	8769	262887	174	91020
2015	10787	301878	211	95799
2016	12301	332920	231	118138
2017	15742	402969	294	124739
2018	17123	416374	312	117569
2019	17795	412541	297	123020
2020	17581	436899	223	88952
2021	18370	453254	233	92804
2022	19739	415207	166	74021

3-3-9 续表 continued

年 份 Year	收入合计 (万元) Total Revenue (10 000 yuan)	#演出收入 Performance Income	支出合计 (万元) Total Expenditure (10 000 yuan)	实际使用房屋建筑面积 (万平方米) Floor Space of Buildings Actually Used (10 000 sq.m)
2009	1121559	288214	1048083	457
2010	1239255	342696	1203561	466
2011	1540263	526745	1486696	526
2012	2310460	641480	2081911	617
2013	2800266	735532	2331821	638
2014	2264046	757028	2024045	716
2015	2576499	939310	2286420	800
2016	3112276	1308591	2621743	825
2017	3419618	1476786	2942410	916
2018	3667258	1522685	3152559	908
2019	3969949	1267752	3433017	929
2020	2871251	866292	3010357	1011
2021	3546798	1129901	3783618	1279
2022	3917486	809523	3730445	1251

3-3-10　全国艺术表演团体基本情况(2022年)
Statistics on Art Performance Troupes (2022)

项　目	Item	机构(个) Number of Institutions (unit)	从业人员(人) Number of Employed Persons (person)	演出场次(万场次) Number of Performances (10 000 shows)	#国内演出 Domestic Performance	#农村 Rural Areas
总 计	**Total**	**19739**	**415207**	**166.1**	**165.6**	**74.8**
按登记注册类型分	By Status of Registration					
国有	State-owned	1616	94294	20.7	20.3	12.5
集体	Collective-owned	134	4898	2.3	2.3	1.6
其他	Others	17989	316015	143.0	143.0	60.6
按隶属关系分	By Jurisdiction of Management					
中央	Under Central Government	9	3424	0.1	0.1	
省、区、市	Under Provinces, Autonomous Regions and Municipalities	218	30346	3.3	3.3	0.9
地、市	Under Prefectures (Cities)	494	37676	6.2	6.0	2.6
县、市及以下	Under Counties (Cities) and Others	19018	343761	156.5	156.2	71.3
按性质分	By Accounting Practice					
执行事业会计制度	Adopting Institution Accounting System	1364	73595	17.5	17.2	11.0
执行企业会计制度	Adopting Enterprise Accounting System	18375	341612	148.5	148.4	63.8
按管理部门分	By Management Authority					
文化和旅游部门	Culture and Tourism Departments	1934	107139	25.2	24.8	15.4
其他部门	Other Departments	17805	308068	140.9	140.8	59.4
按剧种分	By Type of Art					
话剧、儿童剧、滑稽剧类	Drama, Children's Play and Comedy Troupes	247	11097	2.5	2.5	0.3
歌舞、音乐类	Song and Dance, Musicals	2984	88863	28.7	28.6	10.9
京剧、昆曲类	Peking Opera and Kunqu Opera	164	9374	1.3	1.3	0.7
地方戏曲类	Local Operas	9927	157596	46.4	46.3	33.3
杂技、魔术、马戏类	Acrobatics, Magic and Circus	776	16901	18.9	18.9	6.9
曲艺类	Folk Arts	987	19101	9.4	9.4	5.0
综合性艺术表演团体	Comprehensive Art Performance	4654	112275	58.7	58.6	17.9

3-3-10 续表 1 continued

项 目	Item	国内演出观众人次（万人次） Number of Domestic Audience (10 000 person-times)	#农村 Rural Audience	收入合计（万元） Total Revenue (10 000 yuan)	#财政拨款 Government Budget
总 计	**Total**	**74021**	**25204**	**3917486**	**2311118**
按登记注册类型分	By Status of Registration				
国有	State-owned	16306	8110	1882391	1488298
集体	Collective-owned	1271	818	73949	56336
其他	Others	56444	16276	1961146	766484
按隶属关系分	By Jurisdiction of Management				
中央	Under Central Government	119	0	156308	100987
省、区、市	Under Provinces, Autonomous Regions and Municipalities	1900	318	808553	580307
地、市	Under Prefectures (Cities)	6536	1621	747408	617121
县、市及以下	Under Counties (Cities) and Others	65465	23265	2205217	1012703
按性质分	By Accounting Practice				
执行事业会计制度	Adopting Institution Accounting System	11707	6809	1573308	1343173
执行企业会计制度	Adopting Enterprise Accounting System	62314	18395	2344178	967945
按管理部门分	By Management Authority				
文化和旅游部门	Culture and Tourism Departments	18787	9542	2034811	1557218
其他部门	Other Departments	55234	15662	1882674	753900
按剧种分	By Type of Art				
话剧、儿童剧、滑稽剧类	Drama, Children's Play and Comedy Troupes	2356	79	244931	142785
歌舞、音乐类	Song and Dance, Musicals	21145	3356	1187853	681822
京剧、昆曲类	Peking Opera and Kunqu Opera	731	411	186603	142973
地方戏曲类	Local Operas	27359	14973	1003745	620168
杂技、魔术、马戏类	Acrobatics, Magic and Circus	7572	799	148833	69278
曲艺类	Folk Arts	2503	1158	149870	51192
综合性艺术表演团体	Comprehensive Art Performance	12354	4429	995649	602900

3-3-10 续表 2 continued

项 目	Item	#演出收入 Revenue from Performance	支出合计（万元）Total Expenses (10 000 yuan)	政府采购的公益演出活动 Public Shows under Government Procurement 演出场次（万场次）Number of Performances (10 000 shows)	观众人次（万人次）Number of Audience (10 000 person-times)
总 计	**Total**	**809523**	**3730445**	**13.2**	**9897.7**
按登记注册类型分	By Status of Registration				
国有	State-owned	173181	1875382	10.8	8477.9
集体	Collective-owned	9466	75511	1.0	620.2
其他	Others	626877	1779553	1.4	799.6
按隶属关系分	By Jurisdiction of Management				
中央	Under Central Government	17511	127043	0	10
省、区、市	Under Provinces, Autonomous Regions and Municipalities	97575	821446	1.0	481.5
地、市	Under Prefectures (Cities)	66289	765005	2.8	3800.2
县、市及以下	Under Counties (Cities) and Others	628148	2016952	9.3	5606.2
按性质分	By Accounting Practice				
执行事业会计制度	Adopting Institution Accounting System	99905	1555775	8.7	5249.1
执行企业会计制度	Adopting Enterprise Accounting System	709618	2174670	4.5	4648.6
按管理部门分	By Management Authority				
文化和旅游部门	Culture and Tourism Departments	212789	2033265	12.8	9617.0
其他部门	Other Departments	596734	1697180	0.4	280.7
按剧种分	By Type of Art				
话剧、儿童剧、滑稽剧类	Drama, Children's Play and Comedy Troupes	55809	251979	0.3	93.7
歌舞、音乐类	Song and Dance, Musicals	263280	1265277	3.0	1580.7
京剧、昆曲类	Peking Opera and Kunqu Opera	13974	201083	0.4	192.5
地方戏曲类	Local Operas	192513	976056	7.2	5169.5
杂技、魔术、马戏类	Acrobatics, Magic and Circus	49871	156501	0.3	1679.5
曲艺类	Folk Arts	27314	122898	0.4	254.8
综合性艺术表演团体	Comprehensive Art Performance	206762	756653	1.6	927.1

3-3-11 分地区艺术表演团体基本情况(2022年)
Statistics on Art Performance Troupes by Region(2022)

地 区	Region	机构数(个) Number of Institutions (unit)	从业人员(人) Number of Employed Persons (person)	#专业技术人员 Professional &Technical Staff	演出场次(万场次) Number of Performances (10 000 shows)	#国内演出 Domestic Performances	#农村 Rural Areas	国内演出观众人次(万人次) Number of Domestic Audience (10 000 person-times)	#农村 Rural Areas
全 国	**National Total**	**19739**	**415207**	**196321**	**166.1**	**165.6**	**74.8**	**74020.6**	**25204.4**
中央本级	Central-level	9	3424	2806	0.1	0.1		119.0	0.2
北 京	Beijing	456	13189	4907	1.6	1.6	0.6	2709.5	92.3
天 津	Tianjin	111	4199	2600	0.5	0.5	0.1	150.2	12.1
河 北	Hebei	921	14686	5913	4.2	4.2	2.4	2156.6	1026.5
山 西	Shanxi	766	21928	10072	4.9	4.8	3.5	3437.3	1961.7
内蒙古	Inner Mongolia	229	9100	5896	1.8	1.8	1.1	896.1	355.0
辽 宁	Liaoning	150	5931	3058	0.5	0.5	0.1	213.1	51.0
吉 林	Jilin	114	3343	2535	0.4	0.4	0.2	189.1	74.6
黑龙江	Heilongjiang	103	5128	3233	0.5	0.5	0.2	410.3	56.2
上 海	Shanghai	282	11026	6251	2.3	2.3	0.2	1038.0	32.7
江 苏	Jiangsu	634	15443	8891	7.4	7.4	2.7	2200.0	877.9
浙 江	Zhejiang	1247	38468	15442	19.3	19.3	4.8	4449.1	2271.2
安 徽	Anhui	3806	40665	14533	33.7	33.7	16.3	5228.5	2478.6
福 建	Fujian	671	14619	8673	7.9	7.9	3.9	2128.5	943.1
江 西	Jiangxi	356	8498	3743	2.8	2.8	2.0	1440.3	1058.2
山 东	Shandong	1971	29497	12719	14.6	14.6	6.2	5342.9	2628.6
河 南	Henan	2323	47554	22338	16.9	16.9	8.4	8372.9	3544.5
湖 北	Hubei	602	11678	6536	4.8	4.8	1.4	16466.6	1051.2
湖 南	Hunan	655	16215	7889	5.4	5.4	3.3	2418.1	1444.7
广 东	Guangdong	545	13276	6211	2.9	2.9	1.7	1376.4	584.8
广 西	Guangxi	74	3054	1566	0.7	0.7	0.3	280.2	100.9
海 南	Hainan	137	4099	1738	1.1	1.1	0.3	374.1	146.6
重 庆	Chongqing	1190	17442	8316	11.3	11.3	8.0	1448.6	814.8
四 川	Sichuan	734	11885	5379	3.6	3.6	1.2	1503.7	437.3
贵 州	Guizhou	126	4650	1793	2.1	2.1	0.3	591.6	239.2
云 南	Yunnan	284	7663	4173	5.8	5.8	0.7	4106.4	567.7
西 藏	Tibet	86	2626	976	0.6	0.6	0.5	345.6	242.1
陕 西	Shaanxi	533	15246	7100	3.9	3.9	2.0	2534.0	1060.4
甘 肃	Gansu	370	11380	5309	2.0	2.0	1.3	1393.6	668.4
青 海	Qinghai	105	2638	861	0.3	0.3	0.1	145.5	59.2
宁 夏	Ningxia	30	1551	668	0.4	0.4	0.2	133.9	81.8
新 疆	Xinjiang	119	5106	4196	1.5	1.4	0.9	421.0	241.0

3-3-11 续表 1 continued

地 区	Region	收入合计（万元） Total Revenue (10 000 yuan)	#财政拨款 Government Subsidy	#演出收入 Performance Income	支出合计（万元） Total Expenses (10 000 yuan)	#人员支出 Personnel Expenses	资产总计（万元） Total Assets (10 000 yuan)	#固定资产原价 Original Value of Fixed Assets
全 国	**National Total**	**3917486**	**2311118**	**809523**	**3730445**	**2025426**	**9699444**	**1782742**
中央本级	Central-level	156308	100987	17511	127043	69971	305091	114288
北 京	Beijing	162493	80466	52531	162402	86172	609251	144347
天 津	Tianjin	54545	34296	9542	57428	37971	66329	23154
河 北	Hebei	74812	44474	17818	76432	48573	134974	31522
山 西	Shanxi	108541	50566	31718	100872	54636	138904	32803
内蒙古	Inner Mongolia	115487	105325	4476	116265	80022	243512	156310
辽 宁	Liaoning	55262	38247	9616	61543	30785	274185	35861
吉 林	Jilin	38861	29765	5219	40387	25197	39176	19881
黑龙江	Heilongjiang	66978	54732	1193	68066	45883	65472	43012
上 海	Shanghai	255267	120755	47695	311347	141344	686249	130568
江 苏	Jiangsu	269710	128516	42615	241581	126298	539008	45661
浙 江	Zhejiang	275767	109988	93042	251813	129366	1043410	44536
安 徽	Anhui	156047	36703	72729	134184	79250	415085	35312
福 建	Fujian	211345	123230	49034	253228	157227	362577	86099
江 西	Jiangxi	55122	27469	16875	53759	26146	175970	29474
山 东	Shandong	494568	428407	28816	211333	108128	718223	34738
河 南	Henan	143928	66338	50632	149068	80074	676224	37523
湖 北	Hubei	154010	95801	23226	161159	73058	484684	80780
湖 南	Hunan	126743	74439	29574	157374	90697	198620	42317
广 东	Guangdong	178401	113684	35472	195618	96440	353595	131484
广 西	Guangxi	36702	22267	10023	37674	18263	110415	16862
海 南	Hainan	44152	12484	12732	71672	23103	582667	8890
重 庆	Chongqing	81534	23812	32710	72742	36263	238254	29030
四 川	Sichuan	120546	73255	27387	116165	60522	171126	30905
贵 州	Guizhou	43282	15285	8684	58926	19271	194685	48324
云 南	Yunnan	99201	59750	23152	96930	60567	178337	18807
西 藏	Tibet	47195	44004	442	40337	29093	65026	56507
陕 西	Shaanxi	104873	53472	32657	100730	57792	208717	91257
甘 肃	Gansu	60783	33968	16816	73075	43412	257471	68343
青 海	Qinghai	14567	11556	2255	16365	8755	32524	17849
宁 夏	Ningxia	13560	9297	2654	15375	5384	31938	15385
新 疆	Xinjiang	96897	87781	680	99554	75765	97746	80915

3-3-11 续表 2 continued

地 区	Region	实际使用房屋建筑面积(万平方米) Floor Space of Buildings Actually Used (10 000 sq.m)	#排练练功用房 Buildings for Rehearsing	流动舞台车演出情况 Performances of Flow Stage Car: 流动舞台车数量(辆) Number of Flow Stage Cars (unit)	流动舞台车演出情况 Performances of Flow Stage Car: 演出场次(万场次) Number of Performances (10 000 shows)	流动舞台车演出情况 Performances of Flow Stage Car: 观众人次(万人次) Number of Audiences (10 000 person-times)	政府采购的公益演出活动情况 Public Shows under Government Procurement: 演出场次(万场次) Number of Performances (10 000 shows)	政府采购的公益演出活动情况 Public Shows under Government Procurement: 观众人次(万人次) Number of Audience (10 000 person-times)
全 国	**National Total**	**1251.1**	**112.8**	**1549**	**7.5**	**4859.1**	**13.2**	**9897.7**
中央本级	Central-level	21.3	2.1				0.0	9.8
北 京	Beijing	29.1	0.9				0.1	14.8
天 津	Tianjin	20.9	1.7	2	0.0	1.6		0.1
河 北	Hebei	35.0	4.2	66	0.2	146.4	0.4	229.7
山 西	Shanxi	45.8	4.5	115	0.4	249.9	1.0	667.9
内蒙古	Inner Mongolia	39.7	6.0	139	0.2	71.8	0.6	350.6
辽 宁	Liaoning	27.1	4.1	11	0.0	3.6	0.1	26.1
吉 林	Jilin	13.4	2.2	56	0.1	57.1	0.1	64.4
黑龙江	Heilongjiang	26.6	3.6	21	0.1	30.5	0.1	29.9
上 海	Shanghai	26.7	2.2				0.1	25.5
江 苏	Jiangsu	65.0	5.0	50	0.4	240.3	0.7	350.9
浙 江	Zhejiang	89.9	3.9	6		3.0	0.4	209.5
安 徽	Anhui	87.0	2.8	43	0.4	179.8	0.5	179.9
福 建	Fujian	54.8	2.5	30		9.9	0.5	165.9
江 西	Jiangxi	24.5	2.2	68	0.6	262.2	0.8	340.5
山 东	Shandong	72.6	7.7	93	1.1	811.3	1.1	699.4
河 南	Henan	97.1	5.4	189	1.8	1346.4	1.9	1348.3
湖 北	Hubei	45.9	5.1	98	0.5	412.5	0.9	2718.9
湖 南	Hunan	81.5	4.7	105	0.7	486.6	0.8	566.8
广 东	Guangdong	54.5	5.7	11	0.0	6.7	0.2	123.7
广 西	Guangxi	10.5	1.7	7	0.0	4.9	0.2	66.3
海 南	Hainan	12.7	0.5	12	0.0	6.3	0.1	51.3
重 庆	Chongqing	35.9	2.8	4	0.0	34.8	0.1	47.4
四 川	Sichuan	36.1	3.3	12	0.0	1.8	0.2	107.4
贵 州	Guizhou	31.0	1.4	23	0.0	43.6	0.1	89.3
云 南	Yunnan	34.2	6.7	64	0.1	78.2	0.2	242.5
西 藏	Tibet	12.8	4.9	58	0.1	28.4	0.1	48.3
陕 西	Shaanxi	41.0	4.0	74	0.3	194.7	0.8	486.4
甘 肃	Gansu	34.9	4.4	57	0.2	71.0	0.4	301.9
青 海	Qinghai	4.7	1.2	11	0.0	2.1	0.0	20.1
宁 夏	Ningxia	7.8	0.5	11	0.1	24.5	0.1	41.5
新 疆	Xinjiang	31.3	5.0	113	0.2	49.3	0.8	272.7

3-3-12 艺术表演场馆基本情况
Statistics on Art Performance Venues

年 份 Year	机构数 (个) Number of Institutions (unit)	从业人员 (人) Number of Employed Persons (person)	座席数 (个) Seating Capacity (unit)	演(映)出场次 (万场次) Number of Performances (10 000 shows)	#艺术演出 Art Performances
2009	1499	28059	1126705	41.9	7.4
2010	1461	25280	1077250	53.8	7.2
2011	1429	26480	1080266	56.2	5.9
2012	1279	25076	945580	57.5	7.2
2013	1344	26036	1027946	82.9	6.6
2014	1338	25709	1187359	78.1	7.0
2015	2143	46734	1786688	106.5	13.7
2016	2285	51296	1689268	119.4	19.1
2017	2455	53765	1796055	142.0	21.2
2018	2478	51478	1920410	126.6	17.9
2019	2716	64507	1818662	128.4	24.5
2020	2770	61957	1878867	58.8	31.7
2021	3093	73827	2533737	107.0	64.3
2022	3199	66814	2468261	87.9	58.5

3-3-12 续表 continued

年 份 Year	观众人次 (万人次) Number of Audience (10 000 person-times)	#艺术演出 Art Performances	收入合计 (万元) Total Revenue (10 000 yuan)	#艺术演出 Art Performances Income
2009	7492.6	3206.7	182863	39558
2010	8992.8	3165.3	177731	38309
2011	6927.0	2685.8	266099	51227
2012	6099.7	2191.7	218223	44454
2013	7776.3	2662.4	426361	82489
2014	6844.4	2598.3	403699	84512
2015	10775.4	2853.6	867630	257173
2016	12883.6	3098.1	964563	273060
2017	13453.8	3234.2	1243006	432754
2018	14092.8	5861.7	1324795	374392
2019	12561.1	6785.2	1772329	559160
2020	6064.7	4077.0	1308654	384826
2021	11209.2	8350.7	2044599	722910
2022	9815.9	5855.8	1791421	407682

3-3-13　全国艺术表演场馆基本情况(2022年)
Statistics on Art Performance Venues (2022)

项　目	Item	机构数 (个) Number of Institutions (unit)	从业人员 (人) Number of Employed Persons (person)	座席数 (个) Seating Capacity (unit)
总　计	**Total**	**3199**	**66814**	**2468261**
按登记注册类型分	By Status of Registration			
国 有	State-owned	1017	18126	734277
集 体	Collective-owned	20	155	10764
其 他	Others	2162	48533	1723220
按性质分	By Accounting Practice			
执行事业会计制度	Adopting Institution Accounting System	717	9350	478539
执行企业会计制度	Adopting Enterprise Accounting System	2482	57464	1989722
按机构类型分	By Type of Venues			
剧场	Theaters	1103	32760	1019967
影剧院	Music Halls and Cinemas	613	9296	492306
书场、曲艺场	Storytelling, Recitation and Ballad Venues	49	894	8426
杂技、马戏场	Acrobatics and Circus Halls	14	700	32971
音乐厅	Concert Halls	113	2338	56078
综合性	General Performance Theaters	288	12493	596803
其他艺术表演场馆	Others	1019	8333	261710
按隶属关系分	By Jurisdiction of Management			
中央	Under Central Government	7	154	5563
省、区、市	Under Provinces, Autonomous Regions and Municipalities	121	3709	132130
地、市	Under Prefectures (Cities)	321	10368	253177
县、市及以下	Under Counties (Cities) and Others	2750	52583	2077391

3-3-13 续表 1 continued

项 目	Item	演(映)出场次(万场次) Number of Performances (10 000 shows)	#艺术演出 Art Performances	观众人次(万人次) Number of Audience (10 000 person-times)	#艺术演出 Art Performances
总 计	**Total**	**87.9**	**58.5**	**9816**	**5856**
按登记注册类型分	By Status of Registration				
国 有	State-owned	24.5	5.3	3836	1363
集 体	Collective-owned	0.2	0.0	16	9
其 他	Others	63.1	53.2	5963	4484
按性质分	By Accounting Practice				
执行事业会计制度	Adopting Institution Accounting System	11.0	3.0	1326	842
执行企业会计制度	Adopting Enterprise Accounting System	76.9	55.6	8490	5014
按机构类型分	By Type of Venues				
剧场	Theaters	13.6	10.2	4286	3529
影剧院	Music Halls and Cinemas	59.9	38.5	1490	726
书场、曲艺场	Storytelling, Recitation and Ballad Venues	1.1	0.9	45	35
杂技、马戏场	Acrobatics and Circus Halls	0.2	0.2	1614	90
音乐厅	Concert Halls	1.2	1.0	252	191
综合性	General Performance Theaters	8.3	4.9	1650	938
其他艺术表演场馆	Others	3.6	2.9	479	347
按隶属关系分	By Jurisdiction of Management				
中央	Under Central Government	0.1	0.0	27	23
省、区、市	Under Provinces, Autonomous Regions and Municipalities	3.4	0.9	554	429
地、市	Under Prefectures (Cities)	15.1	3.4	2395	450
县、市及以下	Under Counties (Cities) and Others	69.3	54.1	6839	4953

3-3-13 续表 2 continued

项 目	Item	收入合计 (万元) Total Income (10 000 yuan)	#财政拨款 Government Budget	#演出收入 Performance Income	支出合计 (万元) Expenses (10 000 yuan)
总 计	**Total**	**1791421**	**350556**	**407682**	**1925389**
按登记注册类型分	By Status of Registration				
国 有	State-owned	571095	155138	61599	600431
集 体	Collective-owned	3805	1922	616	3471
其 他	Others	1216521	193496	345467	1321487
按性质分	By Accounting Practice				
执行事业会计制度	Adopting Institution Accounting System	331825	101077	8197	328666
执行企业会计制度	Adopting Enterprise Accounting System	1459595	249479	399485	1596723
按机构类型分	By Type of Venues				
剧场	Theaters	1017159	235413	276375	1106068
影剧院	Music Halls and Cinemas	176409	48767	45267	178085
书场、曲艺场	Storytelling, Recitation and Ballad Venues	7018	142	5351	8305
杂技、马戏场	Acrobatics and Circus Halls	15434	1134	4519	17336
音乐厅	Concert Halls	47785	15210	15630	48701
综合性	General Performance Theaters	369616	43230	40663	413590
其他艺术表演场馆	Others	158000	6660	19878	153304
按隶属关系分	By Jurisdiction of Management				
中央	Under Central Government	4479		4239	4347
省、区、市	Under Provinces, Autonomous Regions and Municipalities	125057	47068	33139	139800
地、市	Under Prefectures (Cities)	239931	77403	29180	265371
县、市及以下	Under Counties (Cities) and Others	1421954	226086	341124	1515871

3-3-14 分地区艺术表演场馆基本情况(2022年)
Statistics on Art Performance Venues of Culture System by Region(2022)

地区	Region	机构数(个) Number of Institutions (unit)	从业人员(人) Number of Employed Persons (person)	#专业技术人员 Professional &Technical Staff	座席数(个) Seating Capacity (unit)	演(映)出场次合计(万场次) Number of Performances (10 000 shows)	#艺术演出 Art Performances
全国	**National Total**	**3199**	**66814**	**18739**	**2468261**	**87.9**	**58.5**
中央本级	Central-level	7	154	33	5563	0.1	0.0
北京	Beijing	59	1400	463	42116	2.3	1.8
天津	Tianjin	118	1857	668	69726	2.8	2.5
河北	Hebei	130	2314	535	67350	3.5	0.7
山西	Shanxi	158	1741	476	66423	6.4	1.9
内蒙古	Inner Mongolia	27	412	141	24079	0.8	0.1
辽宁	Liaoning	99	2404	573	43232	4.0	4.0
吉林	Jilin	95	877	263	22867	1.5	0.4
黑龙江	Heilongjiang	48	515	215	20793	0.2	0.2
上海	Shanghai	101	4306	1229	190478	1.4	1.2
江苏	Jiangsu	335	9403	1835	287308	9.8	3.0
浙江	Zhejiang	300	6206	1564	280722	11.6	8.5
安徽	Anhui	150	1733	674	70145	3.6	3.4
福建	Fujian	75	3116	926	144265	3.4	1.4
江西	Jiangxi	63	845	408	31834	4.6	3.0
山东	Shandong	223	4324	1146	228557	14.3	12.6
河南	Henan	237	4896	1183	123697	2.8	2.6
湖北	Hubei	95	1788	656	84811	1.4	1.2
湖南	Hunan	117	3198	1240	76737	1.9	1.5
广东	Guangdong	140	4317	1071	211254	1.3	0.5
广西	Guangxi	38	683	115	16525	1.1	1.1
海南	Hainan	34	697	347	14547	0.2	0.2
重庆	Chongqing	67	1706	465	105243	0.7	0.6
四川	Sichuan	169	2400	797	105225	1.6	1.5
贵州	Guizhou	25	650	308	7636	0.3	0.1
云南	Yunnan	45	1255	176	24995	1.1	1.0
西藏	Tibet	14	9		2961	0.0	
陕西	Shaanxi	102	1359	466	48122	3.4	2.3
甘肃	Gansu	44	1158	495	21355	0.7	0.5
青海	Qinghai	50	444	99	9450	0.4	0.3
宁夏	Ningxia	4	47	12	1720	0.0	0.0
新疆	Xinjiang	30	600	160	18525	0.8	0.7

3-3-14 续表 1 continued

地 区	Region	观众人次合计(万人次) Number of Audience (10 000 person-times)	#艺术演出观众人次 Art Performances	收入合计(万元) Total Revenue (10 000 yuan)	#财政拨款 Government Budget	#演出收入 Performance Income	支出合计(万元) Total Expenses (10 000 yuan)
全 国	**National Total**	**9815.9**	**5855.8**	**1791421**	**350556**	**407682**	**1925389**
中央本级	Central-level	27.4	23.4	4479		4239	4347
北 京	Beijing	203.3	166.2	56097	4171	14603	58520
天 津	Tianjin	193.1	129.5	61733	237	5172	74529
河 北	Hebei	168.2	118.1	32320	14307	8996	39085
山 西	Shanxi	288.9	97.7	26957	7492	7007	25646
内蒙古	Inner Mongolia	53.5	25.9	5364	979	1435	5350
辽 宁	Liaoning	251.6	157.8	42170	8426	13016	48061
吉 林	Jilin	47.8	23.5	13172	4633	2005	10038
黑龙江	Heilongjiang	15.7	14.6	4642	2369	562	4212
上 海	Shanghai	737.7	714.8	224930	34434	56885	248865
江 苏	Jiangsu	974.7	481.0	269533	68733	48396	283944
浙 江	Zhejiang	1136.9	818.8	185237	36583	61983	187065
安 徽	Anhui	221.7	169.0	34460	8577	6845	23139
福 建	Fujian	297.7	153.1	73396	20522	17223	75221
江 西	Jiangxi	129.1	88.0	19429	9050	6102	17619
山 东	Shandong	405.5	311.2	91620	34407	22637	99483
河 南	Henan	769.8	625.8	53062	10386	18172	61896
湖 北	Hubei	1801.1	202.2	40335	8209	15622	51837
湖 南	Hunan	642.9	469.5	70487	22153	16614	103319
广 东	Guangdong	318.3	258.2	119901	30043	28352	136221
广 西	Guangxi	94.3	84.0	8989	37	3718	12759
海 南	Hainan	142.7	138.6	15042	670	8816	13823
重 庆	Chongqing	113.8	91.3	29996	4149	4586	35664
四 川	Sichuan	133.1	88.3	40009	7134	12730	46683
贵 州	Guizhou	51.4	12.1	4712	18	1170	7100
云 南	Yunnan	207.6	186.6	11637	640	5952	15795
西 藏	Tibet	1.3	0.4	59	59		37
陕 西	Shaanxi	176.0	117.2	209249	6766	7166	191386
甘 肃	Gansu	66.1	59.6	11848	886	5658	16140
青 海	Qinghai	79.9	15.2	943	96	360	1509
宁 夏	Ningxia	3.7	2.4	780	591	63	471
新 疆	Xinjiang	61.4	12.1	28832	3799	1598	25625

3-3-14 续表 2 continued

地 区	Region	#人员支出 Personnel Expenses	资产总计(万元) Total Assets (10 000 yuan)	#固定资产原价 Original Value of Fixed Assets	实际使用房屋建筑面积(万平方米) Floor Space of Buildings Actually Used (10 000 sq.m)	#演(映)业务用房 Buildings for Performances
全 国	**National Total**	**568234**	**12793730**	**1706943**	**1441.3**	**983.2**
中央本级	Central-level	1462	3326	1196	7.4	4.0
北 京	Beijing	14797	385610	10930	16.7	12.8
天 津	Tianjin	17470	343277	2396	26.7	23.9
河 北	Hebei	13509	495609	49427	52.1	37.6
山 西	Shanxi	9637	113161	63072	47.7	18.9
内蒙古	Inner Mongolia	2530	94469	70908	15.5	12.6
辽 宁	Liaoning	11061	276557	8466	27.2	21.0
吉 林	Jilin	6069	81430	1777	13.5	11.5
黑龙江	Heilongjiang	3003	34829	7538	15.0	5.5
上 海	Shanghai	65293	1108820	95574	104.1	82.3
江 苏	Jiangsu	84950	1543338	383559	285.6	151.9
浙 江	Zhejiang	56195	1100007	175701	159.5	113.9
安 徽	Anhui	9807	164280	42602	33.4	21.6
福 建	Fujian	27237	385312	14394	50.1	37.2
江 西	Jiangxi	9150	127538	24818	28.4	20.1
山 东	Shandong	29625	499224	35884	120.7	98.8
河 南	Henan	20032	595928	40331	57.4	41.4
湖 北	Hubei	17097	717662	32632	36.6	28.6
湖 南	Hunan	28436	850301	100985	74.8	40.9
广 东	Guangdong	41203	892446	138608	76.1	45.8
广 西	Guangxi	2619	111874	1867	7.9	5.8
海 南	Hainan	4284	137972	3828	11.1	7.3
重 庆	Chongqing	14842	342907	2731	25.5	24.1
四 川	Sichuan	13947	802856	78599	68.6	58.5
贵 州	Guizhou	3060	50460	1533	4.5	3.7
云 南	Yunnan	6084	71444	20952	14.9	11.8
西 藏	Tibet	4	135	106	2.4	0.2
陕 西	Shaanxi	41281	793020	256788	28.9	20.9
甘 肃	Gansu	5921	122773	15615	18.4	14.3
青 海	Qinghai	796	13223	10982	4.1	2.8
宁 夏	Ningxia	359	580	99	0.1	0.0
新 疆	Xinjiang	6477	533363	13046	6.7	3.5

3-3-15 文物业基本情况（2022年）
Statistics on Cultural Relics (2022)

项 目	Item	机 构（个）Number of Institutions (unit)	从业人员（人）Number of Employed Persons (person)	本年收入合 计（万元）Total Revenue in the Year (10 000 yuan)	本年支出合 计（万元）Total Expenditure in the Year (10 000 yuan)	资产总计（万元）Total Assets (10 000 yuan)	实际使用房屋建筑面积（万平方米）Floor Space of Buildings Actually in Use (10 000 sq.m)
总 计	**Total**	**11340**	**190288**	**7101229**	**7683281**	**57765175**	**5195**
按单位性质分	By Nature of Units						
文物科研机构	Scientific Research Institutes	129	6501	474397	662664	714546	51
文物保护管理机构	Preservation and Management Agencies	2663	32131	928170	1076284	16239414	1326
博物馆	Museums	6091	131461	3493999	3810329	36865074	3668
其他文物机构	Other Agencies	2457	20195	2204664	2134004	3946141	150
按隶属关系分	By Jurisdiction of Management						
中 央	Central Level	13	3674	226616	223191	684380	58
省、区、市	Provincial Level	310	22543	1350871	1493828	4789978	375
地、市	Prefecture Level	1803	54731	2237192	2312317	7622478	1110
县、市	County or City Level	9214	109340	3286551	3653945	44668339	3652
按管理部门分	By Department of Management						
文物部门	Cultural Relics Department	8873	155313	6388994	6710462	39890354	4064
其他部门	Other Departments	2467	34975	712235	972819	17874820	1131

3-3-15 续表 continued

项 目	Item	藏品（件/套）Collections (piece/set)	#一级品 Grade I Collection	本年从有关部门接收文物数(件/套) Accepted Relics from Other Departments in the Year (piece/set)	本年藏品征集数（件/套）Collection of Cultural Relics (piece/set)	举办陈列展 览（个）Exhibition & Displays (unit)	参观人次（万人次）Visitors (10 000 person-times)
总 计	**Total**	**56304279**	**101919**	**111146**	**348019**	**32357**	**63973**
按单位性质分	By Nature of Units						
文物科研机构	Scientific Research Institutes	1693953	1789	862	22	76	360
文物保护管理机构	Preservation and Management Agencies	1588643	8522	3132	5901	983	6565
博物馆	Museums	46916129	87423	105670	257554	31298	57048
其他文物机构	Other Agencies	6105554	4185	1482	84542		
按隶属关系分	By Jurisdiction of Management						
中 央	Central Level	3452977	14983		3114	140	582
省、区、市	Provincial Level	16891024	40197	26046	112616	1419	4723
地、市	Prefecture Level	11120287	18818	18389	70743	8115	18431
县、市	County or City Level	24839991	27921	66711	161546	22683	40237
按管理部门分	By Department of Management						
文物部门	Cultural Relics Department	42909477	96107	107907	273494	22917	52109
其他部门	Other Departments	13394802	5812	3239	74525	9440	11864

3-3-16 博物馆基本情况
Statistics on Museums

年 份 Year	机构数 (个) Number of Institutions (unit)	从业人员 (人) Number of Employed Persons (person)	藏品数 (件/套) Number of Collections (piece/set)	基本陈列展览 (个) Regular Exhibitions (unit)
2009	2252	59919	15711150	14057
2010	2435	57431	17552482	26704
2011	2650	62181	19023423	16921
2012	3069	71748	23180726	20115
2013	3473	79075	27191601	16822
2014	3658	83970	29299673	19565
2015	3852	89133	30441422	21154
2016	4109	93431	33293561	23109
2017	4721	105079	36623080	24611
2018	4918	107506	37540740	26346
2019	5132	107993	39548334	28701
2020	5452	118913	43190898	27719
2021	5772	125704	46648282	31931
2022	6091	131461	46916129	31298

3-3-16 续表 continued

年 份 Year	参观人次 (万人次) Visitors (10 000 person-times)	实际使用房屋建筑面积 (万平方米) Floor Space of Buildings Actually Used (10 000 sq.m)	收入合计 (万元) Total Revenue (10 000 yuan)	支出合计 (万元) Total Expenditure (10 000 yuan)
2009	32716	967	765924	700720
2010	40679	1088	961176	878727
2011	47051	1179	1205789	1171131
2012	56401	1471	1492024	1424802
2013	63777	1700	1755739	1706897
2014	71774	1933	1955512	1874197
2015	78112	2034	2169987	2167639
2016	85061	2185	2348521	2286951
2017	97172	2668	3255558	3306813
2018	104404	2791	3043180	3084586
2019	112225	2959	3376342	3391845
2020	52652	3189	3269706	3227243
2021	74850	3445	3996501	4612286
2022	57048	3669	3493999	3810329

3-3-17 分地区博物馆基本情况(2022年)
Basic Statistics on Museums by Region(2022)

地 区	Region	机构数(个) Number of Institutions (unit)	从业人员(人) Number of Employed Persons (person)	#专业技术人员 Professional &Technical Staff	藏品数(件/套) Number of Collections (piece/set)	基本陈列、展览(个) Regular Exhibitions (unit)
全 国	**National Total**	**6091**	**131461**	**43623**	**46916129**	**31298**
中央本级	Central-level	5	2994	1883	3437627	140
北 京	Beijing	82	4809	1680	2883920	462
天 津	Tianjin	72	1465	637	775685	404
河 北	Hebei	185	4686	1394	447894	921
山 西	Shanxi	176	4375	1262	1617812	534
内蒙古	Inner Mongolia	166	3113	1102	1319239	633
辽 宁	Liaoning	65	2512	1057	522274	367
吉 林	Jilin	105	2032	899	855723	557
黑龙江	Heilongjiang	177	2701	1024	908487	860
上 海	Shanghai	116	4180	1961	3420876	658
江 苏	Jiangsu	373	8080	2789	1984968	2062
浙 江	Zhejiang	432	7257	2197	1628948	2570
安 徽	Anhui	225	3358	1185	916154	1299
福 建	Fujian	140	2773	1014	759826	1184
江 西	Jiangxi	203	4309	1392	714036	1336
山 东	Shandong	665	10391	3361	4865568	3464
河 南	Henan	400	8191	2292	1456847	1664
湖 北	Hubei	228	4882	1893	2221930	1277
湖 南	Hunan	180	4513	1323	804960	1021
广 东	Guangdong	340	6702	2491	2627413	2353
广 西	Guangxi	141	2896	1098	441625	537
海 南	Hainan	44	759	271	183727	212
重 庆	Chongqing	130	3322	1055	757163	771
四 川	Sichuan	316	7248	1805	4708922	1355
贵 州	Guizhou	124	2288	633	268108	460
云 南	Yunnan	178	2230	1075	1667305	1046
西 藏	Tibet	15	298	103	79700	46
陕 西	Shaanxi	321	10537	2274	3291895	1131
甘 肃	Gansu	230	5530	1527	600938	1166
青 海	Qinghai	24	411	164	74567	80
宁 夏	Ningxia	64	939	282	379068	217
新 疆	Xinjiang	169	1680	500	292924	511

3-3-17　续表 1　continued

地　区	Region	参观人次（万人次） Visitors (10 000 person-times)	门票销售总额（万元） Revenue from Entrance Tickets (10 000 yuan)	收入合计（万元） Total Revenue (10 000 yuan)	支出合计（万元） Total Expenses (10 000 yuan)	资产总计（万元） Total Assets (10 000 yuan)
全　国	**National Total**	**57048**	**215356**	**3493999**	**3810329**	**36865074**
中央本级	Central-level	582	17822	171132	167379	514927
北　京	Beijing	917	4621	210380	202021	890753
天　津	Tianjin	338	485	52467	54235	401584
河　北	Hebei	1513	782	79717	81878	278363
山　西	Shanxi	837	1714	82046	83888	563844
内蒙古	Inner Mongolia	563	108	67480	69270	636129
辽　宁	Liaoning	680	3526	61816	61382	947331
吉　林	Jilin	346	1246	36347	46899	124720
黑龙江	Heilongjiang	980	18	64997	63997	420407
上　海	Shanghai	784	5920	213984	235380	1352418
江　苏	Jiangsu	5425	9385	257841	293562	7030066
浙　江	Zhejiang	3518	2004	242869	247760	741274
安　徽	Anhui	1405	161	69466	73760	288744
福　建	Fujian	1379	195	68451	69510	230851
江　西	Jiangxi	3400	7102	103510	101967	378721
山　东	Shandong	4332	4253	180555	234604	1422699
河　南	Henan	3919	7852	143219	152658	633132
湖　北	Hubei	2359	2287	125742	138727	962903
湖　南	Hunan	6937	2447	123335	122364	905272
广　东	Guangdong	2884	3543	233844	240369	788903
广　西	Guangxi	1359	15961	62503	61973	265026
海　南	Hainan	200	63	19904	16703	197373
重　庆	Chongqing	1691	4759	87744	88597	343134
四　川	Sichuan	3939	72550	152967	152475	6045143
贵　州	Guizhou	1110	202	36305	53581	636479
云　南	Yunnan	901	151	99811	89444	298036
西　藏	Tibet	81		16338	9815	74337
陕　西	Shaanxi	1710	38326	204394	269919	6678453
甘　肃	Gansu	1993	7874	150092	150859	510576
青　海	Qinghai	46		15231	13335	60985
宁　夏	Ningxia	351	2	14216	117840	2089251
新　疆	Xinjiang	568		45302	44181	153241

3-3-17 续表 2 continued

地 区	Region	#固定资产净值 Net Value of Fixed Assets	实际使用房屋建筑面积（万平方米） Floor Space of Buildings Actually Used (10 000 sq.m)	#展览用房 Buildings for Exhibitions	#库房 Storeroom
全 国	**National Total**	**24251998**	**3668.92**	**1681.15**	**264.29**
中央本级	Central-level	227323	52.24	10.88	6.64
北 京	Beijing	509302	118.98	47.30	8.27
天 津	Tianjin	243727	43.32	19.10	3.43
河 北	Hebei	210925	102.81	56.53	6.90
山 西	Shanxi	257624	82.75	40.59	7.16
内蒙古	Inner Mongolia	539533	111.08	58.82	7.09
辽 宁	Liaoning	719134	69.90	30.39	6.07
吉 林	Jilin	88549	48.07	24.55	3.83
黑龙江	Heilongjiang	314449	60.76	39.96	4.52
上 海	Shanghai	592337	92.39	42.53	6.73
江 苏	Jiangsu	2777615	303.39	132.22	15.46
浙 江	Zhejiang	436015	216.14	104.73	16.59
安 徽	Anhui	204560	109.19	53.47	8.12
福 建	Fujian	159451	87.91	38.01	6.18
江 西	Jiangxi	262639	125.31	60.09	9.85
山 东	Shandong	965560	346.15	171.94	33.23
河 南	Henan	280295	209.10	91.91	16.89
湖 北	Hubei	894804	299.65	96.28	12.56
湖 南	Hunan	389674	146.60	47.73	8.20
广 东	Guangdong	515991	186.73	81.50	13.30
广 西	Guangxi	176889	73.10	32.86	5.10
海 南	Hainan	161463	21.11	9.67	2.36
重 庆	Chongqing	134621	78.89	41.69	6.52
四 川	Sichuan	5737765	203.71	119.62	12.35
贵 州	Guizhou	427339	56.46	27.61	3.20
云 南	Yunnan	162434	70.85	35.25	6.25
西 藏	Tibet	6595	10.71	3.10	0.23
陕 西	Shaanxi	6159215	147.50	64.00	13.60
甘 肃	Gansu	297771	95.99	46.25	8.26
青 海	Qinghai	50623	12.76	5.70	0.91
宁 夏	Ningxia	264052	31.19	18.22	1.78
新 疆	Xinjiang	83728	54.18	28.65	2.71

3-3-17 续表 3 continued

地 区	Region	举办线上展览（个）Exhibitions (unit)	网站年访问量（万人次）Annual Website Visits (10 000 person-times)	创建微信公众号、微博账号（个）WeChat and Microblog Accounts (unit)	微信公众号、微博账号关注人数（万人）WeChat and Microblog Followers (10 000 persons)
全 国	**National Total**	**14007**	**81055**	**55383**	**26178**
中央本级	Central-level	29	11240	20	2713
北 京	Beijing	452	14084	1207	3491
天 津	Tianjin	174	511	402	380
河 北	Hebei	450	699	727	631
山 西	Shanxi	258	514	795	245
内蒙古	Inner Mongolia	313	217	253	80
辽 宁	Liaoning	141	1051	692	244
吉 林	Jilin	158	424	453	72
黑龙江	Heilongjiang	419	2513	5642	147
上 海	Shanghai	290	4692	1092	2878
江 苏	Jiangsu	611	12041	6268	2271
浙 江	Zhejiang	445	3892	1549	1157
安 徽	Anhui	471	1109	1212	273
福 建	Fujian	936	454	2453	120
江 西	Jiangxi	927	2042	328	920
山 东	Shandong	1560	3201	1449	598
河 南	Henan	404	1261	1542	605
湖 北	Hubei	293	2042	614	2856
湖 南	Hunan	215	1451	258	976
广 东	Guangdong	472	7755	678	1471
广 西	Guangxi	109	908	165	166
海 南	Hainan	32	171	499	28
重 庆	Chongqing	538	899	423	510
四 川	Sichuan	440	3649	1249	1647
贵 州	Guizhou	39	244	12054	143
云 南	Yunnan	93	1502	1648	143
西 藏	Tibet	2	8	64	11
陕 西	Shaanxi	514	874	942	864
甘 肃	Gansu	3092	1505	8550	440
青 海	Qinghai	23	8	58	11
宁 夏	Ningxia	19	36	2044	38
新 疆	Xinjiang	88	57	53	48

3-3-18 文物保护管理机构基本情况
Statistics on Agencies of Cultural Relics Preservation

年 份 Year	机构数（个） Number of Institutions (unit)	从业人员（人） Number of Employed Persons (person)	藏品数（件/套） Number of Collections (piece/set)	基本陈列、展览（个） Displays and Exhibitions (unit)	参观人次（万人次） Visitors (10 000 person-times)	收入合计（万元） Total Revenue (10 000 yuan)	支出合计（万元） Total Expenses (10 000 yuan)
2009	2263	28629	1958904	2449	9205	308949	290560
2010	2436	30171	2149366	3419	11198	365904	330748
2011	2735	33035	2251805	2243	9442	463609	419425
2012	2705	34854	1767573	2128	10433	535779	459988
2013	2809	35334	1906829	1181	10711	819557	705411
2014	3280	37843	2092332	1566	12182	757303	689769
2015	3307	32030	2073474	1466	14001	875460	790247
2016	3318	33407	2521238	1463	15798	995357	835664
2017	3518	33400	2473352	1394	17304	989813	956362
2018	3550	32400	2430379	1452	17616	1031941	946661
2019	3518	30689	1659712	1973	19136	989519	926514
2020	3373	31959	1687721	1182	8741	940898	965692
2021	2257	30212	1483468	1220	9415	964873	1005672
2022	2663	32131	1588643	983	6565	928170	1076284

3-3-19 文物科研机构基本情况
Statistics on Scientific and Research Agencies of Cultural Relics

年 份 Year	机构数（个） Number of Institutions (unit)	从业人员（人） Number of Employed Persons (person)	藏品数（件/套） Number of Collections (piece/set)	实际使用房屋建筑面积（万平方米） Floor Space of Buildings Actually Used (10 000 sq.m)	收入合计（万元） Total Revenue (10 000 yuan)	支出合计（万元） Total Expenses (10 000 yuan)
2009	104	3799	929189	30	88210	86062
2010	108	3846	870223	28	120767	110215
2011	107	4078	822390	62	139450	135304
2012	114	4917	1208701	101	182418	158831
2013	115	5243	1594975	96	208924	170898
2014	118	7314	1459852	102	243812	207016
2015	122	5217	1177485	145	255849	236374
2016	122	4763	1187938	84	292464	245058
2017	121	3995	1230188	79	288858	234975
2018	122	4133	1315659	81	333070	312846
2019	126	4313	1522789	86	389495	368953
2020	128	5123	1649403	45	403405	396299
2021	132	5970	1048893	45	488560	463919
2022	129	6501	1693953	51	474397	662664

3-3-20 分地区文物保护管理机构基本情况(2022年)
Statistics on Agencies of Cultural Relics Preservation by Region(2022)

地 区	Region	机构数(个) Number of Institutions (unit)	从业人员(人) Number of Employed Persons (person)	#专业技术人员 Professional &Technical Staff	藏品数(件/套) Number of Collections (piece/set)	基本陈列、展览(个) Regular Exhibitions (unit)
全 国	**National Total**	**2663**	**32131**	**8864**	**1588643**	**983**
北 京	Beijing	20	818	100	29360	21
天 津	Tianjin	6	99	66	44	
河 北	Hebei	157	3700	719	97657	41
山 西	Shanxi	82	1687	577	134299	44
内蒙古	Inner Mongolia	83	787	365	62567	30
辽 宁	Liaoning	61	1063	266	37235	54
吉 林	Jilin	52	270	190	9871	10
黑龙江	Heilongjiang	54	205	127	13362	14
上 海	Shanghai	5	105	67	2028	5
江 苏	Jiangsu	47	357	159	9461	31
浙 江	Zhejiang	85	2879	989	101500	168
安 徽	Anhui	80	483	249	34936	20
福 建	Fujian	57	393	146	3845	18
江 西	Jiangxi	53	239	58	2174	8
山 东	Shandong	83	2645	777	92248	46
河 南	Henan	126	2063	495	114378	12
湖 北	Hubei	41	693	208	27411	22
湖 南	Hunan	28	569	93	10621	22
广 东	Guangdong	26	316	80	12118	67
广 西	Guangxi	69	373	231	30387	35
海 南	Hainan	12	309	41	1143	23
重 庆	Chongqing	38	137	74	11255	2
四 川	Sichuan	173	2101	616	129313	35
贵 州	Guizhou	64	436	191	33645	28
云 南	Yunnan	137	951	653	99637	74
西 藏	Tibet	635	2964	103	335215	1
陕 西	Shaanxi	186	3718	747	109433	112
甘 肃	Gansu	55	845	263	1606	
青 海	Qinghai	28	71	22	12789	5
宁 夏	Ningxia	20	252	96	23400	18
新 疆	Xinjiang	100	603	96	5705	17

3-3-20 续表 1 continued

地 区	Region	参观人次（万人次） Visitors (10 000 person-times)	门票销售总额（万元） Sales of Admission Tickets (10 000 yuan)	收入合计（万元） Total Revenue (10 000 yuan)	#财政拨款 Government Subsidy	支出合计（万元） Total Expenses (10 000 yuan)
全 国	**National Total**	**6565.0**	**114346**	**928170**	**783622**	**1076284**
北 京	Beijing	185.3	4129	48563	33067	52643
天 津	Tianjin			4772	4142	4827
河 北	Hebei	255.9	9533	54908	51419	56190
山 西	Shanxi	308.0	3136	50541	45431	52061
内蒙古	Inner Mongolia	19.5		18365	17094	18977
辽 宁	Liaoning	97.8	1303	19359	17329	23047
吉 林	Jilin	2.8		6231	6123	6613.9
黑龙江	Heilongjiang	8.2	20	4294	4294	4288
上 海	Shanghai	3.9		22339	8262	24016
江 苏	Jiangsu	84.1	111	31950	31413	32442
浙 江	Zhejiang	998.6	15961	129167	92713	136223.4
安 徽	Anhui	119.7	392	18934	16796	19096
福 建	Fujian	225.8	229	16113	12881	16731
江 西	Jiangxi	21.2		12853	11618	12960
山 东	Shandong	561.9	22362	73429	71321	92311
河 南	Henan	722.1	5016	36453	30363	38459
湖 北	Hubei	517.6	31325	14101	11322	14896
湖 南	Hunan	510.3	575	12887	10390	12734
广 东	Guangdong	154.7	1764	11705	9316	11887.6
广 西	Guangxi	51.0	6	8975	8844	8594
海 南	Hainan	54.5	287	3457	2927	2843
重 庆	Chongqing	0.2	9	6697	6697	7535
四 川	Sichuan	332.6	5943	84648	82729	87513
贵 州	Guizhou	52.3	1	51607	50623	50366
云 南	Yunnan	107.9	324	27657	20890	28039
西 藏	Tibet	340.5	8605	38553	16294	131688
陕 西	Shaanxi	675.3	1940	75680	70278	81188
甘 肃	Gansu	57.6	499	13616	12128	14263
青 海	Qinghai	1.7		3043	3039	3829
宁 夏	Ningxia	57.3	815	9556	7766	9324
新 疆	Xinjiang	36.6	60	17717	16116	20701

3-3-20 续表 2 continued

地 区	Region	资产总计(万元) Total Assets (10 000 yuan)	#固定资产净值 Net Value of Fixed Assets	实际使用房屋建筑面积(万平方米) Floor Space of Buildings Actually Used (10 000 sq.m)	#展览用房 Buildings for Exhibitions	#文物库房 Storeroom
全 国	**National Total**	**16239414**	**14889557**	**1326.02**	**102.70**	**18.02**
北 京	Beijing	45469	11195	6.01	3.35	0.35
天 津	Tianjin	7700	3010	0.26		
河 北	Hebei	92130	43678	15.87	6.51	1.08
山 西	Shanxi	142267	93543	11.85	2.58	0.74
内蒙古	Inner Mongolia	40001	27441	6.34	3.67	0.31
辽 宁	Liaoning	22590	18249	11.18	2.09	0.40
吉 林	Jilin	3733	1977	1.55	0.59	0.21
黑龙江	Heilongjiang	3950	3074	1.67	0.81	0.11
上 海	Shanghai	9355	2924	0.97	0.82	
江 苏	Jiangsu	40852	5511	7.29	3.51	0.22
浙 江	Zhejiang	790911	229771	45.38	21.00	0.68
安 徽	Anhui	23850	6344	4.08	1.14	0.40
福 建	Fujian	10166	1340	3.39	1.00	0.04
江 西	Jiangxi	873	538	2.28	1.26	0.02
山 东	Shandong	100448	14154	15.74	6.80	0.49
河 南	Henan	158157	25307	15.86	5.00	1.48
湖 北	Hubei	46252	22203	6.80	1.95	0.19
湖 南	Hunan	71990	37627	5.68	2.30	0.51
广 东	Guangdong	15974	8725	7.65	3.34	0.10
广 西	Guangxi	11971	2889	3.17	1.64	0.30
海 南	Hainan	5798	5492	3.22	1.11	0.02
重 庆	Chongqing	6620	3967	3.01	1.21	0.75
四 川	Sichuan	134864	60289	22.42	3.09	1.68
贵 州	Guizhou	6015	3126	4.63	1.73	0.31
云 南	Yunnan	48829	18498	21.21	4.57	0.59
西 藏	Tibet	4452644	4439697	1052.79	3.42	5.52
陕 西	Shaanxi	199476	117703	27.68	8.41	0.86
甘 肃	Gansu	49196	24913	4.75	1.61	0.22
青 海	Qinghai	8492	7880	1.77	1.09	0.08
宁 夏	Ningxia	89026	63006	4.20	1.92	0.23
新 疆	Xinjiang	9599815	9585486	7.32	5.18	0.13

3-3-21 分地区文物科研机构基本情况(2022年)
Statistics on Scientific and Research Agencies of Cultural Relics by Region(2022)

地 区	Region	机构数(个) Number of Institutions (unit)	从业人员(人) Number of Employed Persons (person)	#专业技术人员 Professional &Technical Staff	藏品数(件/套) Number of Collections (piece/set)	基本陈列、展览(个) Regular Exhibitions (unit)
全 国	**National Total**	**129**	**6501**	**3193**	**1693953**	**76**
北 京	Beijing	1	152	71	32866	
天 津	Tianjin					
河 北	Hebei	8	471	172	67700	1
山 西	Shanxi	14	880	388	117422	18
内蒙古	Inner Mongolia	2	106	52	17188	1
辽 宁	Liaoning	4	70	24	6654	
吉 林	Jilin	3	78	55	8200	
黑龙江	Heilongjiang	3	61	48	3682	
上 海	Shanghai					
江 苏	Jiangsu	5	158	83	31007	1
浙 江	Zhejiang	4	310	130	161	1
安 徽	Anhui	1	54	41	19763	
福 建	Fujian	2	27	13		
江 西	Jiangxi	2	153	69	10223	
山 东	Shandong	10	330	170	46815	7
河 南	Henan	17	953	424	817746	13
湖 北	Hubei	3	133	94	7425	
湖 南	Hunan	8	280	178	73619	23
广 东	Guangdong	4	141	98	68717	2
广 西	Guangxi	3	94	88	11329	1
海 南	Hainan					
重 庆	Chongqing	1	179	64	20653	3
四 川	Sichuan	8	288	144	38720	
贵 州	Guizhou	2	56	24	3895	
云 南	Yunnan	2	55	35	2456	
西 藏	Tibet	1	34	23		
陕 西	Shaanxi	11	846	361	97124	1
甘 肃	Gansu	4	301	143	164296	1
青 海	Qinghai	1	49	38	8646	
宁 夏	Ningxia	3	71	62	4925	3
新 疆	Xinjiang	2	171	101	12721	

3-3-21 续表 1 continued

地 区	Region	参观人次（万人次） Visitors (10 000 person-times)	门票销售总额（万元） Sales of Admission Tickets (10 000 yuan)	收入合计（万元） Total Revenue (10 000 yuan)	支出合计（万元） Total Expenses (10 000 yuan)
全 国	**National Total**	**360.4**	**3411**	**474397**	**662664**
北 京	Beijing			5850	22833
天 津	Tianjin				
河 北	Hebei	0.0		12666	14702
山 西	Shanxi	78.4	2915	28868	28487
内蒙古	Inner Mongolia			2316	3118
辽 宁	Liaoning			3293	3293
吉 林	Jilin			3529	3614
黑龙江	Heilongjiang			1818	2130
上 海	Shanghai				
江 苏	Jiangsu	16.8		25134	25124
浙 江	Zhejiang			36741	30986
安 徽	Anhui			9610	7450
福 建	Fujian			520	500
江 西	Jiangxi			6460	6461
山 东	Shandong	8.2		32973	29191
河 南	Henan	155.0	4	78255	72053
湖 北	Hubei			12910	11699
湖 南	Hunan	55.3		13266	12861
广 东	Guangdong	0.0		13333	13180
广 西	Guangxi	0.1	0	12030	12151
海 南	Hainan				
重 庆	Chongqing	4.2		11288	8601
四 川	Sichuan	4.1	57	16704	18017
贵 州	Guizhou			4889	214986
云 南	Yunnan			15165	10563
西 藏	Tibet			4312	1293
陕 西	Shaanxi	12.4		89194	75020
甘 肃	Gansu	15.7	411	14297	16095
青 海	Qinghai			5982	4558
宁 夏	Ningxia	2.8	24	3029	3867
新 疆	Xinjiang	7.4		9964	9833

3-3-21 续表 2 continued

地 区	Region	资产总计（万元）Total Assets (10 000 yuan)	#固定资产净值 Net Value of Fixed Assets	实际使用房屋建筑面积（万平方米）Floor Space of Buildings Actually Used (10 000 sq.m)	文化保护规划和方案设计（个）Planning and Project of Cultural Relics Preservation (unit)
全 国	**National Total**	**714546**	**127960**	**51.06**	**231**
北 京	Beijing	76783	1281	0.36	
天 津	Tianjin				
河 北	Hebei	16598	5027	2.80	12
山 西	Shanxi	111826	21114	11.29	2
内蒙古	Inner Mongolia	6908	701	1.18	4
辽 宁	Liaoning	1281	162	0.08	
吉 林	Jilin	2904	1912	0.65	
黑龙江	Heilongjiang	1978	445	0.55	
上 海	Shanghai				
江 苏	Jiangsu	1969	1313	0.76	
浙 江	Zhejiang	32519	5658	1.07	
安 徽	Anhui	23784	2567	2.69	
福 建	Fujian	765	34	0.34	
江 西	Jiangxi	22827	11357	1.55	
山 东	Shandong	45402	3068	1.31	62
河 南	Henan	80749	13225	4.95	5
湖 北	Hubei	16925	9787	2.31	54
湖 南	Hunan	16078	7317	2.57	4
广 东	Guangdong	11686	1886	3.66	1
广 西	Guangxi	16110	3593	1.11	40
海 南	Hainan				
重 庆	Chongqing	7094	4315	0.96	8
四 川	Sichuan	11223	7334	2.93	17
贵 州	Guizhou	1355	158	0.37	3
云 南	Yunnan	43396	419	0.19	
西 藏	Tibet	5055	176	0.18	2
陕 西	Shaanxi	105119	11162	4.59	1
甘 肃	Gansu	27909	8758	1.35	
青 海	Qinghai	3997	989	0.53	2
宁 夏	Ningxia	7719	1767	0.15	2
新 疆	Xinjiang	14587	2434	0.58	12

3-3-22 档案馆机构和人员情况
Statistics on Archive Institutions and Personnel

单位：个 (unit)

年 份 Year	国家综合档案馆 National Comprehensive Archives		国家专门档案馆 National Special Archives		部门档案馆 Department Archives		企业档案馆数 Number of Archives of Enterprise	事业单位档案馆数 Number of Archives of Institutional Units	科技事业单位档案馆数 Number of Archives of Science and Technology Units
	馆数 Number of Institutions	专职人员(人) Full-time Personnel (person)	馆数 Number of Institutions	专职人员(人) Full-time Personnel (person)	馆数 Number of Institutions	专职人员(人) Full-time Personnel (person)			
1991	2957	21657	211	2038	128	2171	229	19	28
1992	2962	22226	206	2082	122	2258	231	19	28
1993	2980	23624	200	2245	122	1448	221	20	31
1994	2983	23568	205	2294	136	2160	209	20	36
1995	3024	24777	216	2484	144	2168	213	27	38
1996	3011	24542	226	2658	134	2072	232	23	44
1997	3021	24904	223	2578	162	2521	228	26	46
1998	3034	24197	232	3200	149	2411	245	27	46
1999	3046	23530	225	3436	142	2123	304	40	59
2000	3070	23701	234	3319	141	1865	307	53	80
2001	3100	23652	243	3448	142	2086	286	47	84
2002	3110	22825	253	3435	148	2109	299	75	93
2003	3121	23086	260	3514	141	1770	300	75	85
2004	3127	23401	258	3591	149	1932	300	79	99
2005	3142	23413	238	3452	145	2020	301	105	63
2006	3154	22689	239	3537	137	1699	216	110	95
2007	3161	21399	245	3737	146	1985	215	126	94
2008	3170	21414	240	3663	154	1886	241	141	87
2009	3191	20949	241	3626	149	1814	233	167	96
2010	3194	19750	252	3833	167	1747	223	160	111
2011	3196	19985	255	3843	170	2121	183	179	124
2012	3237	18009	238	3577	183	2161	204	260	
2013	3325	18106	240	3579	218	2182	189	274	
2014	3319	17863	247	3538	209	2129	169	252	
2015	3322	18386	234	3457	237	2263	176	224	
2016	3336	17511	236	3521	213	2021	180	272	
2017	3333	16799	234	3275	202	1939	167	274	
2018	3315	22584	211	3119	143	1739	158	309	
2019	3337	34349	256	3300	140	1566	181	320	
2020	3341	35028	260	3413	133	1584	177	322	
2021	3320	35833	256	3372	130	1573	118	312	
2022	3301	36582	261	3429	106	1338	135	351	

注：2012年以前的事业单位档案馆数指文化事业档案馆数，2012年新修订的《全国档案事业统计年报制度》不再细分事业单位的属性，统称“省部属事业单位档案馆”，包括文化事业档案馆和科技事业单位档案馆。

a) Institutional archives before 2012 referred to archives of cultural institutions. The revised Annual Report of National Archive Statistics in 2012 does not further subcategorize institutional archives by their attributes, but generally call them institutional archive affiliated to ministries or provincial governments, which include cultural archives and archives of science and technology units.

3-3-23 国家综合档案馆基本情况
Basic Statistics on National Comprehensive Archives

年份 Year	馆藏档案 (万卷、万件) Number of Archives (10 000 volumes, 10 000 pieces)	照片档案 (万张) Photos (10 000 sheets)	开放档案 (万卷、万件) Archives Open to Public (10 000 volumes, 10 000 pieces)	利用档案 (万卷次、万件次) Utilized Archives (10 000 volume-times, 10 000 piece-times)	档案馆建筑面积 (万平方米) Floor Space of Archive Institutions (10 000 sq.m)
1991	9637.4	371.0	2094.3	937.0	348.1
1992	10003.5	402.4	2018.7	773.8	255.7
1993	10726.8	435.5	2140.7	891.9	275.9
1994	10782.9	449.6	2454.6	674.4	268.3
1995	11318.3	485.5	2790.3	529.3	282.5
1996	11341.4	494.6	2939.2	485.4	297.5
1997	12222.9	553.0	3304.6	501.0	347.6
1998	12276.5	579.7	3556.5	446.5	310.7
1999	12866.8	584.5	3808.2	508.5	328.4
2000	13314.0	631.7	4072.0	494.4	336.2
2001	13756.6	642.8	4129.7	575.4	342.0
2002	14790.7	720.5	4301.1	548.8	351.0
2003	15945.9	797.4	4618.4	602.6	361.4
2004	17601.5	827.9	4868.3	813.9	376.8
2005	18688.7	908.8	5132.3	868.0	393.1
2006	21656.5	1277.2	5746.3	1166.4	406.1
2007	23675.3	1393.3	5875.5	1244.9	421.9
2008	25051.0	1505.3	6072.2	1257.4	465.4
2009	28089.2	1646.3	6687.4	1308.0	473.3
2010	32198.6	1809.2	7428.6	1417.3	504.4
2011	35445.5	1965.8	7828.4	1564.5	551.1
2012	40547.7	1827.4	8254.6	1521.1	627.1
2013	42454.5	1927.6	8900.5	1477.8	709.3
2014	53470.3	2041.8	9179.7	1688.8	736.0
2015	58641.7	2102.4	9266.3	1978.3	785.5
2016	65062.5	2228.2	9707.9	2033.7	859.8
2017	65371.1	2336.5	10151.7	2078.0	949.3
2018	75051.1	2056.0	11222.1	1819.1	1050.9
2019	82850.7	2203.8	13171.6	2140.0	1164.6
2020	91789.8	2401.0	14584.5	2064.4	1268.4
2021	104671.1	2676.6	17549.7	2407.4	1410.8
2022	117148.7	2737.7	20976.6	2283.0	1536.1

3-3-24 文化类社会组织情况(2022年)
Statistics on Social Organizations Related with Culture(2022)

单位：个 (unit)

地 区	Region	机构数 Number of Institutions	社团 Social Organization	基金会 Fund Organization	民办非企业 Non-enterprise Units Run by NGO
全 国	**National Total**	**76246**	**43227**	**387**	**32632**
中央本级	Central-level	315	283	15	17
北 京	Beijing	931	410	63	458
天 津	Tianjin	227	124	4	99
河 北	Hebei	2393	1645		748
山 西	Shanxi	2437	1375	6	1056
内蒙古	Inner Mongolia	1830	1338	10	482
辽 宁	Liaoning	1222	717		505
吉 林	Jilin	1214	723	1	490
黑龙江	Heilongjiang	1434	619		815
上 海	Shanghai	1543	362	37	1144
江 苏	Jiangsu	7906	3529	56	4321
浙 江	Zhejiang	4771	2337	29	2405
安 徽	Anhui	2993	2126	5	862
福 建	Fujian	3935	2553	25	1357
江 西	Jiangxi	3472	1734	1	1737
山 东	Shandong	6590	2591	13	3986
河 南	Henan	3564	1774	27	1763
湖 北	Hubei	3135	1662	8	1465
湖 南	Hunan	3725	2589	15	1121
广 东	Guangdong	5973	3626	26	2321
广 西	Guangxi	1639	1101	2	536
海 南	Hainan	1167	868	13	286
重 庆	Chongqing	1061	870	4	187
四 川	Sichuan	4547	2905	4	1638
贵 州	Guizhou	1290	1043	1	246
云 南	Yunnan	242	54		188
西 藏	Tibet	28	17	2	9
陕 西	Shaanxi	3334	2309	13	1012
甘 肃	Gansu	1808	980	3	825
青 海	Qinghai	542	372	2	168
宁 夏	Ningxia	338	184	2	152
新 疆	Xinjiang	640	407		233

注：本表数据来自民政部的社会组织统计。
a) Data in the table above sources from Ministry of Civil Affairs.

3-3-25 烈士纪念设施保护管理情况(2022年)
Statistics on Martyr Memorial Facility Management(2022)

地区	Region	烈士纪念设施保护单位 Martyr Memorial Facility Protection Institutions					烈士陵园(含烈士集中安葬地)数(处) Number of Martyrs Cemeteries (Including Concentrated Buried Places) (place)
		机构数(个) Number of Institutions (unit)	从业人员(人) Number of Engaged Persons (person)	固定资产总计(亿元) Fixed Assets (100 million yuan)	收入合计(亿元) Total Revenue (100 million yuan)	支出合计(亿元) Total Expenditure (100 million yuan)	
全 国	**National Total**	**1167**	**9364**	**62.1**	**19.6**	**19.9**	**5789**
北 京	Beijing	5	45	1.4	0.3	0.3	59
天 津	Tianjin	8	142	1.4	0.4	0.4	12
河 北	Hebei	96	691	3.5	1.2	1.4	398
山 西	Shanxi	22	198	0.9	0.4	0.4	257
内蒙古	Inner Mongolia	10	79	0.4	0.1	0.1	134
辽 宁	Liaoning						250
吉 林	Jilin	39	316	2.7	0.5	0.5	101
黑龙江	Heilongjiang	21	190	1.0	0.2	0.2	124
上 海	Shanghai	9	275	9.1	1.7	1.7	15
江 苏	Jiangsu	74	662	5.7	2.1	1.9	798
浙 江	Zhejiang	24	182	4.7	0.7	0.7	143
安 徽	Anhui	58	412	1.5	0.8	0.8	243
福 建	Fujian	36	210	0.7	0.6	0.6	206
江 西	Jiangxi	21	198	1.5	0.7	0.7	290
山 东	Shandong	111	983	5.1	1.8	1.8	337
河 南	Henan	119	1323	4.0	1.5	1.5	290
湖 北	Hubei	64	575	3.3	1.1	1.2	348
湖 南	Hunan	51	333	1.4	0.4	0.4	238
广 东	Guangdong	36	292	1.5	1.3	1.3	279
广 西	Guangxi	27	173	1.7	0.7	0.7	72
海 南	Hainan	6	82	0.7	0.1	0.1	44
重 庆	Chongqing	14	176	0.4	0.1	0.1	127
四 川	Sichuan	85	450	3.7	0.9	1.0	209
贵 州	Guizhou	67	239				199
云 南	Yunnan	50	185		0.1	0.1	202
西 藏	Tibet	7	33				49
陕 西	Shaanxi	53	470	3.3	0.9	0.9	168
甘 肃	Gansu	22	244	1.2	0.3	0.3	106
青 海	Qinghai	9	24	0.1	0.1	0.1	40
宁 夏	Ningxia	7	36	0.2	0.1	0.1	13
新 疆	Xinjiang	15	100	0.9	0.2	0.2	38

注：1.烈士纪念设施保护单位仅包括隶属于退役军人事务系统的烈士纪念设施保护法人单位。
2.部分地区烈士纪念设施保护单位为非独立核算的法人单位，因此无单独的财务数据。
3.烈士陵园(含烈士集中安葬地)指退役军人部门管理的所有烈士陵园(含烈士集中安葬地)。

a) Martyr Memorial Facility Protection Institutions only include those belonging to the Veterans Affairs system.
b) In some areas, martyr memorial facilities protection units are non-independent accounting legal entities, so there is no separate financial data.
c) Martyrs' Cemeteries (including the Centralized Burial Places) refers to thoses managed by Veterans Departments.

3-4-1 娱乐场所基本情况
Statistics on Entertainment Units

年 份 Year	机构数 (个) Number of Institutions (unit)	从业人员 (人) Number of Employed Persons (person)	资产总计 (万元) Total Assets (10 000 yuan)	营业收入 (万元) Business Revenue (10 000 yuan)	营业利润 (万元) Business Profits (10 000 yuan)
2009	82200	636800	6271305	4130085	1367846
2010	85854	703520	7635552	4772099	1718734
2011	92577	758377	9661392	5661798	1939320
2012	90271	765250	11136779	6048764	1982344
2013	89652	835658	19109269	8842052	2224658
2014	84179	729516	16144969	11023662	2606315
2015	79816	673640	11050577	5570354	1361661
2016	77071	632527	10510102	5387254	1257926
2017	78616	600106	10313538	5468702	1306909
2018	70584	528238	9212288	5209738	1123267
2019	67358	542514	17277257	5359387	717719
2020	65439	532538	10394735	4192570	253275
2021	50504	511075	11615310	4855771	302846
2022	66506	441730	12473868	4144794	-2254

3-4-2 分地区娱乐场所基本情况(2022年)
Statistics on Entertainment Units by Region(2022)

地 区	Region	机构数 (个) Number of Institutions (unit)	从业人员 (人) Number of Employed Persons (person)	资产总计 (万元) Total Assets (10 000 yuan)	营业收入 (万元) Business Revenue (10 000 yuan)
全 国	**National Total**	**66506**	**441730**	**12473868**	**4144794**
北 京	Beijing	406	4057	126172	31520
天 津	Tianjin	560	3493	59453	22116
河 北	Hebei	2374	8845	131824	53456
山 西	Shanxi	1335	7344	299903	168199
内蒙古	Inner Mongolia	1056	4028	70360	73026
辽 宁	Liaoning	2241	8283	191610	52605
吉 林	Jilin	1247	3561	73838	21933
黑龙江	Heilongjiang	1850	5192	95228	37351
上 海	Shanghai	999	11804	674070	151728
江 苏	Jiangsu	7491	26110	476776	301199
浙 江	Zhejiang	2762	38440	1011783	518617
安 徽	Anhui	4035	14656	313325	132196
福 建	Fujian	2660	30578	790885	284948
江 西	Jiangxi	1531	11182	185816	97732
山 东	Shandong	3821	11441	204182	94918
河 南	Henan	2525	12662	177967	67628
湖 北	Hubei	2780	13237	253920	120081
湖 南	Hunan	2233	24289	853280	212726
广 东	Guangdong	4889	67138	3445744	566030
广 西	Guangxi	945	15434	283831	113938
海 南	Hainan	629	5105	92965	33319
重 庆	Chongqing	1546	12611	212980	126745
四 川	Sichuan	6371	31974	502729	302231
贵 州	Guizhou	1870	21779	374550	198200
云 南	Yunnan	4163	29414	610162	218547
西 藏	Tibet	168			
陕 西	Shaanxi	1209	6036	125592	51223
甘 肃	Gansu	1735	8184	735864	54899
青 海	Qinghai	253	2186	43705	12074
宁 夏	Ningxia	450	1830	32043	17251
新 疆	Xinjiang	372	837	23314	8358

3-4-2 续表 continued

地 区	Region	营业成本（万元）Business Costs (10 000 yuan)	#养老、医疗、失业等保险费 Endowment, Medical and Unemployment Insurance	#工资总额 Total Wages Payable	#税金总额 Total Taxes	营业利润（万元）Business Profits (10 000 yuan)
全 国	**National Total**	**4147065**	**134829**	**1413169**	**80096**	**-2254**
北 京	Beijing	46994	2455	10657.2	840	-15474
天 津	Tianjin	30848	1734	8773	389	-8731
河 北	Hebei	50647	1589	22880	960	2808
山 西	Shanxi	93171	887	14632	781	75029
内蒙古	Inner Mongolia	135936	671	10094	363	-62911
辽 宁	Liaoning	50561	2228	17905	1450	2045
吉 林	Jilin	21443	521.9	8424	373	489
黑龙江	Heilongjiang	33477	1145	11814	575	3875
上 海	Shanghai	193006	10386	41203	3403	-41280
江 苏	Jiangsu	297368	12841	93551	7364	3833
浙 江	Zhejiang	492610	16715.7	137342	11955	26007
安 徽	Anhui	128942	3766	49145	2370	3255
福 建	Fujian	273440	6829	95635	5123	11509
江 西	Jiangxi	92892	1473	40012	1753	4841
山 东	Shandong	94041	4048	34502	1826	877
河 南	Henan	70413	2275	31383	1883	-2785
湖 北	Hubei	122519	4802	45852	1675	-2439
湖 南	Hunan	218704	4742	76729	4289	-5977
广 东	Guangdong	592942	26438	218842	13428	-26910
广 西	Guangxi	114250	2747	43148	1592	-312
海 南	Hainan	35021	1558	14549	756	-1703
重 庆	Chongqing	120494	4437	47749	2638	6251
四 川	Sichuan	275617	10471	108288	4583	26616
贵 州	Guizhou	193547	3102	75780	3708	4655
云 南	Yunnan	220254	3954	97223	3783	-1701
西 藏	Tibet					
陕 西	Shaanxi	50085	1037	20040	878	1140
甘 肃	Gansu	59093	983	22428	775	-4192
青 海	Qinghai	17242	377	5064	268	-5168
宁 夏	Ningxia	13957	357	6189	105	3294
新 疆	Xinjiang	7552	262	3337	209	806

3-4-3 网吧基本情况
Statistics on Internet Bars

年 份 Year	机构数 (个) Number of Institutions (unit)	从业人员 (人) Number of Employed Persons (person)	资产总计 (万元) Total Assets (10 000 yuan)	营业收入 (万元) Business Revenue (10 000 yuan)	营业利润 (万元) Business Profits (10 000 yuan)
2009	138048	580749	5585437	3785362	1510735
2010	140376	584912	5864306	3626809	1490620
2011	141275	567170	6282208	3754922	1565375
2012	135683	529362	6222263	3539807	1431362
2013	131013	478242	8051486	3879399	1425890
2014	129368	452368	7431831	4479929	1962960
2015	134847	480260	6939291	4009643	1302975
2016	141587	488209	7484979	4323160	1312916
2017	143434	440853	6947788	3825868	1071760
2018	124266	346686	5592315	2946316	767578
2019	116807	311859	4858896	2443944	416879
2020	106165	247148	3853536	1815333	-171908
2021	101758	201499	3535745	1696309	-229617
2022	95494	163257	3302334	1273551	-174069

3-4-4 分地区网吧基本情况(2022年)
Statistics on Internet Bars by Region(2022)

地 区	Region	机构数 (个) Number of Institutions (unit)	从业人员 (人) Number of Employed Persons (person)	资产总计 (万元) Total Assets (10 000 yuan)	营业收入 (万元) Business Revenue (10 000 yuan)	营业成本 (万元) Business Costs (10 000 yuan)
全 国	**National Total**	**95494**	**163257**	**3302334**	**1273551**	**1447620**
北 京	Beijing	230	885	12715	4136	8883
天 津	Tianjin	726	1234	84132	5419	12410
河 北	Hebei	4191	4538	62701	25181	29964
山 西	Shanxi	2293	3402	50108	19573	22642
内蒙古	Inner Mongolia	789	1885	33638	12037	13292
辽 宁	Liaoning	1378	2629	135253	15227	25568
吉 林	Jilin	1432	2037	37694	14167	18708
黑龙江	Heilongjiang	1530	2904	62496	17745	20155
上 海	Shanghai	585	2374	49553	21048	38737
江 苏	Jiangsu	9523	10903	183929	105489	116122
浙 江	Zhejiang	2388	7844	134145	84545	93847
安 徽	Anhui	6970	9387	168834	85104	87404
福 建	Fujian	2038	3169	46206	29448	32610
江 西	Jiangxi	2346	5521	133740	48985	50060
山 东	Shandong	10180	8121	370653	62395	74035
河 南	Henan	9664	12162	170720	58196	73475
湖 北	Hubei	6997	7950	132902	60528	70333
湖 南	Hunan	5228	14989	355395	132326	133131
广 东	Guangdong	5638	13336	339113	120257	141435
广 西	Guangxi	934	5105	51270	28867	29729
海 南	Hainan	776	1326	16694	9234	9785
重 庆	Chongqing	1921	7564	117329	65612	66846
四 川	Sichuan	9204	16127	236484	124778	131787
贵 州	Guizhou	1444	5233	92850	42816	45162
云 南	Yunnan	2504	4774	77870	32357	35932
西 藏	Tibet	87	25	655	209	261
陕 西	Shaanxi	2314	3936	65501	25281	33870
甘 肃	Gansu	1199	1908	40010	11969	16107
青 海	Qinghai	233	1068	23955	4852	8782
宁 夏	Ningxia	208	611	9257	3837	4063
新 疆	Xinjiang	544	310	6534	1935	2483

3-4-4 续表 continued

地区	Region	#养老、医疗、失业等保险费 Endowment, Medical and Unemployment Insurance	#工资总额 Total Wages Payable	#税金总额 Total Taxes	营业利润(万元) Business Profits (10 000 yuan)
全国	**National Total**	**30893**	**440900**	**13427**	**-174069**
北京	Beijing	379	2044	55	-4748
天津	Tianjin	233	2573	88	-6991
河北	Hebei	480	8361	230	-4784
山西	Shanxi	260	6342	202	-3069
内蒙古	Inner Mongolia	192	3577	79	-1255
辽宁	Liaoning	413	5229	202	-10342
吉林	Jilin	242	5115	199	-4541
黑龙江	Heilongjiang	280	5030	129	-2410
上海	Shanghai	1135	9204	528	-17689
江苏	Jiangsu	2865	33619	1105	-10633
浙江	Zhejiang	2669	30583	1229	-9304
安徽	Anhui	1547	27120	993	-2301
福建	Fujian	561	11453	202	-3163
江西	Jiangxi	960	16495	537	-1075
山东	Shandong	1725	17744	812	-11638
河南	Henan	1100	22053	727	-15279
湖北	Hubei	1484	21365	594	-9805
湖南	Hunan	2242	42308	1198	-804
广东	Guangdong	4845	44051	1612	-21178
广西	Guangxi	535	9920	192	-863
海南	Hainan	391	3218	104	-550
重庆	Chongqing	1328	23258	358	-1234
四川	Sichuan	3046	44515	918	-7009
贵州	Guizhou	675	14877	406	-2346
云南	Yunnan	430	11666	274	-3574
西藏	Tibet	11	67		-52
陕西	Shaanxi	443	10583	290	-8590
甘肃	Gansu	171	4397	88	-4139
青海	Qinghai	102	2031	30	-3931
宁夏	Ningxia	61	1411	21	-227
新疆	Xinjiang	91	693	26	-547

3-4-5 分地区动漫企业基本情况(2022年)
Statistics on Comic and Animation Enterprises by Region(2022)

单位：万元 (10 000 yuan)

地 区	Region	企业数（个）Number of Enterprises (unit)	从业人员（人）Number of Employed Persons (person)	资产总计 Total Assets	营业收入 Business Revenue
全 国	**National Total**	**431**	**14138**	**21987532**	**8127665**
北 京	Beijing	31	1197	1581196	729993
天 津	Tianjin	11	301	321928	229639
河 北	Hebei	15	626	229311	115845
山 西	Shanxi	17	4	59571	175
内蒙古	Inner Mongolia	5	29	148781	5239
辽 宁	Liaoning	9	83	157583	42187
吉 林	Jilin	8	178	580890	18369
黑龙江	Heilongjiang	8	282	117241	125567
上 海	Shanghai	25	712	1913171	580563
江 苏	Jiangsu	54	850	1256591	277959
浙 江	Zhejiang	15	699	3521367	454356
安 徽	Anhui	17	1122	960624	536099
福 建	Fujian	31	1756	2682682	1268135
江 西	Jiangxi	15	257	207022	54343
山 东	Shandong	9	354	563132	253422
河 南	Henan	4	148	283780	94273
湖 北	Hubei	18	2050	2858610	946112
湖 南	Hunan	25	992	1343542	617764
广 东	Guangdong	59	1191	1946500	980277
广 西	Guangxi	9	198	133679	36679
海 南	Hainan				
重 庆	Chongqing	6	319	288590	128037
四 川	Sichuan	3	303	349113	477596
贵 州	Guizhou				
云 南	Yunnan	9	196	81855	70964
西 藏	Tibet	2	8	22256	1446
陕 西	Shaanxi	11	110	97377	51992
甘 肃	Gansu	6	55	127101	2403
青 海	Qinghai				
宁 夏	Ningxia	5	80	115869	17577
新 疆	Xinjiang	4	38	38170	10654

3-4-5 续表 1 continued

单位：万元 (10 000 yuan)

地 区	Region	营业成本 Business Cost	营业利润 Business Profit	利润总额 Total Profits	本年发放工资总额 Total Wages Payable During the Year
全 国	**National Total**	**7506477**	**621189**	**682596**	**1839505**
北 京	Beijing	734138	-4145	-65798	214325
天 津	Tianjin	227247	2392	4166	28624
河 北	Hebei	124001	-8156	-6185	55840
山 西	Shanxi	175			14
内蒙古	Inner Mongolia	12973	-7734	-7734	1543
辽 宁	Liaoning	35589	6598	7128	4187
吉 林	Jilin	29147	-10778	-8714	10740
黑龙江	Heilongjiang	128059	-2492	293	8009
上 海	Shanghai	616401	-35838	-36132	110818
江 苏	Jiangsu	337431	-59472	-53577	86298
浙 江	Zhejiang	347038	107318	120556	148406
安 徽	Anhui	481854	54245	68410	134872
福 建	Fujian	1192085	76050	102894	300936
江 西	Jiangxi	48360	5983	6234	19007
山 东	Shandong	228159	25263	26477	35548
河 南	Henan	84622	9651	9942	10218
湖 北	Hubei	877021	69091	83089	236947
湖 南	Hunan	569286	48479	48279	116824
广 东	Guangdong	713760	266517	283565	195809
广 西	Guangxi	39901	-3222	240	8336
海 南	Hainan				
重 庆	Chongqing	123740	4297	6258	40104
四 川	Sichuan	414247	63349	69798	34782
贵 州	Guizhou				
云 南	Yunnan	57535	13429	15466	22403
西 藏	Tibet	3234	-1788	197	474
陕 西	Shaanxi	51329	663	4362	7636
甘 肃	Gansu	2737	-334	-365	1509
青 海	Qinghai				
宁 夏	Ningxia	15133	2444	3530	2960
新 疆	Xinjiang	11275	-621	217	2336

3-4-5 续表 2 continued

单位：万元 (10 000 yuan)

地 区	Region	本年应交税金总额 Total Taxes Payable During the Year	经营面积（万平方米） Floor Space of Buildings Actually Used (10 000 sq.m)	原创漫画作 品（部） Original Comics (unit)	原创动画作 品（部） Original Animations (unit)
全 国	**National Total**	**321962**	**52**	**14985**	**3920**
北 京	Beijing	21597	1	558	86
天 津	Tianjin	3123	1	109	20
河 北	Hebei	4189	1	15	33
山 西	Shanxi		0	34	2
内蒙古	Inner Mongolia	480	0	12	2
辽 宁	Liaoning	95	1	2	29
吉 林	Jilin	1097	3	336	355
黑龙江	Heilongjiang	683	2	916	865
上 海	Shanghai	73325	2	3995	97
江 苏	Jiangsu	12527	6	111	276
浙 江	Zhejiang	14596	2	287	93
安 徽	Anhui	32586	5	28	163
福 建	Fujian	31790	4	3568	262
江 西	Jiangxi	1018	1	70	44
山 东	Shandong	15230	1	1079	53
河 南	Henan	1542	0	575	28
湖 北	Hubei	33558	3	255	215
湖 南	Hunan	3640	14	1288	457
广 东	Guangdong	55928	2	1263	325
广 西	Guangxi	1254	1	11	77
海 南	Hainan				
重 庆	Chongqing	7159	1	5	23
四 川	Sichuan	2325	1	123	1
贵 州	Guizhou				
云 南	Yunnan	1393	0	97	75
西 藏	Tibet	15	0	7	32
陕 西	Shaanxi	2052	1	217	229
甘 肃	Gansu	33	1	21	33
青 海	Qinghai				
宁 夏	Ningxia	368	1	1	16
新 疆	Xinjiang	359	0	2	29

3-5-1 全国广告业务收入情况
Revenue of Advertising Industry

单位：万元 (10000 yuan)

项 目	Item	2021	2022
合 计	**Total**	**11170.4**	**11799.3**
设 计	Design	231.0	302.9
制 作	Production	208.7	226.4
代 理	Agency	2841.7	3065.0
发 布	Publishing	7250.1	7570.0
#互联网	Internet	5391.6	5235.9
#移动互联网	Mobile Internet	3615.0	3583.7
#电视	TV	681.4	919.1
#电影	Movie	122.9	162.4
#广播	Broadcast	181.1	245.1
#报纸	Newspaper	119.2	131.2
#期刊	Magazine	22.0	29.5
#户外媒体	Outdoor Media	428.4	522.0
其 他	Other	638.9	635.0
#互联网广告其他服务	Internet Advertising Other Services	549.8	538.3

注：统计范围为从事广告业务的事业单位和规模以上企业。
a)The statistical scope is public institutions and enterprises above designated size engaged in advertising business.

3-5-2 建筑设计资质企业财务状况
Basic Statistics on Enterprises with Qualification of Architectural Design

单位：万元 (10 000 yuan)

年 份 Year	企业数 (个) Number of Enterprises (unit)	年末从业人员 (人) Number of Engaged Persons (person)	营业收入 Business Revenue	工程设计收入 Revenue from Architectural Design	营业成本 Business Costs	营业税金及附加 Business Tax and Extra Charges	利润总额 Total Profits
2005	4884	234329	3237923	2279707	2266299	166401	275254
2006	4927	248217	4552516	2788937	3603802	192057	362412
2007	4770	248927	5205057	3117790	3820277	237104	585939
2008	4898	265937	6767675	3601185	5622401	291890	564984
2009	4639	262262	7465897	4214278	5575048	393833	638462
2010	4503	271640	9437047	5696845	7019460	477471	853991
2011	4741	301146	10671552	7704387	7926979	542042	983842
2012	4756	334079	16766975	8026237	13527863	907360	1105260
2013	4721	440723	32027066	9234444	28274503	1041536	1732014
2014	4629	619936	33922163	9086579	29314282	929261	1876940
2015	4638	992192	48679714	8473641	43735356	1253958	2249691
2016	4720	995369	68638514	9643756	64704857	887429	3005464
2017	4857	1561511	123598218	12784863	99892392	810000	4445661
2018	4746	1762877	161555084	15419330	143890285	1008833	5557868
2019	5483	2176187	257994719	17362241	248652944	1514789	8390771
2020	5482	1887227	304129729	18152666	271133313	1253430	9496756
2021	5919	2203876	348884048	18849346	314111823	1195795	9421752
2022	6037	2178991	375585558	16845381	355348680	1387309	10593313

3-5-2 续表 continued

单位：万元 (10 000 yuan)

年 份 Year	#应交所得税 Income Tax	净利润 Net Profit	资产合计 Total Assets	#流动资产 Current Assets	#固定资产 Fixed Assets	负债合计 Total Liabilities	所有者权益合计 Owner's Equity
2005	58188	173398	3120317	1861566	912490	1597350	1255350
2006	81953	285219	4395009	2932160	915817	2629112	1688414
2007	135849	443711	5650968	3894876	1756092	3439318	2333035
2008	125108	432196	6681307	4652548	1226162	3318025	2297147
2009	129068	514118	7447221	5246011	1228264	4398034	3150781
2010	166461	717026	9202050	6605237	1349599	5391611	3732603
2011	204346	852486	9987260	7212448	1661136	5863598	4123662
2012	223003	878387	17915480	13163508	2292400	13637479	6352764
2013	309702	1456197	33746082	25871119	3619539	24112948	9477527
2014	319710	1560491	36754717	28907065	3225231	25357933	12009528
2015	480270	1769421	57982174	44438328	4710903	39148307	18833868
2016	543001	2462463	81131356	55429006	3767846	54711662	26419694
2017	801451	3644210	122377105	97353413	10488285	90233578	32143526
2018	976850	4581019	162991573	130405674	9166174	120412493	42579079
2019	1448347	6942424	270114528	221458210	15209545	201998357	68116172
2020	1407643	8089113	320586705	250293984	12566121	240341180	80245525
2021	1536162	7885591	352194002	276422873	13752148	264455210	87738793
2022	1676073	8917240	431240037	336092527	17356335	322249173	108990864

3-5-3 建筑装饰工程设计资质企业财务状况

Basic Statistics on Enterprises with Qualification of Architectural Decoration Design

单位：万元 (10 000 yuan)

年份 Year	企业数（个）Number of Enterprises (unit)	年末从业人员（人）Number of Engaged Persons (person)	营业收入 Business Revenue	工程设计收入 Revenue from Architectural Design	营业成本 Business Costs	营业税金及附加 Business Tax and Extra Charges	利润总额 Total Profits
2005	1922	116229	4845623	217989	4344140	156669	174627
2006	1830	118365	5351344	275378	4845880	175239	214781
2007	1761	133011	6772134	304296	6886845	265928	259775
2008	1743	144531	8770511	337127	8451226	316453	287908
2009	1540	137928	8109865	374588	7216557	294696	359116
2010	1431	152487	10106854	498147	9431278	369509	461116
2011	1582	183071	16787224	687997	14989836	628354	827684
2012	1657	210874	19704075	822418	19290291	843912	969811
2013	1627	225853	25514507	892322	22999605	952834	1350681
2014	1617	240280	27512847	736817	24961140	1028564	992554
2015	2102	287805	28056256	1335440	26274762	987513	1243780
2016	3579	407382	43496975	1145472	36653437	999893	1752944
2017	5172	639042	50287014	1425987	41799649	565240	1921169
2018	4598	627462	63603848	1458395	55810492	696492	2898156
2019	4343	533276	65988381	1924811	52481884	385668	2419330
2020	4357	485710	57119104	1841141	49374496	376533	1725528
2021	5047	521915	65176146	2081895	56382938	403193	614013
2022	5293	495897	53822693	2024338	48788517	245727	1014260

3-5-3 续表 continued

单位：万元 (10 000 yuan)

年份 Year	#应交所得税 Income Tax	净利润 Net Profit	资产合计 Total Assets	#流动资产 Current Assets	#固定资产 Fixed Assets	负债合计 Total Liabilities	所有者权益合计 Owner's Equity
2005	42835	121780	4748227	3864734	596025	2868364	1837941
2006	55610	153302	5190652	4162897	593598	3022365	1847896
2007	72562	196918	5862296	4776311	1085985	3760263	2138982
2008	66152	232092	6320592	5259003	613924	3934500	2261839
2009	87273	266457	6675043	5271951	635702	3953432	2334507
2010	115984	313182	7569608	6336449	710851	4719375	2676857
2011	206080	631805	12187969	10122453	1103385	7482452	4705518
2012	225349	746820	16427116	14154047	1039688	11686290	5363942
2013	281129	960104	20071977	17306144	1053119	13014844	7106297
2014	293793	691812	26851028	22592936	1465867	18610067	8077389
2015	289336	954444	25435716	21187273	1272835	15033434	10402282
2016	399758	1353179	40002853	32365642	2152196	23156392	16846461
2017	409436	1511722	47733560	38745330	2666155	29066016	18667544
2018	480484	2417672	58881980	48346515	2606216	36319677	22562303
2019	445943	1973387	58893239	50444376	2738137	38038967	20854271
2020	315522	1410006	58747496	50643821	2628821	38283749	20463747
2021	223374	390639	63713956	54430080	2809646	43576233	20137723
2022	253632	760628	63157701	54665958	2554908	42580675	20577026

3-5-4 文化产业相关的通信业基本情况
Statistics on Communication Service Related with Culture Industries

指标名称	Item	2013	2014	2015	2016
用户规模	**Number of Subscribers**				
移动电话用户(万户)	Mobile Telephone Subscribers (10 000 subscribers)	122911.3	128609.3	127139.7	132193.4
#移动个性化回铃用户	Mobile Music Ring Back Tone Subsctibers	60249.9			
手机报用户	Mobile Newspapers Subscribers	8746.5			
(固定)互联网宽带接入用户(万户)	(Fixed)Broadband Subscribers of Internet (10 000 subscribers)	18890.9	20048.3	25946.6	29720.7
移动互联网用户(万户)	Mobile Internet Subscribers o(10 000 subscribers)	80756.3	87522.1	96447.2	109395.0
宽带电视用户(万户)	Broadband TV Subscribers (10 000 subscribers)	2842.5	3363.7	4589.5	8672.8
手机电视用户(万户)	Mobile TV Subscribers of (10 000 subscribers)	4411.2			
互联网网民人数(亿人)	Internet Users (100 million persons)	6.18	6.49	6.88	7.3
业务使用量	**Business Volume**				
移动短信业务量(亿条)	Short Message Services (100 million messages)	8567.0	7674.2	6991.8	6670.9
固定互联网宽带接入时长(亿分钟)	Access Length of Fixed Internet by Broadband (100 million minutes)	325447.5	414354.8	499632.6	
移动互联网接入流量(万GB)	Access Volume of Mobile Internet (10 000 GB)	126715.7	206193.6	418753.3	937863.5
网页长度(总字节数)(GB)	Length of Webpages (GB)	7133363	8879006	14129575	12912602.5
网站数(万个)	Number of Websites (10 000 units)	320.2	334.9	422.9	482.4
网络基础设施投资和能力	**Infrastructure Investmen and Capacity**				
电信固定资产投资(亿元)	Fixed Assets Investment of Telecommunication (100 million yuan)	3742.6	4006.2	4524.8	3739.1
#互联网及数据通信	Internet and Data Communication	511.1	400.2	716.3	809.3
移动电话基站(万个)	Base Stations of Mobile Phones (10 000 units)	241.0	350.8	465.6	559.4
光缆线路长度(万公里)	Length of Optical Cable Lines (10 000 km)	1745.4	2061.3	2486.3	3042.1
互联网宽带接入端口(万个)	Broad Band Subscribers Port of Internet (10 000 ports)	35945.3	40546.1	57709.4	71276.9
IPv4地址数(万个)	IPv4 Addresses (10 000 units)	33030.8	33198.8	24698.3	28229.8
IPv6地址数(块/32)	IPv6 Addresses (piece/32)	16670	18797	11362	11362
互联网国际出口带宽(Mbps)	International Internet Bandwidth (Mbps)	3406824	4118663	5283570	6640291
服务水平	**Service**				
移动电话普及率(部/百人)	Popularization Rate of Mobile Telephone (sets/100 persons)	90.3	94.0	92.5	95.6
互联网普及率(%)	Popularization Rate of Internet (%)	45.8	47.9	50.3	53.2
移动电话漫游国家和地区(个)	Countries(Regions)with Mobile Phone Roaming (unit)	258	258	255	258.0
开通互联网业务的行政村比重(%)	Percentage of Administrative Village with Access to Internet (%)				
开通互联网宽带业务的行政村比重(%)	Percentage of Administrative Village with Access to Internet by Broadband (%)	91.0	93.5	94.8	96.7
互联网和相关服务业	**Internet and Related Service**				
企业数(个)	Number of Enterprises (unit)	22099	24001	26388	30547
从业人员(人)	Number of Enmployed Persons (person)	839916	807999	850118	885167
业务收入(亿元)	Revenue (100 million yuan)	3317.0	4229.4	5443.6	6650.6

注：自2018年起，增值电信服务调整为互联网和相关服务业。
a) Since 2018, Value-added Telecom is changed to Internet and Related Service.

3-5-4 续表 1 continued

指标名称	Item	2017	2018	2019
用户规模	**Number of Subscribers**			
移动电话用户(万户)	Mobile Telephone Subscribers (10 000 subscribers)	141748.7	156609.8	160134.5
#移动个性化回铃用户	Mobile Music Ring Back Tone Subsctibers			
手机报用户	Mobile Newspapers Subscribers			
(固定)互联网宽带接入用户(万户)	(Fixed)Broadband Subscribers of Internet (10 000 subscribers)	34854.0	40738.2	44927.9
移动互联网用户(万户)	Mobile Internet Subscribers o(10 000 subscribers)	127153.7	127481.5	131852.6
宽带电视用户(万户)	Broadband TV Subscribers (10 000 subscribers)	12218.0	25526	29395.7
手机电视用户(万户)	Mobile TV Subscribers of (10 000 subscribers)			
互联网网民人数(亿人)	Internet Users (100 million persons)	7.7	8.29	9.04
业务使用量	**Business Volume**			
移动短信业务量(亿条)	Short Message Services (100 million messages)	6641.4	11398.6	15066.4
固定互联网宽带接入时长(亿分钟)	Access Length of Fixed Internet by Broadband (100 million minutes)			
移动互联网接入流量(万GB)	Access Volume of Mobile Internet (10 000 GB)	2459380.3	7090039.3	12199201
网页长度(总字节数)(GB)	Length of Webpages (GB)	16314789.2	18178538.6	19981731
网站数(万个)	Number of Websites (10 000 units)	533.3	523.4	496.6
网络基础设施投资和能力	**Infrastructure Investmen and Capacity**			
电信固定资产投资(亿元)	Fixed Assets Investment of Telecommunication (100 million yuan)	3725.2	3507.3	3654.1
#互联网及数据通信	Internet and Data Communication	670.5	653.5	402.0
移动电话基站(万个)	Base Stations of Mobile Phones (10 000 units)	618.7	667.2	841.0
光缆线路长度(万公里)	Length of Optical Cable Lines (10 000 km)	3780.1	4316.8	4741.2
互联网宽带接入端口(万个)	Broad Band Subscribers Port of Internet (10 000 ports)	77599.1	86752.3	91578.0
IPv4地址数(万个)	IPv4 Addresses (10 000 units)	33870.5	33892.5	33909.3
IPv6地址数(块/32)	IPv6 Addresses (piece/32)	23430	41079	47885
互联网国际出口带宽(Mbps)	International Internet Bandwidth (Mbps)	7320180	8946570	8827751
服务水平	**Service**			
移动电话普及率(部/百人)	Popularization Rate of Mobile Telephone (sets/100 persons)	102.0	112.2	114.4
互联网普及率(%)	Popularization Rate of Internet (%)	55.8	59.6	64.5
移动电话漫游国家和地区(个)	Countries(Regions)with Mobile Phone Roaming (unit)	262.0	260.0	261
开通互联网业务的行政村比重(%)	Percentage of Administrative Village with Access to Internet (%)			
开通互联网宽带业务的行政村比重(%)	Percentage of Administrative Village with Access to Internet by Broadband (%)			
互联网和相关服务业	**Internet and Related Service**			
企业数(个)	Number of Enterprises (unit)	31470	33337	48637
从业人员(人)	Number of Enmployed Persons (person)	906698	3981720	2861720
业务收入(亿元)	Revenue (100 million yuan)	7901.9	9797.0	12655.0

3-5-4 续表 2 continued

指标名称	Item	2020	2021	2022
用户规模	**Number of Subscribers**			
移动电话用户(万户)	Mobile Telephone Subscribers (10 000 subscribers)	159407.0	164282.5	168344.3
#移动个性化回铃用户	Mobile Music Ring Back Tone Subsctibers			
手机报用户	Mobile Newspapers Subscribers			
(固定)互联网宽带接入用户(万户)	(Fixed)Broadband Subscribers of Internet (10 000 subscribers)	48355.0	53578.7	58964.8
移动互联网用户(万户)	Mobile Internet Subscribers o(10 000 subscribers)	134851.9	141564.9	145385.1
宽带电视用户(万户)	Broadband TV Subscribers (10 000 subscribers)	31515.2		
手机电视用户(万户)	Mobile TV Subscribers of (10 000 subscribers)			
互联网网民人数(亿人)	Internet Users (100 million persons)	9.89	10.32	10.67
业务使用量	**Business Volume**			
移动短信业务量(亿条)	Short Message Services (100 million messages)	17795.7	17619.5	18748.1
固定互联网宽带接入时长(亿分钟)	Access Length of Fixed Internet by Broadband (100 million minutes)			
移动互联网接入流量(万GB)	Access Volume of Mobile Internet (10 000 GB)	16556817	22163224	26175867
网页长度(总字节数)(GB)	Length of Webpages (GB)	22524064	33496371	27721732
网站数(万个)	Number of Websites (10 000 units)	442.9	418.4	386.5
网络基础设施投资和能力	**Infrastructure Investmen and Capacity**			
电信固定资产投资(亿元)	Fixed Assets Investment of Telecommunication (100 million yuan)	4085.2	4073.6	4191.3
#互联网及数据通信	Internet and Data Communication	339.9	480.5	606.0
移动电话基站(万个)	Base Stations of Mobile Phones (10 000 units)	931.0	996.3	1083.4
光缆线路长度(万公里)	Length of Optical Cable Lines (10 000 km)	5169.2	5480.8	5958.0
互联网宽带接入端口(万个)	Broad Band Subscribers Port of Internet (10 000 ports)	94604.7	101784.7	107104.2
IPv4地址数(万个)	IPv4 Addresses (10 000 units)	34066.8	34388.1	34322.8
IPv6地址数(块/32)	IPv6 Addresses (piece/32)	54593	59995	64318
互联网国际出口带宽(Mbps)	International Internet Bandwidth (Mbps)	11511397	13839969	18469972
服务水平	**Service**			
移动电话普及率(部/百人)	Popularization Rate of Mobile Telephone (sets/100 persons)	112.9	116.3	119.2
互联网普及率(%)	Popularization Rate of Internet (%)	70.4	73.0	75.6
移动电话漫游国家和地区(个)	Countries(Regions)with Mobile Phone Roaming (unit)	264	264	264
开通互联网业务的行政村比重(%)	Percentage of Administrative Village with Access to Internet (%)			
开通互联网宽带业务的行政村比重(%)	Percentage of Administrative Village with Access to Internet by Broadband (%)			
互联网和相关服务业	**Internet and Related Service**			
企业数(个)	Number of Enterprises (unit)	62183	78661	89081
从业人员(人)	Number of Enmployed Persons (person)	2411154	3001303	3270774
业务收入(亿元)	Revenue (100 million yuan)	15970.0	20497.5	24167.4

4

港澳台地区统计资料

Statistical Indicators of Hong Kong, Macao and Taiwan Province of China

4-1-1　香港文化及创意产业增加值
Value Added of the Cultural and Creative Industries of Hong Kong, China

单位：百万港元　　(HKD million)

项　目	Item	2019	2020	2021
文化及创意产业增加值	**Value-added of Cultural and Creative Industries**	**129347**	**115566**	**124806**
艺术品、古董及工艺品	Art, Antiques and Crafts	18677	14662	16574
文化教育及图书馆、档案保存和博物馆服务	Cultural Education and Library, Archive and Museum Services	1499	1060	1285
表演艺术	Performing Arts	1230	1022	1060
电影及录像和音乐	Film, Video and Music	3025	2142	2840
电视及电台	Television and Radio	5678	6001	5161
出版	Publishing	14305	13235	13347
软件、电脑游戏及互动媒体	Software, Computer Games and Interactive Media	56418	54415	59361
设计	Design	4845	3964	4360
建筑	Architecture	11470	13220	14529
广告	Advertising	9940	5764	5931
娱乐服务	Amusement Services	2259	82	358
文化及创意产业增加值占本地生产总值百分比(%)	**Value-added of Cultural and Creative Industries as Percentage of GDP (%)**	**4.7**	**4.5**	**4.5**

资料来源：中国香港特别行政区政府统计处(以下相关表同)。
Data source: Census and Statistics Department of Hong Kong SAR. The same applies to the relevant tables following.

4-1-2　香港文化及创意产业就业人数
Number of Persons Engaged in the Cultural and Creative Industries of Hong Kong, China

单位：人　　(person)

项　目	Item	2019	2020	2021
文化及创意产业就业人数	**Number of Persons Engaged in Cultural and Creative Industries**	**237150**	**228600**	**225880**
艺术品、古董及工艺品	Art, Antiques and Crafts	31940	28880	27590
文化教育及图书馆、档案保存和博物馆服务	Cultural Education and Library, Archive and Museum Services	12660	11980	11490
表演艺术	Performing Arts	5460	5280	5220
电影及录像和音乐	Film, Video and Music	15410	14970	14570
电视及电台	Television and Radio	6120	5690	5470
出版	Publishing	36460	34340	31870
软件、电脑游戏及互动媒体	Software, Computer Games and Interactive Media	64310	64980	66270
设计	Design	18590	18580	18810
建筑	Architecture	16480	16670	16800
广告	Advertising	19500	18690	18230
娱乐服务	Amusement Services	10240	8530	9560
占总就业人数的百分比(%)	**as Percentage of Total Employment (%)**	**6.1**	**6.2**	**6.2**

注：数据进位至最接近的十位数。
a) Number rounded to the nearest ten.

4-1-3 香港文化及创意产品进出口情况
Total Exports and Imports of Cultural and Creative Goods of Hong Kong, China

单位：百万港元 (HKD million)

项 目	Item	2010	2011	2012	2013	2014	2015
文化及创意产品的出口	**Exports of Cultural and Creative Goods**	**449803**	**495826**	**537874**	**507105**	**505067**	**487946**
古董及工艺品产品	Antiques and Crafts Goods	9849	11194	10696	11505	11956	11980
视觉艺术及设计产品	Visual arts and Design Goods	44990	56400	63450	66430	70876	63428
视听及互动媒体产品	Audio-visual and Interactive Media Goods	334621	362876	393864	364993	363525	352662
表演艺术及节庆产品	Performing Arts and Celebration Goods	47294	52010	57469	52204	47004	48517
出版产品(书籍及报刊)	Publishing Goods (Books and Press)	13049	13346	12395	11973	11706	11359
占整体出口的百分比(%)	**as Percentage of Total Exports of Goods (%)**	**14.8**	**14.9**	**15.7**	**14.2**	**13.8**	**13.5**
文化及创意产品的进口	**Imports of Cultural and Creative Goods**	**477698**	**545928**	**609622**	**596230**	**577487**	**534330**
古董及工艺品产品	Antiques and Crafts Goods	10946	15287	13394	14005	13718	12134
视觉艺术及设计产品	Visual arts and Design Goods	58888	91783	106054	110480	127796	112383
视听及互动媒体产品	Audio-visual and Interactive Media Goods	347103	370599	415080	399201	368887	347570
表演艺术及节庆产品	Performing Arts and Celebration Goods	51944	59015	66266	64222	58880	53798
出版产品(书籍及报刊)	Publishing Goods (Books and Press)	8817	9244	8828	8322	8206	8445
占整体进口的百分比(%)	**as Percentage of Total Imports of Goods (%)**	**14.2**	**14.5**	**15.6**	**14.7**	**13.7**	**13.2**

4-1-3 续表 continued

单位：百万港元 (HKD million)

项 目	Item	2016	2017	2018	2019	2020	2021
文化及创意产品的出口	**Exports of Cultural and Creative Goods**	**452741**	**520761**	**618006**	**571337**	**573943**	**747762**
古董及工艺品产品	Antiques and Crafts Goods	11649	12066	11899	10929	9457	11831
视觉艺术及设计产品	Visual arts and Design Goods	56964	58427	72470	86571	64612	104892
视听及互动媒体产品	Audio-visual and Interactive Media Goods	324894	379791	441617	393146	426673	548380
表演艺术及节庆产品	Performing Arts and Celebration Goods	48189	60560	82221	71364	65099	73584
出版产品(书籍及报刊)	Publishing Goods (Books and Press)	11046	9918	9799	9327	8103	9075
占整体出口的百分比(%)	**as Percentage of Total Exports of Goods (%)**	**12.6**	**13.4**	**14.9**	**14.3**	**14.6**	**15.1**
文化及创意产品的进口	**Imports of Cultural and Creative Goods**	**499242**	**561635**	**668814**	**591540**	**549007**	**725113**
古董及工艺品产品	Antiques and Crafts Goods	14028	12659	12115	13221	9084	11883
视觉艺术及设计产品	Visual arts and Design Goods	111420	122954	130305	145307	112626	181206
视听及互动媒体产品	Audio-visual and Interactive Media Goods	313503	358932	434645	361375	353116	451139
表演艺术及节庆产品	Performing Arts and Celebration Goods	52173	59586	83753	64366	67572	73657
出版产品(书籍及报刊)	Publishing Goods (Books and Press)	8119	7505	7996	7271	6610	7228
占整体进口的百分比(%)	**as Percentage of Total Imports of Goods (%)**	**12.5**	**12.9**	**14.2**	**13.4**	**12.9**	**13.7**

4-1-4 香港文化及创意服务输出和输入情况
Exports and Imports of Cultural and Creative Services of Hong Kong, China

单位：百万港元 (HKD million)

项 目	Item	2010	2011	2012	2013
文化及创意服务的输出	**Exports of Cultural and Creative Services**	**22185**	**24276**	**25771**	**25065**
广告、市场研究及公众意见调查服务	Advertising, Market Research and Public Opinion Polling Services	5063	5701	6090	6451
建筑、工程、科学及其他技术服务	Architectural, Engineering and Other Technical Services	3745	3731	3946	3815
电脑服务	Computer Services	6307	6621	7027	7293
资讯服务	Information Services	570	742	766	760
视听及有关服务	Audio-visual and Related Services	869	858	869	732
其他个人、文化及康乐服务	Other Personal, Cultural and Recreational Services	2441	2820	2807	1087
研究及发展服务	Research and Development Services	395	535	606	903
特许经营权及商标以外的知识产权使用费	Charges for the Use of Intellectual Property Rights Other Than Franchises and Trademarks	2795	3268	3660	4024
占服务输出总额的百分比(%)	**as Percentage of Total Exports of Services (%)**	**3.5**	**3.4**	**3.4**	**3.1**
文化及创意服务的输入	**Imports of Cultural and Creative Services**	**23544**	**24316**	**25340**	**25189**
广告、市场研究及公众意见调查服务	Advertising, Market Research and Public Opinion Polling Services	3725	3984	4498	4386
建筑、工程、科学及其他技术服务	Architectural, Engineering and Other Technical Services	1971	2483	2544	2593
电脑服务	Computer Services	3788	3481	3706	4260
资讯服务	Information Services	596	730	774	1127
视听及有关服务	Audio-visual and Related Services	307	495	544	464
其他个人、文化及康乐服务	Other Personal, Cultural and Recreational Services	341	233	320	289
研究及发展服务	Research and Development Services	908	917	1047	1069
特许经营权及商标以外的知识产权使用费	Charges for the Use of Intellectual Property Rights Other Than Franchises and Trademarks	11908	11993	11907	11001
占服务输入总额的百分比(%)	**as Percentage of Total Imports of Services (%)**	**4.3**	**4.2**	**4.3**	**4.3**

4-1-4 续表 1 continued

单位：百万港元 (HKD million)

项 目	Item	2014	2015	2016	2017
文化及创意服务的输出	**Exports of Cultural and Creative Services**	**25515**	**24768**	**24485**	**25729**
广告、市场研究及公众意见调查服务	Advertising, Market Research and Public Opinion Polling Services	5961	5347	5161	5253
建筑、工程、科学及其他技术服务	Architectural, Engineering and Other Technical Services	4107	4302	3972	4262
电脑服务	Computer Services	7380	7156	7132	7328
资讯服务	Information Services	726	701	719	723
视听及有关服务	Audio-visual and Related Services	675	576	658	620
其他个人、文化及康乐服务	Other Personal, Cultural and Recreational Services	1328	1423	1670	1938
研究及发展服务	Research and Development Services	1209	1024	805	931
特许经营权及商标以外的知识产权使用费	Charges for the Use of Intellectual Property Rights Other Than Franchises and Trademarks	4129	4239	4368	4674
占服务输出总额的百分比(%)	**as Percentage of Total Exports of Services (%)**	**3.1**	**3.1**	**3.2**	**3.2**
文化及创意服务的输入	**Imports of Cultural and Creative Services**	**25416**	**25402**	**25352**	**26125**
广告、市场研究及公众意见调查服务	Advertising, Market Research and Public Opinion Polling Services	4069	4189	4109	4244
建筑、工程、科学及其他技术服务	Architectural, Engineering and Other Technical Services	2837	2923	2699	2521
电脑服务	Computer Services	5087	4998	5065	5081
资讯服务	Information Services	1022	1135	1085	1108
视听及有关服务	Audio-visual and Related Services	389	416	403	365
其他个人、文化及康乐服务	Other Personal, Cultural and Recreational Services	387	430	581	639
研究及发展服务	Research and Development Services	1250	1089	1164	1610
特许经营权及商标以外的知识产权使用费	Charges for the Use of Intellectual Property Rights Other Than Franchises and Trademarks	10375	10222	10246	10559
占服务输入总额的百分比(%)	**as Percentage of Total Imports of Services (%)**	**4.4**	**4.4**	**4.4**	**4.3**

4-1-4 续表 2 continued

单位：百万港元 (HKD million)

项　目	Item	2018	2019	2020	2021
文化及创意服务的输出	**Exports of Cultural and Creative Services**	**26916**	**26387**	**23042**	**25330**
广告、市场研究及公众意见调查服务	Advertising, Market Research and Public Opinion Polling Services	5341	4951	3787	4991
建筑、工程、科学及其他技术服务	Architectural, Engineering and Other Technical Services	4571	4304	3559	4034
电脑服务	Computer Services	7471	7613	7268	8118
资讯服务	Information Services	838	851	744	746
视听及有关服务	Audio-visual and Related Services	570	480	297	315
其他个人、文化及康乐服务	Other Personal, Cultural and Recreational Services	2141	2183	1817	1338
研究及发展服务	Research and Development Services	1194	1154	1093	1245
特许经营权及商标以外的知识产权使用费	Charges for the Use of Intellectual Property Rights Other Than Franchises and Trademarks	4790	4851	4477	4543
占服务输出总额的百分比(%)	**as Percentage of Total Exports of Services (%)**	**3.0**	**3.3**	**4.4**	**4.1**
文化及创意服务的输入	**Imports of Cultural and Creative Services**	**27189**	**26158**	**25875**	**27352**
广告、市场研究及公众意见调查服务	Advertising, Market Research and Public Opinion Polling Services	4283	3923	3477	3488
建筑、工程、科学及其他技术服务	Architectural, Engineering and Other Technical Services	2531	2650	2689	2203
电脑服务	Computer Services	5143	5056	6322	6610
资讯服务	Information Services	1215	1215	1213	1415
视听及有关服务	Audio-visual and Related Services	406	328	267	227
其他个人、文化及康乐服务	Other Personal, Cultural and Recreational Services	720	766	1421	1595
研究及发展服务	Research and Development Services	2253	1496	1321	1502
特许经营权及商标以外的知识产权使用费	Charges for the Use of Intellectual Property Rights Other Than Franchises and Trademarks	10638	10724	9165	10312
占服务输入总额的百分比(%)	**as Percentage of Total Imports of Services (%)**	**4.2**	**4.1**	**6.1**	**5.7**

4-2-1 澳门文化活动参与情况
Statistics on Arts Attendance of Macao,China

单位：% (%)

类 别	Category	2018 总参与率 Total Participation Rate	去电影院 Visiting Movie Theaters	去图书馆 Visiting Libraries	参观博物馆或世遗景点 Visiting Museums or Historic Spots	观看表演 Performing Arts Attendance	参观艺术展览 Visting Art Exhibition
总 计	**Total**	**54.3**	**34.8**	**26.8**	**22.0**	**16.3**	**7.8**
按性别分组	**By Gender**						
男	Male	54.9	36.9	25.5	20.4	14.7	8.0
女	Female	53.7	32.9	28.0	23.5	17.8	7.6
按年龄分组	**By Age**						
16-24岁	Aged 16-24	83.6	65.4	54.8	28.6	23.6	7.4
25-34岁	Aged 25-34	65.1	51.4	24.9	25.1	19.7	7.0
35-44岁	Aged 35-44	60.9	41.8	29.5	26.9	17.5	9.7
45-54岁	Aged 45-54	43.0	25.7	19.9	16.5	11.6	6.5
55岁及以上	Aged 55 and Over	37.8	11.6	20.7	17.6	13.3	8.1
按教育程度分组	**By Education Attainment**						
小学教育	Primary Education	34.3	13.8	16.0	14.4	10.8	5.3
初中教育	Junior Secondary Education	47.1	26.9	25.3	18.7	10.4	4.0
高中教育	Senior Secondary Education	55.3	36.5	27.5	20.2	14.5	5.8
高等教育	Higher Education	75.5	55.4	36.4	33.5	27.1	15.0
其 他	Other Education	21.4	6.5	9.7	6.4	7.4	1.7
按经济活动状况分组	**By Economic Activity Status**						
劳动人口	Economically Active Population	55.0	37.9	23.4	22.1	16.3	7.5
非劳动人口	Non-economically Active Population	52.4	27.1	35.2	21.8	16.5	8.4

资料来源：中国澳门特别行政区政府澳门统计暨普查局(以下相关表同)。
Data source: Census and Statistics Department of Macao SAR. The same applies to the relevant tables following.

4-2-1 续表 1 continued

单位：% (%)

类 别	Category	2019 总参与率 Total Participation Rate	去电影院 Visiting Movie Theaters	去图书馆 Visiting Libraries	参观博物馆或世遗景点 Visiting Museums or Historic Spots	观看表演 Performing Arts Attendance	参观艺术展览 Visting Art Exhibition
总 计	**Total**	**54.4**	**34.9**	**27.3**	**20.1**	**15.5**	**6.3**
按性别分组	**By Gender**						
男	Male	55.8	36.6	28.1	19.2	13.9	6.0
女	Female	53.2	33.4	26.6	21.0	16.8	6.6
按年龄分组	**By Age**						
16-24岁	Aged 16-24	81.9	63.0	62.7	27.6	25.4	7.3
25-34岁	Aged 25-34	68.6	54.8	25.5	24.0	18.7	6.6
35-44岁	Aged 35-44	60.5	43.3	28.7	23.2	14.4	7.4
45-54岁	Aged 45-54	46.6	26.7	20.7	19.4	10.9	5.0
55岁及以上	Aged 55 and Over	35.5	10.6	19.4	13.4	13.1	5.9
按教育程度分组	**By Education Attainment**						
小学教育	Primary Education	35.4	13.9	18.8	12.3	10.0	4.3
初中教育	Junior Secondary Education	46.7	23.8	23.8	17.3	10.1	3.9
高中教育	Senior Secondary Education	55.9	36.1	26.3	17.5	13.2	4.7
高等教育	Higher Education	74.3	57.9	38.3	30.9	26.0	11.4
其 他	Other Education	74.3	5.9	10.0	9.8	7.0	2.8
按经济活动状况分组	**By Economic Activity Status**						
劳动人口	Economically Active Population	55.3	38.7	23.7	21.2	14.9	6.6
非劳动人口	Non-economically Active Population	52.2	25.9	35.7	17.5	16.9	5.7

4-2-1 续表 2 continued

单位：% (%)

类 别	Category	2020 总参与率 Total Participation Rate	去电影院 Visiting Movie Theaters	去图书馆 Visiting Libraries	参观博物馆或世遗景点 Visiting Museums or Historic Spots	观看表演 Performing Arts Attendance	参观艺术展 览 Visting Art Exhibition
总 计	**Total**	**39.4**	**19.0**	**20.6**	**16.3**	**7.8**	**4.6**
按性别分组	**By Gender**						
男	Male	39.2	19.5	19.5	15.5	6.7	3.8
女	Female	39.7	18.5	21.5	16.9	8.8	5.3
按年龄分组	**By Age**						
16-24岁	Aged 16-24	65.3	39.4	49.1	16.3	11.2	4.7
25-34岁	Aged 25-34	47.8	28.9	19.6	19.3	8.5	4.8
35-44岁	Aged 35-44	44.7	22.9	20.3	22.6	9.4	6.5
45-54岁	Aged 45-54	30.6	14.7	12.7	14.4	5.5	3.8
55岁及以上	Aged 55 and Over	27.1	5.6	17.2	11.1	6.5	3.7
按教育程度分组	**By Education Attainment**						
小学教育	Primary Education	19.2	4.6	11.5	6.1	3.0	1.3
初中教育	Junior Secondary Education	32.1	13.0	18.2	12.7	5.7	2.4
高中教育	Senior Secondary Education	39.2	20.6	21.5	14.3	7.3	4.0
高等教育	Higher Education	58.0	30.9	27.4	26.9	12.7	8.9
其 他	Other Education	14.4	2.6	8.7	4.8	2.2	0.5
按经济活动状况分组	**By Economic Activity Status**						
劳动人口	Economically Active Population	38.6	20.5	16.5	17.5	7.9	4.9
非劳动人口	Non-economically Active Population	41.5	15.2	30.7	13.2	7.5	4.0

4-2-1 续表 3 continued

单位：% (%)

类 别	Category	2021 总参与率 Total Participation Rate	去电影院 Visiting Movie Theaters	去图书馆 Visiting Libraries	参观博物馆或世遗景点 Visiting Museums or Historic Spots	观看表演 Performing Arts Attendance	参观艺术展 览 Visting Art Exhibition
总 计	**Total**	**51.4**	**25.8**	**29.5**	**25.9**	**7.2**	**5.5**
按性别分组	**By Gender**						
男	Male	50.7	26.2	27.6	23.8	6.2	5.7
女	Female	51.9	25.4	31.0	27.7	8.1	5.4
按年龄分组	**By Age**						
16-24岁	Aged 16-24	83.3	56.2	63.5	32.5	15.0	12.5
25-34岁	Aged 25-34	60.4	38.9	31.4	30.5	5.5	5.1
35-44岁	Aged 35-44	55.9	29.4	29.5	33.4	6.3	5.4
45-54岁	Aged 45-54	41.9	19.4	21.9	22.8	5.5	4.1
55岁及以上	Aged 55 and Over	39.2	10.6	22.7	18.3	7.6	4.7
按教育程度分组	**By Education Attainment**						
小学教育	Primary Education	33.0	10.5	18.5	17.3	4.0	2.8
初中教育	Junior Secondary Education	45.0	20.8	27.6	20.9	6.6	4.5
高中教育	Senior Secondary Education	54.6	28.2	32.6	27.4	6.3	5.2
高等教育	Higher Education	67.7	38.9	36.7	35.1	10.7	8.9
其 他	Other Education	24.5	5.7	13.3	12.8	4.8	1.0
按经济活动状况分组	**By Economic Activity Status**						
劳动人口	Economically Active Population	50.6	28.3	25.5	26.9	5.8	4.7
非劳动人口	Non-economically Active Population	52.9	20.4	37.9	23.7	10.4	7.3

4-2-1　续表 4　continued

单位：%　　(%)

类　别	Category	2023 总参与率 Total Participation Rate	去电影院 Visiting Movie Theaters	去图书馆 Visiting Libraries	参观博物馆或世遗景点 Visiting Museums or Historic Spots	观看表演 Performing Arts Attendance	参观艺术展　览 Visting Art Exhibition
总 计	**Total**	**50.3**	**29.0**	**25.9**	**17.1**	**9.8**	**6.0**
按性别分组	**By Gender**						
男	Male	50.9	30.3	26.8	15.1	8.4	5.3
女	Female	49.9	27.8	25.2	18.9	11.1	6.5
按年龄分组	**By Age**						
16-24岁	Aged 16-24	78.9	51.9	62.0	19.8	18.3	9.6
25-34岁	Aged 25-34	63.6	47.9	27.1	18.9	13.4	7.4
35-44岁	Aged 35-44	56.4	36.9	24.6	21.4	10.4	5.7
45-54岁	Aged 45-54	44.1	23.4	22.0	16.1	8.0	4.2
55岁及以上	Aged 55 and Over	33.6	8.8	18.1	13.0	5.9	5.2
按教育程度分组	**By Education Attainment**						
小学教育	Primary Education	30.7	9.1	17.2	10.1	4.1	1.7
初中教育	Junior Secondary Education	43.9	21.4	25.9	13.8	7.5	4.4
高中教育	Senior Secondary Education	51.2	28.3	27.8	15.9	9.3	4.9
高等教育	Higher Education	65.4	45.6	30.2	24.0	14.6	10.2
其 他	Other Education	21.2	3.1	8.1	9.9	5.2	2.1
按经济活动状况分组	**By Economic Activity Status**						
劳动人口	Economically Active Population	51.3	31.8	22.5	17.9	10.0	5.7
非劳动人口	Non-economically Active Population	48.4	23.1	32.9	15.6	9.4	6.6

4-2-2 澳门会展业基本情况
Statistics on Exhibition Industry of Macao,China

指 标	Index	2016	2017	2018	2019	2020	2021	2022
举办会议数(个)	Number of Conventions (unit)	1195	1285	1342	1459	345	386	402
举办商业展览数(个)	Number of Commercial Exhibitions (unit)	55	51	60	58	34	55	64
参与会展人次(千人次)	Number of Persons Participated (1000 person-times)	1722	1902	2118	2012	915	1401	1421

4-2-3 澳门表演及文化展览情况
Statistics on Public Performance and Cultural Exhibitions of Macao,China

单位：人次 (person-time)

指 标	Index	2016	2017	2018	2019	2020	2021	2022
总 计	**Total**							
场次(场)	Number of sessions (show)	48 846	45 678	45 685	46479	15127	22033	43303
观众人次	Number of Audiences	8104661	5694030	6295182	7180987	1458396	6841274	4320380
舞 蹈	Dance							
场次(场)	Number of sessions (show)	330	134	142	177	103	160	140
观众人次	Number of Audiences	83494	60839	77832	130620	15262	30181	24270
音乐会	Concerts							
场次(场)	Number of sessions (show)	1382	953	1 040	920	797	1239	1248
观众人次	Number of Audiences	472584	560083	738883	650772	187565	201482	173028
综合表演	Variety Show							
场次(场)	Number of sessions (show)	1161	1033	1381	892	386	494	246
观众人次	Number of Audiences	1324567	1143115	1148115	1016804	123982	72725	91317
戏 剧	Theatres							
场次(场)	Number of sessions (show)	1066	1097	936	1174	901	1245	1209
观众人次	Number of Audiences	256656	213494	206910	204365	128399	118144	102921
电 影	Movies							
场次(场)	Number of sessions (show)	42480	40214	41335	42167	12382	17707	39241
观众人次	Number of Audiences	1808169	1404017	1396972	1330682	274699	604599	791251
文化展览	Cultural Exhibitions							
场次(场)	Number of sessions (show)	729	544	560	767	448	1071	997
观众人次	Number of Audiences	2922742	1640710	1762529	2735857	624294	5013730	1133133
其 他	Others							
场次(场)	Number of sessions (show)	1698	1703	291	382	110	117	222
观众人次	Number of Audiences	1236449	671772	963941	1111887	104195	800413	2004460

4-2-4 澳门公共图书馆及阅览室情况
Statistics on Public Libraries and Reading Rooms of Macao,China

指 标	Index	2016	2017	2018	2019	2020	2021	2022
图书馆及阅览室（个）	Number of Libraries and Reading Rooms (unit)	70	76	78	78	77	76	72
图书馆工作人员（人）	Number of Staff (person)	366	376	335	330	336	316	310
坐席数（个）	Seating Capacity (unit)	8624	8819	9213	10056	9880	9593	9096
购书总支出（千澳门元）	Total Expenditure on Purchase of Books (1000 MOP)	65973	93342	114920	93659	92446	85488	73410
藏书量（万册）	Number of Books (10000 copies)	211.9	224.2	222.3	236.0	225.4	232.1	235.4
期刊杂志（万份）	Number of Periodicals (10000 pieces)	1.4	1.4	1.3	1.4	1.3	1.2	1.2
多媒体资料（万套）	Multi-media Materials (10000 sets)	271.0	268.2	277.3	285.2	291.0	321.0	327.0
#电子书籍	Electronic Books	230.0	226.4	234.3	244.4	237.8	273.3	274.3
电子期刊杂志	Electronic Journals	31.8	32.5	33.4	30.8	42.0	36.6	41.7
接待人次（万人次）	Number of Visitors (10000 person-times)	547.2	537.4	567.2	629.4	342.5	421.9	375.3

4-2-5 澳门出版、博物馆及广播电影电视情况
Statistics on Publishing, Museums,Radio, TV and Films of Macao,China

指 标	Index	2016	2017	2018	2019
出版	**Publishing**				
图书	Books				
出版种数（种）	Number of Publications (kind)	599	635	576	760
日报	Daily newspapers				
出版种数（种）	Number of Publications (kind)	19	19	18	18
发行量（千份）	Circulation (1000 pieces)	106411	94557	87155	82820
期刊	Periodicals				
出版种数（种）	Number of Publications (kind)	55	52	54	54
发行量（千份）	Circulation (1000 pieces)	8962	9628	11580	9516
博物馆	**Museums**				
个数（个）	Number of Museums (unit)	27	27	25	25
参观人次（千人次）	Number of Visitors (1000 person-times)	4179	4285	4657	5405
广电影视	**Radio,TV and Films**				
电视及广播发射台（个）	Number of Television and Radio Broadcasting Stations (unit)	10	11	11	9
电影院（个）	Number of Cinemas (unit)	5	6	6	6
银 幕（个）	Number of Screens (unit)	16	17	17	17
坐席数（个）	Seating capacity (seat)	3682	3742	3742	3729
电影票房收入(千澳门元)	Ticket Sales (1000 MOP)	123288	107605	100406	100432

注：1.图书指配有国际标准书号的图书。
2.部分刊物未能提供发行量。
3.部分博物馆未能提供入馆人次。

a) Books referrs to those with international standard book number.
b) Unavailability of data on circulation of some periodicals.
c) Unavailability of data on visitors of some museums .

4-2-5 续表 continued

指 标	Index	2020	2021	2022
出版	**Publishing**			
图书	Books			
出版种数（种）	Number of Publications (kind)	675	743	703
日报	Daily newspapers			
出版种数（种）	Number of Publications (kind)	19	19	19
发行量（千份）	Circulation (1000 pieces)	77727	49210	32700
期刊	Periodicals			
出版种数（种）	Number of Publications (kind)	56	53	49
发行量（千份）	Circulation (1000 pieces)	7212	6203	3927
博物馆	**Museums**			
个数（个）	Number of Museums (unit)	28	31	31
参观人次（千人次）	Number of Visitors (1000 person-times)	843	1346	1111
广电影视	**Radio,TV and Films**			
电视及广播发射台（个）	Number of Television and Radio Broadcasting Stations (unit)	9	13	15
电影院（个）	Number of Cinemas (unit)	6	8	8
银 幕（个）	Number of Screens (unit)	17	31	31
座席数（个）	Seating capacity (seat)	3729	5726	5726
电影票房收入(千澳门元)	Ticket Sales (1000 MOP)	21453	52683	74995

4-3-1 台湾省文创产业从业人员情况
Statistics on Engaged Persons of Cultural and Creative Industries of Taiwan,China

类 别	Category	2016	2017	2018	2019	2020	2021
从业人员（人）	**Engaged Persons (person)**	**261497**	**260169**	**259416**	**275799**	**271952**	**273096**
出版	Press and Publication	40165	40962	38430	42210	41781	40441
专门设计服务	Design	57130	58571	57536	65150	63978	70422
创作及艺术表演	Creation, Arts and Performance	17593	19042	21273	22148	16979	20154
传播及节目播送	Media and Broadcasting	27264	22116	23312	24135	21111	18881
运动、娱乐及休闲服务	Sports, Entertainment and Leisure	67663	66796	66077	68523	74308	67300
广告业及市场研究	Advertising and Market Research	34146	35984	37886	37671	35258	36400
影片服务、声音录制及音乐出版	Films, Recording and Music	17535	16698	14902	15961	18537	19498

资料来源：2022年台湾文化创意产业发展年报(以下相关表同)。
Data source: Annual Report on Development of Cultural and Creative Industries of Taiwan, 2022. The same applies to the relevant tables following.

4-3-2 台湾省文创产业营业额与本地生产总值
Total Revenue of Cultural and Creative Industries and GDP of Taiwan,China

项　　目	Item	2013	2014	2015	2016	2017
文创产业营业额（新台币百万元）	Total Revenue of Cultural and Creative Industries (TWD million)	831035	848393	858659	826568	836206
本地生产总值（新台币亿元,现价）	Gross Domestic Product (current price, TWD 100 million)	152707	162580	170551	175553	179833
本地生产总值(现价)年增长率(%)	Increase Rate of GDP (%)	3.70	6.47	4.90	2.93	2.44
文创营业额占本地生产总值的比率(%)	Total Revenue of Cultural and Creative Industries as Percentage of GDP (%)	5.44	5.22	5.03	4.71	4.65

4-3-2 续表 continued

项　　目	Item	2018	2019	2020	2021
文创产业营业额（新台币百万元）	Total Revenue of Cultural and Creative Industries (TWD million)	879816	912408	926463	964284
本地生产总值（新台币亿元,现价）	Gross Domestic Product (current price, TWD 100 million)	183750	189086	199148	217390
本地生产总值(现价)年增长率(%)	Increase Rate of GDP (%)	2.18	2.90	5.32	9.16
文创营业额占本地生产总值的比率(%)	Total Revenue of Cultural and Creative Industries as Percentage of GDP (%)	4.79	4.83	4.65	4.44

4-3-3 台湾省文化创意产业企业情况
Statistics on Enterprises of Cultural and Creative Industries of Taiwan,China

类　别	Category	2016	2017	2018
企业数（个）	**Total Number if Enterprises (unit)**	**62325**	**63250**	**64401**
视觉艺术	Visual Arts	2324	2329	2482
音乐及表演艺术	Music and Performancing Arts	3800	4157	4547
文化资产应用及展演设施	Use,Exhibition and Performance of Cultural Assets	537	587	631
工艺	Art and Antiques	11553	11493	11366
电影	Films	1911	2057	2208
广播电视	Radio and Television	1856	1945	2056
出版	Press and Publication	8254	8156	8110
流行音乐及文化内容	Pop Music and Cultural Content	3883	3915	3991
广告	Advertising	14557	14786	15138
产品设计	Product Design	1449	1427	1403
视觉传达设计	Visual and Media Design	1220	1331	1482
品牌时尚设计	Fashion Design	2305	2469	2604
建筑设计	Architectural Design	3512	3689	3847
数位内容	Digital Content	5024	4770	4402
创意生活	Creative Life	140	139	134
营业额（新台币百万元）	**Total Revenue (TWD million)**	**826568**	**836206**	**879816**
视觉艺术	Visual Arts	5418	5633	6397
音乐及表演艺术	Music and Performancing Arts	18891	23187	23242
文化资产应用及展演设施	Use,Exhibition and Performance of Cultural Assets	4371	4665	6423
工艺	Art and Antiques	88877	77290	78372
电影	Films	27922	29285	30307
广播电视	Radio and Television	166526	169921	182562
出版	Press and Publication	101938	100203	100986
流行音乐及文化内容	Pop Music and Cultural Content	30684	31066	32984
广告	Advertising	146294	151203	161610
产品设计	Product Design	40462	45899	44488
视觉传达设计	Visual and Media Design	2864	3297	4327
品牌时尚设计	Fashion Design	47350	50535	54303
建筑设计	Architectural Design	33630	33231	37438
数位内容	Digital Content	83560	84229	89037
创意生活	Creative Life	27781	26562	27342

4-3-3 续表 continued

类别	Category	2019	2020	2021
企业数（个）	**Total Number if Enterprises (unit)**	**65687**	**67618**	**69630**
视觉艺术	Visual Arts	2602	2778	2961
音乐及表演艺术	Music and Performancing Arts	4867	5219	5523
文化资产应用及展演设施	Use,Exhibition and Performance of Cultural Assets	662	708	647
工艺	Art and Antiques	11237	11147	11074
电影	Films	2352	2551	2757
广播电视	Radio and Television	2148	2218	2348
出版	Press and Publication	7994	7905	7847
流行音乐及文化内容	Pop Music and Cultural Content	4068	4011	3972
广告	Advertising	15577	16291	17044
产品设计	Product Design	1389	1391	1408
视觉传达设计	Visual and Media Design	1669	1918	2140
品牌时尚设计	Fashion Design	2801	3075	3316
建筑设计	Architectural Design	3998	4280	4585
数位内容	Digital Content	4174	3991	3861
创意生活	Creative Life	149	135	147
营业额（新台币百万元）	**Total Revenue (TWD million)**	**912410**	**926463**	**964284**
视觉艺术	Visual Arts	7056	7137	8722
音乐及表演艺术	Music and Performancing Arts	23177	20650	20194
文化资产应用及展演设施	Use,Exhibition and Performance of Cultural Assets	6613	4919	3885
工艺	Art and Antiques	74642	86483	67956
电影	Films	29779	21133	22125
广播电视	Radio and Television	192833	207888	236508
出版	Press and Publication	105584	99291	100733
流行音乐及文化内容	Pop Music and Cultural Content	35492	33439	27768
广告	Advertising	176395	175302	189048
产品设计	Product Design	41741	40645	41471
视觉传达设计	Visual and Media Design	5137	5659	6689
品牌时尚设计	Fashion Design	54519	61007	68779
建筑设计	Architectural Design	36684	36970	41001
数位内容	Digital Content	93573	97979	106410
创意生活	Creative Life	29186	27960	22994

5

国际统计资料

International Statistical Indicators

5-1 世界主要国家版权产业增加值占GDP的比重
Contribution of Copyright Industries to GDP in Main Countries

国 家	Country	年 份 Year	版权产业增加值占GDP的比重 Value-added of Copyright Industries as Percentage of GDP (%)
阿根廷	Argentina	2013	4.70
澳大利亚	Australia	2018	6.80
不丹	Bhutan	2011	5.46
文莱	Brunei	2011	1.58
保加利亚	Bulgaria	2011	4.54
加拿大	Canada	2019	6.15
哥伦比亚	Colombia	2008	3.30
克罗地亚	Croatia	2007	4.27
多米尼加	Dominica	2012	3.40
芬兰	Finland	2016	5.38
法国	France	2016	7.02
格林纳达	Grenada	2012	4.83
匈牙利	Hungary	2013	8.25
印度尼西亚	Indonesia	2013	4.11
牙买加	Jamaica	2007	4.81
约旦	Jordan	2012	2.43
肯尼亚	Kenya	2009	5.32
韩国	Korea, Rep.	2012	9.89
拉脱维亚	Latvia	2004	5.05
黎巴嫩	Lebanon	2007	4.75
立陶宛	Lithuania	2012	5.40
马拉维	Malawi	2013	3.46
马来西亚	Malaysia	2008	5.70
墨西哥	Mexico	2006	4.77
荷兰	Netherlands	2009	5.90
巴基斯坦	Pakistan	2010	4.45
巴拿马	Panama	2009	6.35
秘鲁	Peru	2009	2.67
菲律宾	Philippines	2010	7.34
罗马尼亚	Romania	2008	5.55
俄罗斯	Russia	2007	6.06
新加坡	Singapore	2007	6.19
斯洛文尼亚	Slovenia	2010	5.10
南非	South Africa	2017	4.11
圣基茨/尼维斯	St Kitts/Nevis	2012	6.60
圣卢西亚	St Lucia	2012	8.00
圣文森特	St Vincent	2012	5.60
坦桑尼亚	Tanzania	2012	4.56
泰国	Thailand	2012	4.48
土耳其	Türkiye	2018	2.88
乌克兰	Ukraine	2008	2.85
美国	USA	2019	11.99

资料来源：世界知识产权组织。
Data source: WIPO.

5-2 世界主要国家版权产业从业人员占从业总人员数的比重
Employed Persons Engaged in Copyright Industries as Percentage of Total Employed Persons

国　家	Country	年份 Year	版权产业从业人员占从业总人员数的比重 Employed Persons Engaged in Copyright Industries as Percentage of Total Employed Persons (%)
阿根廷	Argentina	2013	3.00
澳大利亚	Australia	2018	8.30
不丹	Bhutan	2011	10.09
文莱	Brunei	2011	3.20
保加利亚	Bulgaria	2011	4.92
加拿大	Canada	2019	5.35
哥伦比亚	Colombia	2008	5.80
克罗地亚	Croatia	2007	4.65
多米尼加	Dominica	2012	4.80
芬兰	Finland	2016	5.61
法国	France	2016	7.29
格林纳达	Grenada	2012	5.12
匈牙利	Hungary	2013	7.28
印尼	Indonesia	2013	3.75
牙买加	Jamaica	2007	3.03
约旦	Jordan	2012	2.88
肯尼亚	Kenya	2009	3.26
韩国	Korea, Rep.	2012	6.24
拉脱维亚	Latvia	2004	5.59
黎巴嫩	Lebanon	2007	4.49
立陶宛	Lithuania	2012	4.92
马拉维	Malawi	2013	3.35
马来西亚	Malaysia	2008	7.50
墨西哥	Mexico	2006	11.01
荷兰	Netherlands	2009	8.80
巴基斯坦	Pakistan	2010	3.71
巴拿马	Panama	2009	3.17
秘鲁	Peru	2009	4.50
菲律宾	Philippines	2010	14.14
罗马尼亚	Romania	2008	4.19
俄罗斯	Russia	2007	7.30
新加坡	Singapore	2007	6.21
斯洛文尼亚	Slovenia	2010	6.80
南非	South Africa	2017	4.08
圣基茨/尼维斯	St Kitts/Nevis	2012	3.10
圣卢西亚	St Lucia	2012	4.40
圣文森特	St Vincent	2012	4.90
坦桑尼亚	Tanzania	2012	5.63
泰国	Thailand	2012	2.85
土耳其	Türkiye	2018	4.34
乌克兰	Ukraine	2008	1.90
美国	USA	2019	7.71

资料来源：世界知识产权组织。
Data source: WIPO.

5-3 世界创意产品出口情况
Statistics on Exported Creative Goods

单位：亿美元 (USD 100 million)

类 别	Category	2012	2013	2014	2015	2016	2017	2018	2019	2020
合 计	**Total**	**5246.3**	**5345.4**	**5805.4**	**5326.2**	**5155.1**	**5482.2**	**5843.0**	**5995.3**	**5244.6**
工艺品	Art Crafts	363.6	396.6	409.0	394.8	373.7	414.3	429.7	437.2	418.9
音像产品	Audio Visuals	322.3	264.8	256.5	234.3	210.3	203.3	203.0	177.7	165.0
设计产品	Design	3297.8	3440.2	3880.0	3453.3	3350.0	3536.1	3720.6	3891.3	3298.1
新媒体	New Media	415.8	387.0	405.5	431.5	447.7	555.8	630.5	593.3	700.9
表演艺术	Performing Art	53.1	51.6	52.7	49.7	48.9	50.3	53.8	55.3	53.6
出版	Publishing	400.9	402.8	395.7	346.6	333.1	334.9	353.4	331.7	284.4
视觉艺术	Visual Arts	392.6	402.4	406.0	416.0	391.4	387.4	451.9	508.9	323.7

注：1. 资料来源：联合国贸发会议。
2. 上表中的创意产品包括工艺品(挂毯、庆祝用品、纸制工艺品、柳编工艺品和纱制工艺品)，音像制品(包括电影、CD、DVD和磁带)，设计(包括建筑设计、时尚设计、玻璃器皿设计、室内设计、珠宝设计和玩具设计)，新媒体(包括录制媒体和视频游戏)，表演艺术(包括乐器和乐谱)，出版制品(包括书报刊和其他印刷品)，视觉艺术(包括古董、绘画、摄影和雕刻)以及其他创意品(以下相关表同)。

a) Data source: United Nations Conference on Trade and Development.
b) Creative goods in the table above refer to art crafts (including carpets,celebration,paperware,wickerware and yarn),audio visuals (including film,CD,DVD and tapes),design (including architecture,fashion,glassware,interior,jewellery and toys),new media (including recorded media and vedio games),performing arts(inculding musical insruments and printed music),pulishing (including books,newspaper and other printed matter),visual arts (including antiques,paintings,photography and sculpture) and others. The same applies to the relevant tables following.

5-4 世界创意产品进口情况
Statistics on Imported Creative Goods

单位：亿美元 (USD 100 million)

类 别	Category	2012	2013	2014	2015	2016	2017	2018	2019	2020
合 计	**Total**	**4717.6**	**4717.2**	**4912.5**	**4715.7**	**4649.0**	**5020.1**	**5416.3**	**5378.1**	**4661.4**
工艺品	Art Crafts	311.1	324.9	346.4	329.4	329.1	348.6	366.8	371.6	328.6
音像产品	Audio Visuals	315.8	292.1	284.1	246.8	232.8	235.8	226.0	196.9	192.6
设计产品	Design	2837.7	2870.3	3019.5	2899.2	2899.6	3108.8	3360.0	3425.1	2860.1
新媒体	New Media	480.7	463.1	495.2	486.2	491.9	629.6	689.7	598.9	679.0
表演艺术	Performing Art	54.8	51.8	53.7	50.3	50.7	52.4	56.5	59.0	53.6
出版	Publishing	410.0	397.2	385.5	340.0	327.3	328.0	342.3	324.0	270.2
视觉艺术	Visual Arts	307.6	317.7	328.1	363.9	317.6	316.9	375.0	402.6	277.3

资料来源：联合国贸发会议。
Data source: United Nations Conference on Trade and Development.

5-5 世界创意服务出口情况
Statistics on Exported Creative Services

单位：亿美元 (USD 100 million)

类　别	Category	2012	2013	2014	2015	2016
合　计	**Total**	**5807.2**	**6468.4**	**7493.6**	**7595.9**	**8031.3**
研发服务	Research and development services	2325.3	2469.9	2967.9	2927.4	3125.4
软件服务	Software services	1741.8	2092.8	2357.7	2518.3	2647.2
视听服务	Audio-visual services	674.0	692.1	759.3	766.2	770.4
信息服务	Information services	191.2	216.0	255.3	258.1	280.1
广告、市场调查和建筑服务	Advertising, market research, and architecture services	828.8	952.0	1107.6	1079.5	1157.3
文化、娱乐和历史遗产服务	Cultural, recreational, and heritage services	46.2	45.5	45.8	46.3	50.9

资料来源：联合国贸发会议。
Data source: United Nations Conference on Trade and Development.

5-5 续表 continued

单位：亿美元 (USD 100 million)

类　别	Category	2017	2018	2019	2020
合　计	**Total**	**9043.7**	**10229.1**	**10845.3**	**10653.2**
研发服务	Research and development services	3479.2	3630.5	3711.7	3535.4
软件服务	Software services	2963.1	3646.8	3978.5	4201.1
视听服务	Audio-visual services	876.3	988.5	1034.7	916.5
信息服务	Information services	344.1	414.6	446.9	373.1
广告、市场调查和建筑服务	Advertising, market research, and architecture services	1323.9	1487.7	1618.8	1575.4
文化、娱乐和历史遗产服务	Cultural, recreational, and heritage services	57.2	61.0	54.8	51.8

5-6 世界主要国家创意产品进出口情况(2020年)
Statistics on Exported and Imported Creative Goods in Main Country(2020)

单位：亿美元 (USD 100 million)

国 家	Country	出口额 Exported	国 家	Country	进口额 Imported
中 国	China	1693.09	美 国	United States	1081.11
美 国	United States	323.71	德 国	Germany	299.64
意大利	Italy	270.31	英 国	United Kingdom	235.27
德 国	Germany	260.64	法 国	France	223.77
法 国	France	214.38	中 国	China	199.37
英 国	United Kingdom	153.31	日 本	Japan	181.62
韩 国	Republic of Korea	139.00	瑞 士	Switzerland	176.62
波 兰	Poland	115.93	加拿大	Canada	118.84
瑞 士	Switzerland	108.68	荷 兰	Netherlands	115.10
荷 兰	Netherlands	107.81	意大利	Italy	105.02
日 本	Japan	73.26	韩 国	Republic of Korea	98.33

资料来源：联合国贸发会议。
Data source: United Nations Conference on Trade and Development.

5-7 世界主要国家创意服务出口情况(2020年)
Statistics on Exported Creative Services in Main Country(2020)

单位：亿美元 (USD 100 million)

国 家	Country	出口额 Exported
美 国	United States	2059.22
爱尔兰	Ireland	1735.77
德 国	Germany	748.47
中 国	China	588.26
英 国	United Kingdom	568.13
日 本	Japan	470.08
荷 兰	Netherlands	457.36
法 国	France	324.95
瑞 士	Switzerland	263.16
瑞 典	Sweden	259.94
以色列	Israel	216.18

资料来源：联合国贸发会议。
Data source: United Nations Conference on Trade and Development.

5-8 世界主要国家故事影片生产情况
Total Number of National Feature Films Produced in Main Countries

单位：部 (reel)

国 家	Country	2006	2007	2008	2009	2010	2011
阿根廷	Argentina	63	48	46	61	121	100
澳大利亚	Australia	28	26	33	45	37	43
奥地利	Austria	33	32	30	35	46	54
比利时	Belgium	69	37	38	47	46	42
巴西	Brazil	60	78	79	84	75	99
柬埔寨	Cambodia	62	35	25	28	26	13
加拿大	Canada	74	99	75	81	98	86
智利	Chile	11	12	24	14	14	23
古巴	Cuba	6	3	5	8	11	10
捷克	Czech Republic	45	30	39	45	37	45
丹麦	Denmark	33	29	34	37	49	43
埃及	Egypt	59	37	44	46	37	28
芬兰	Finland	26	17	25	25	42	42
法国	France	203	228	240	230	261	272
德国	Germany	174	174	185	216	189	212
希腊	Greece	22	33	29	37	18	43
匈牙利	Hungary	46	28	30	27	24	
印度	India	1091	1146	1325	1288	1274	1255
印度尼西亚	Indonesia	60	77	88	80	82	84
伊朗	Iran (Islamic Republic of)		57	51	62	98	76
爱尔兰	Ireland	19	24	39	36	34	32
以色列	Israel	22	23	35	19	29	26
意大利	Italy	116	121	154	131	142	155
日本	Japan	417	407	418	448	408	441
卢森堡	Luxembourg	14	8	13	18	15	16
马来西亚	Malaysia	28	28	28	27	39	49
墨西哥	Mexico	64	70	70	66	69	73
摩洛哥	Morocco	12	15	13	14	19	24
荷兰	Netherlands	38	42	62	50	65	73
新西兰	New Zealand	6	11	11	14	21	25
尼日利亚	Nigeria		914	956	987	1074	997
挪威	Norway	24	27	30	27	27	35
菲律宾	Philippines	65	106	121	80	40	44
波兰	Poland	37	40	45	49	60	51
葡萄牙	Portugal	32	15	17	23	33	30
韩国	Republic of Korea	110	124	113	158	152	216
俄罗斯联邦	Russian Federation	59	78	78	78	133	111
新加坡	Singapore	10	14	17	6	14	15
南非	South Africa	10	9	10	18	23	22
西班牙	Spain	150	172	173	186	200	199
瑞典	Sweden	46	29	36	41	54	43
瑞士	Switzerland	80	87	87	80	88	84
泰国	Thailand	42	55	54	37	49	
土耳其	Türkiye	35	40	50	70	65	70
英国	United Kingdom of Great Britain and Northern Ireland	107	124	279	313	346	299
美国	United States of America	673	789	773	751	792	819
越南	Viet Nam	10	16	11	12	90	75

资料来源：联合国教科文组织。
Data source: UNESCO.

5-8 续表 continued

单位：部 (reel)

国 家	Country	2012	2013	2014	2015	2016	2017
阿根廷	Argentina	141	168	172	182	199	220
澳大利亚	Australia	29	26	39	33	42	55
奥地利	Austria	54	46	45	40	46	44
比利时	Belgium	55	70	73	69	81	87
巴西	Brazil	83	129	114	129	142	160
柬埔寨	Cambodia			22	32	38	34
加拿大	Canada	98	93	94	103	105	92
智利	Chile	27	31	48	38	44	49
古巴	Cuba						
捷克	Czech Republic	46	45	61	56	79	54
丹麦	Denmark	59	69	55	71	62	54
埃及	Egypt	25	33	42	34	38	
芬兰	Finland	49	49	46	45	38	41
法国	France	279	270	258	300	283	300
德国	Germany	220	223	229	226	244	233
希腊	Greece	44	69	43	42	73	85
匈牙利	Hungary	32	38		41	51	37
印度	India	1602	1724	1868	1907	1986	
印度尼西亚	Indonesia	86	97	109	114	124	117
伊朗	Iran (Islamic Republic of)	67	87	82	85	90	98
爱尔兰	Ireland	38	34	33	33	29	
以色列	Israel	40	55	32	32	30	28
意大利	Italy	166	167	201	185	165	173
日本	Japan	554	591	615	581	610	594
卢森堡	Luxembourg						13
马来西亚	Malaysia	76	71	81	80	110	85
墨西哥	Mexico	112	126	130	140	162	176
摩洛哥	Morocco	22	22	17	18	30	37
荷兰	Netherlands	79	68	87	87	85	92
新西兰	New Zealand	24	25	33	28	22	20
尼日利亚	Nigeria						
挪威	Norway	26	29	34	23	30	38
菲律宾	Philippines	78	53				
波兰	Poland	47	31	32	42	50	52
葡萄牙	Portugal	15	13	12	31	28	38
韩国	Republic of Korea	204	207	248	269	339	494
俄罗斯联邦	Russian Federation	109	139	124	121	138	128
新加坡	Singapore	12	13	26	21	16	13
南非	South Africa	19	25	23	22	28	23
西班牙	Spain	182	231	216	255	254	241
瑞典	Sweden	51	61	56	50	54	68
瑞士	Switzerland	93	103	110	102	109	118
泰国	Thailand						80
土耳其	Türkiye	61	85	109	137	135	148
英国	United Kingdom of Great Britain and Northern Ireland	326	241	339	298	317	285
美国	United States of America	738	738	649	663	656	660
越南	Viet Nam						

5-9 世界主要国家电影银幕情况
Total Number of Screens in Main Countries

单位：块 (unit)

国 家	Country	2006	2007	2008	2009	2010	2011
阿根廷	Argentina	952	821	825	832	799	792
澳大利亚	Australia		1941	1980	1989	1994	1991
奥地利	Austria	576	570	577	577	584	577
比利时	Belgium	507	513	491	481	461	510
巴西	Brazil	2095	2160	2278	2120	2206	2352
加拿大	Canada	2831	2652	2833	2833		2749
智利	Chile	273	280	299	301	311	320
哥伦比亚	Colombia	475	439	472	562	587	647
古巴	Cuba	337	296	307	313		
捷克	Czech Republic	701	681	689	695	688	668
丹麦	Denmark	385	394	397	400	399	396
埃及	Egypt		232	250	237	294	
芬兰	Finland	330	309	313	300	289	283
法国	France	5300	5202	5292	5342	5465	5465
德国	Germany	4848	4832	4810	4734	4699	4640
希腊	Greece	500	540			370	
匈牙利	Hungary	440	400	418	408	411	395
印度	India	11183	10189	10120	10070	10020	10020
印度尼西亚	Indonesia	929	681	712	726		763
伊朗	Iran (Islamic Republic of)	239	240	247	247		438
爱尔兰	Ireland	415	426	435	442	438	444
意大利	Italy	3785	3087	3141	3208	3217	
日本	Japan	3062	3221	3359	3396	3412	3339
马来西亚	Malaysia	287	353	453	485	571	639
墨西哥	Mexico	3700	4204	4499	4568	4905	5166
荷兰	Netherlands	697	696	717	751	777	789
挪威	Norway	429	417	424	422	429	422
菲律宾	Philippines	690	765	770	770		693
波兰	Poland	931	1008	1043	1061	1076	1122
葡萄牙	Portugal	479	546	572	577	562	558
韩国	Republic of Korea		1975	2004	2055	2003	1974
俄罗斯联邦	Russian Federation	1333	1576	1910	2133	2424	2726
新加坡	Singapore	167	175	174	176	169	187
南非	South Africa	815	831	836	846	857	
西班牙	Spain	4299	4335	4208	4105	4080	4044
瑞典	Sweden	972	933	848	848	832	830
瑞士	Switzerland	547	550	564	559	558	547
泰国	Thailand	671	704	737	752	757	
土耳其	Türkiye	1299	1464	1575	1810	1874	1968
英国	United Kingdom of Great Britain and Northern Ireland	3440	3514	3610	3651	3651	3767
美国	United States of America	38415	40077	40194	39717	39547	39641

资料来源：联合国教科文组织。
Data source: UNESCO.

5-9 续表 continued

单位：块 (unit)

国 家	Country	2012	2013	2014	2015	2016	2017
阿根廷	Argentina	883	895	867	912	933	987
澳大利亚	Australia	1997	2057	2041	2080	2121	2210
奥地利	Austria	565	548	556	557	556	562
比利时	Belgium	500	497	473	472	496	
巴西	Brazil	2517	2678	2833	3005	3160	3223
加拿大	Canada	2885	3031	2502	3114	2641	
智利	Chile	342	363	338	366	380	411
哥伦比亚	Colombia	698	815	879	935	1006	1082
古巴	Cuba						
捷克	Czech Republic	633	684	685	689	691	736
丹麦	Denmark	406	414	420	432	444	458
埃及	Egypt	282	269	239	221	233	
芬兰	Finland	281	279	294	311	312	332
法国	France	5508	5587	5647	5741	5842	5909
德国	Germany	4617	4610	4556	4613		
希腊	Greece	482	482		554	554	554
匈牙利	Hungary	360	345	326	354	399	404
印度	India	11100	11081	11109	11100	11194	11209
印度尼西亚	Indonesia		842	963	1146		
伊朗	Iran (Islamic Republic of)			325	380	415	538
爱尔兰	Ireland	438	463	468	494	496	522
意大利	Italy	3240	3256	3261	3354	3442	3510
日本	Japan	3290	3318	3032	3074	3045	3096
马来西亚	Malaysia	754	774	874	994	991	1094
墨西哥	Mexico	5343	5547	5977	6062	6225	6633
荷兰	Netherlands	806	828	859	888	944	956
挪威	Norway	415	422	425	434	439	443
菲律宾	Philippines	714	747	715	734		
波兰	Poland	1162	1243	1243	1276	1364	1416
葡萄牙	Portugal	551	544	545	547	557	571
韩国	Republic of Korea	2081	2184	2381	2492	2575	
俄罗斯联邦	Russian Federation	3100	3479	3829	4021	4369	4796
新加坡	Singapore			221	233	234	253
南非	South Africa	750	800				
西班牙	Spain	4003	3908	3700	3588	3554	3618
瑞典	Sweden	816	774	765	802	808	
瑞士	Switzerland	536	533	557	570	575	581
泰国	Thailand	846				1154	
土耳其	Türkiye	2093	2170	2483	2648	2240	2383
英国	United Kingdom of Great Britain and Northern Ireland	3817	3867	3909	4046	4150	4264
美国	United States of America	39662	39783	39956	40174	40174	40393

5-10 美国文化艺术产业总产出
Nominal Gross Output by Arts and Cultural Production Industry

单位：百万美元 (USD million)

产　业	Industry	2017	2018	2019	2020	2021
合　计	**Total**	**1395012**	**1479402**	**1537421**	**1481767**	**1731961**
核心文化艺术生产	**Core Arts and Cultural Production**	**277949**	**298637**	**315736**	**271641**	**329291**
表演艺术	Performing Arts	106843	115462	121815	80579	106519
表演艺术公司	Performing Arts Companies	24654	25565	26693	18852	21437
表演艺术推广	Promoters of Performing Arts and Similar Events	29818	32324	33844	18779	33513
艺术家经纪人	Agents/Managers For Artists	6246	6786	7220	5157	7487
独立艺术家，作家和表演者	Independent Artists, Writers, And Performers	46125	50787	54059	37791	44083
博物馆	Museums	14054	14562	15473	12924	15094
设计服务	Design Services	140511	150957	160189	161369	188728
广告	Advertising	49881	54676	58168	62414	76195
建筑服务	Architectural Services	32349	34561	36829	35960	38489
园林设计服务	Landscape Architectural Services	5524	5877	6079	6219	6671
室内设计服务	Interior Design Services	16414	18063	19534	20287	24003
工业设计服务	Industrial Design Services	2584	2600	2828	3175	3783
平面设计服务	Graphic Design Services	12501	12400	13444	13168	15643
电脑系统设计	Computer Systems Design	5306	5899	6187	6526	6947
摄影与冲印服务	Photography and Photofinishing Services	14512	15396	15555	12257	15379
所有其他设计服务	All Other Design Services	1442	1485	1565	1362	1617
美术教育	Fine Arts Education	6432	7199	7531	6254	8153
教育服务	Education Services	10109	10457	10729	10515	10796
文化艺术辅助和文化生产	**Supporting Arts and Cultural Production**	**1078717**	**1141370**	**1181768**	**1173599**	**1359818**
文化艺术辅助服务	Art Support Services	155867	163569	170904	172396	185336
租赁	Rental and Leasing	8445	8949	9191	7348	8323
赠款和赠与服务	Grant-Making And Giving Services	1590	1696	1836	1727	1734
工会	Unions	2175	2270	2350	2328	2565
政府	Government	142860	149756	156565	160491	171738
其他支持	Other Support Services	797	898	963	503	976
信息服务	Information Services	721372	768099	795475	796105	933967
出版	Publishing	133210	136512	139097	140973	159821
电影	Motion Pictures	125366	134119	135822	113782	130482
录音	Sound Recording	17203	18783	20676	21308	25800
广播	Broadcasting	282758	290728	287569	286737	303028
其他信息服务	Other Information Services	162835	187956	212311	233306	314835
制造	Manufacturing	37952	38730	38026	34062	34850
珠宝和银器制造	Jewelry and Silverware Manufacturing	6975	7278	7001	6122	6160
印刷制品生产	Printed Goods Manufacturing	14746	14495	13856	11994	12184
乐器制造	Musical Instruments Manufacturing	1913	2107	2133	2022	2114
定制建筑木制品和金属制品	Custom Architectural Woodwork and Metalwork	8171	8554	8484	7464	7722
其他产品制造业	Other Goods Manufacturing	6148	6296	6552	6459	6669
建筑	Construction	25319	27178	29060	27819	26103
非ACPSA相关产品	Non ACPSA-related Production	38346	39395	39916	36527	42852
批发及运输行业	Wholesale and Transportation Industries	68826	71403	73365	66253	82686
零售行业	Retail Industries	69380	72392	74938	76964	96877
其他产业	**All Other Industries**	**38346**	**39395**	**39916**	**36527**	**42852**

注：1.资料来源：美国商务部经济分析局。
2.文化艺术生产卫星账户选择美国国内生产总值账户中文化艺术产品和服务的特定一部分，并提供相关信息(以下相关表同)。

a) Data Source: Bureau of Economic Analysis, U.S. Department of Commerce.

b) ACPSA(Arts and Cultural Production Satellite Account)provides information on a select group of arts and cultural goods and services that are currently in the U.S. GDP accounts. The same applies to the table following.

5-11 美国文化艺术产业实际增加值与上期变动百分比
Real Value Added by Arts and Cultural Production Industry: Percent Change from Preceding Period

单位：%　(%)

产　业	Industry	2017	2018	2019	2020	2021
合　计	**Total**	**2.6**	**4.0**	**1.9**	**-4.8**	**13.7**
核心文化艺术生产	**Core Arts and Cultural Production**	**2.8**	**7.9**	**3.3**	**-15.4**	**22.4**
表演艺术	Performing Arts	3.3	6.5	2.7	-34.3	33.9
表演艺术公司	Performing Arts Companies	-1.2	0.7	0.0	-28.4	17.7
表演艺术推广	Promoters of Performing Arts and Similar Events	3.7	6.0	0.4	-54.5	122.4
艺术家经纪人	Agents/Managers For Artists	-0.7	7.6	4.2	-28.3	58.3
独立艺术家，作家和表演者	Independent Artists, Writers, And Performers	5.4	8.7	4.3	-29.5	15.8
博物馆	Museums	-2.3	8.0	-1.6	-5.0	15.6
设计服务	Design Services	3.1	9.4	4.1	-0.8	18.1
广告	Advertising	4.8	9.5	1.1	5.7	25.8
建筑服务	Architectural Services	4.0	8.3	9.0	-4.9	6.2
园林设计服务	Landscape Architectural Services	7.7	8.2	6.3	0.0	11.7
室内设计服务	Interior Design Services	-3.1	14.3	3.4	0.3	15.5
工业设计服务	Industrial Design Services	8.5	2.6	6.2	8.0	22.5
平面设计服务	Graphic Design Services	-3.3	1.5	6.3	-1.8	17.3
电脑系统设计	Computer Systems Design	12.6	12.6	7.7	5.5	10.6
摄影与冲印服务	Photography and Photofinishing Services	3.6	14.2	0.0	-18.0	27.0
所有其他设计服务	All Other Design Services	2.6	5.0	4.6	-18.3	23.7
美术教育	Fine Arts Education	4.6	12.0	8.0	-30.9	27.4
教育服务	Education Services	-1.0	2.8	1.8	-4.9	-1.7
文化艺术辅助和文化生产	**Supporting Arts and Cultural Production**	**2.7**	**3.1**	**1.5**	**-1.5**	**11.6**
文化艺术辅助服务	Art Support Services	0.5	0.7	1.1	-3.5	0.7
租赁	Rental and Leasing	-4.8	4.8	1.9	-29.0	14.1
赠款和赠与服务	Grant-Making And Giving Services	2.5	-4.6	11.0	-12.9	-10.1
工会	Unions	4.2	2.3	0.6	-3.0	5.0
政府	Government	0.7	0.5	1.0	-1.9	0.1
其他支持	Other Support Services	14.7	9.8	-5.1	-75.0	270.0
信息服务	Information Services	2.1	4.4	2.0	1.3	15.6
出版	Publishing	3.9	7.8	5.8	10.9	15.0
电影	Motion Pictures	-0.3	-6.8	-5.5	-14.1	17.9
录音	Sound Recording	7.8	3.2	8.1	3.5	28.7
广播	Broadcasting	-0.8	-0.1	-2.2	-1.5	4.8
其他信息服务	Other Information Services	7.2	18.8	9.1	5.1	27.3
制造	Manufacturing	4.8	2.1	-5.2	-16.0	5.1
珠宝和银器制造	Jewelry and Silverware Manufacturing	1.5	12.0	-11.2	-20.8	16.8
印刷制品生产	Printed Goods Manufacturing	4.1	-0.9	-5.8	-19.2	3.4
乐器制造	Musical Instruments Manufacturing	2.7	2.0	6.7	-15.3	15.6
定制建筑木制品和金属制品	Custom Architectural Woodwork and Metalwork	3.5	-3.0	-4.4	-20.1	1.6
其他产品制造业	Other Goods Manufacturing	11.5	3.0	-1.4	-0.9	1.4
建筑	Construction	10.9	-2.4	1.6	-24.0	-3.5
非ACPSA相关产品	NonACPSA-related Production	-3.4	-0.3	0.7	-7.8	10.5
批发及运输行业	Wholesale and Transportation Industries	7.7	-1.3	-0.6	-5.3	8.1
零售行业	Retail Industries	6.5	2.2	2.7	-5.3	10.7
其他产业	**All Other Industries**	**-3.4**	**-0.3**	**0.7**	**-7.8**	**10.5**

资料来源：美国商务部经济分析局。
Data Source: Bureau of Economic Analysis, U.S. Department of Commerce.

5-12 加拿大文化产业基本情况
Statistics on Culture Industries in Canada

单位：百万加元 (CAD million)

类 别	Category	2017	2018	2019	2020	2021
文化产业合计	**Culture Industries, Total**	**62180**	**64504**	**67546**	**63727**	**68033**
文化产品	Culture Products	43395	44916	46948	43154	46960
遗址和图书馆	Heritage and Libraries	657	684	742	552	598
现场表演	Live Performance	2501	2591	2701	1877	2027
视觉和应用艺术	Visual and Applied Arts	7189	7594	8328	7581	8438
文学作品	Written and Published Works	7921	7603	7321	6599	6669
视听和交互媒体	Audio-visual and Interactive Media	12406	13070	13966	12970	14496
录音	Sound Recording	460	485	447	374	416
教育和培训	Education and Training	3498	3661	3860	3675	3875
治理、资金和专业支持	Governance, Funding and Professional Support	8036	8418	8694	8682	9552
多领域	Multi domain	727	810	889	844	888
其他产品	All Other Products	18785	19588	20598	20573	21073

注：1.资料来源：加拿大统计局。
2.多领域包括与多个文化领域相关的文化产业，如与文化相关的会议和展会组织商；磁光学媒体的生产和复制；非金融无形资产的租赁；网络出版和传播以及网络搜索门户行业。这些文化产业都会影响不止一个文化域但不能轻易分配给单个域，所以将它们聚合在一起。2017年以前，互联网出版活动被纳入多领域；2017年及以后，该活动已从多域纳入到文学作品领域。

a) Data source: Statistics Canada.

b) The Multi domain includes culture industries that are associated with more than one culture domain: the culture portion of convention and trade show organizers; manufacturing and reproducing unrecorded media; lessors of non-financial intangible assets (except copyrighted works); and internet broadcasting, and web search portal industries. These culture industries all affect more than one culture domain but cannot be easily allocated to a single domain, so they have been aggregated together. Prior to 2017, Internet publishing activities was included as part of the Multi domain. However; as of 2017, this activity was moved from the Multi domain to their associated subdomain within Written and published works.

5-13 澳大利亚文化产业增加值基本情况
The Added Value of Creative Industries in Australia

单位：百万澳元 (AUD million)

类 别	Category	2005/2006	2006/2007	2007/2008	2008/2009	2009/2010	2010/2011	2011/2012
合 计	**Total**	**35144**	**36891**	**36805**	**33704**	**33600**	**32809**	**32666**
音乐和表演艺术	Music&Performing Arts	412	450	440	459	494	512	559
电影、电视和广播	Film,Television&Radio	5504	5150	4883	4418	4463	4327	4419
广告&市场营销	Advertising & Marketing	779	793	806	805	784	768	767
软件开发&交互内容	Software &Interactive Content	15373	17000	16876	14931	15053	15286	15708
文学、印刷、出版媒体	Writing, Publishing& Print Media	8159	8131	8016	7365	7231	6484	5925
设计&视觉艺术	Design&Visual Arts	1897	1943	1965	1925	1876	1907	1939
建筑	Architecture	3020	3470	3820	3800	3700	3525	3350

资料来源：市场研究公司IBISWorld的工业报告预测。
Data source: IBISWorld.

5-14 英国文化产业基本情况(2019年)
The Creative Industries in UK (2019)

类　别	Category	公司数量(个) Count (unit)	岗位数量(个) Employment (post)	就业人数(人) Employees (person)	营业额(千英镑) Turnover (1000 pounds)
合计	**Total All Industries**	**297500**	**1343724**	**1309530**	**235074902**
广告和营销	Advertising and Marketing	24990	160727	157902	37952643
电影、电视、广播和摄影	Film, TV, Radio and Photography	33825	170220	163585	48420381
信息技术、软件和计算机服务	IT, Software and Computer Services	150350	589921	586349	97773872
建筑设计	Architecture	16560	80685	77792	7963400
工艺品	Crafts	1300	5016	4443	809492
出版	Publishing	10955	126053	124528	19294352
音乐和表演艺术	Music and Performing Arts	35035	117595	105283	14224100
博物馆、艺术馆和图书馆	Museums, Galleries and Libraries	1015	29789	29628	940344
产品、图表和时尚设计	Product, Graphic and Fashion Design	23470	63718	60020	7696318

资料来源：英国国家统计局
Data source: Office for National Statistics of UK

5-15 德国文化产业基本情况
Key Data on the Culture and Creative Industries in Germany

类　别	Category	企业数量(个) Number of Enterprises(unit)								
		2011	2012	2013	2014	2015	2016	2017	2018	2019
合　计(扣除重复计算)	**Total(No Double Counting)**	**244290**	**245816**	**246353**	**246967**	**250439**	**254484**	**254657**	**259349**	**258790**
音乐产业	Music Industry	13894	13796	13811	13759	14057	14430	14197	14881	14670
图书市场	Book Market	16702	16828	16811	16798	17079	17268	17254	17531	17450
艺术市场	Art Market	13422	13203	13153	12794	12752	12874	12616	12649	12390
电影产业	Film Industry	18199	18282	18440	18267	18624	19075	19013	20218	19975
广播产业	Broadcasting Industry	18128	18154	18159	18074	18179	17880	18071	17339	17091
表演艺术产业	Performing Art Industry	15982	16497	17004	17473	18249	19080	19419	20786	21212
设计产业	Design Industry	52439	53676	54454	55624	57127	58431	59548	60307	60481
建筑市场	Architectural Market	40702	40762	40205	40040	39849	39691	39605	38723	38395
出版市场	Press Market	33498	33131	32557	32119	32341	32241	31569	31590	31082
广告	Advertising Market	34577	33448	32107	30855	30221	30220	28490	29562	29142
软件/游戏产业	Software/Games Industry	30413	31915	33365	34725	35933	37375	39016	40561	41963
其他	Other Activities	7736	7751	7812	7775	7887	8249	8183	8140	8197
占全国企业营业额的比重(%)	**as Percentage of National Total (%)**	**7.60**	**7.56**	**7.60**	**7.62**	**7.69**	**7.79**	**7.74**	**7.91**	**7.87**

资料来源：德国联邦经济技术部。
Data source: Federal Ministry of Economics and Technology.

5-15 续表 continued

类别	Category	营业额(百万欧元) Total Turnovers (EUR 100 million)								
		2011	2012	2013	2014	2015	2016	2017	2018	2019
合 计(扣除重复计算)	**Total(No Double Counting)**	**140970**	**143338**	**143155**	**146895**	**152067**	**158814**	**158578**	**171051**	**174085**
音乐产业	Music Industry	6639	7099	7674	7896	8178	8139	8858	8685	9039
图书市场	Book Market	14255	14032	13737	13686	13657	14024	13572	14077	14257
艺术市场	Art Market	2341	2316	2292	2091	2170	2249	2151	2223	2192
电影产业	Film Industry	9283	9228	9060	9328	9844	9572	9523	9874	10011
广播产业	Broadcasting Industry	7905	8327	8942	9378	9578	9892	10484	10657	10864
表演艺术产业	Performing Art Industry	3742	3909	3971	4262	4502	4770	4851	5604	5724
设计产业	Design Industry	18353	18535	18338	18566	19078	19764	19428	20604	20949
建筑市场	Architectural Market	8708	8813	9130	9554	10236	10700	10829	11943	12427
出版市场	Press Market	31711	31931	31065	30657	30133	30054	29855	29416	30019
广告	Advertising Market	24929	24965	25175	26130	27033	29405	28344	29975	29633
软件/游戏产业	Software/Games Industry	28442	29642	29418	31619	34362	37727	38005	46655	50166
其他	Other Activities	1652	1587	1531	1418	1381	1425	1343	1411	1378
占全国企业营业额的比重(%)	**as Percentage of National Total (%)**	**2.48**	**2.49**	**2.48**	**2.50**	**2.54**	**2.61**	**2.56**	**2.58**	**2.56**

5-16 法国文化产业增加值及构成(2021年)
Value-added of Cultural Industries and Its Composition in France(2021)

类别	Category	增加值(亿欧元) Value-added (EUR 100 million)	构成(%) Composition (%)
合 计	**Total**	**453**	**100.0**
音像	Audio-visual Arts	124	27.5
现场表演	Live Performance	66	14.5
广告	Advertising	44	9.8
文化遗产	Cultural Heritage	44	9.8
报刊	Press	43	9.4
建筑设计	Architecture	42	9.3
视觉艺术	Visual Arts	41	9.1
图书	Books	25	5.5
文化教育	Cultural Education	23	5.1

资料来源：法国文化统计部门。
Data source: Culture Ministerial Statistical Department.

5-17 芬兰文化产业基本情况
Statistics on Culture Industries in Finland

类 别	Category	2017	2018	2019	2020	2021
文化产业增加值(百万欧元)	**Gross Value Added (million Euros)**	**6592**	**6554**	**6475**	**6034**	**6788**
建筑和工业设计	Architectural and Industrial Design	383	412	438	438	454
电影、视频和电脑游戏	Motion Pictures, Videos and Computer Games	1275	1157	1068	1142	1548
游乐园、游戏和其他娱乐	Amusement Parks, Games and Other Entertainment and Recreation	541	453	374	348	372
图书馆、档案馆、博物馆	Libraries, Archives and Museums, etc.	337	353	339	330	349
书籍出版和发行	Production and Distribution of Books	482	513	513	493	495
教育和文化管理	Education and Cultural Administration	227	228	241	234	237
组织文化和相关活动	Organisation of Cultural Events and Related Activity	178	201	230	105	242
广告	Advertising	654	670	663	609	684
印刷和相关活动	Printing and Related Activities	350	329	315	275	267
广播电视	Radio and Television	452	368	421	532	526
报纸、期刊和新闻机构	Newspapers, Periodicals and News Agencies	769	859	795	669	700
乐器制造和销售	Manufacture and Sale of Musical Instruments	16	15	16	17	16
艺术品和古董	Art and Antique Shops	9	10	9	7	8
表演、戏剧和音乐会	Artistic, Theatre and Concert Activities	610	655	726	573	589
照相	Photography	78	77	74	67	86
娱乐电子产品制造和销售	Manufacture and Sale of Entertainment Electronics	116	109	106	118	127
录音	Sound Recordings	112	146	148	78	87
占总增加值的比重(%)	**as Percentage of Gross Value Added (%)**	**3.4**	**3.3**	**3.1**	**2.9**	**3.1**
文化产业从业人员(百人)	**Employment (100 Persons)**	**809**	**811**	**800**	**769**	**718**
占全部从业人员的比重(%)	**as Percentage of Employment (%)**	**3.2**	**3.1**	**3.0**	**2.9**	**2.7**

资料来源：芬兰统计局。
Data source: Statistics Finland.

5-18 西班牙核心文化产业增加值
Value-added of Core Cultural Industries in Spain

类　别	Category	2016	2017	2018	2019	2020
合　计(亿欧元)	**Total (EUR 100 million)**	**260**	**270**	**282**	**283**	**233**
文化遗产、档案馆和图书馆	Heritage, Archives and Libraries	25	25	24	24	15
书籍、报刊	Books, Newspapers and Magazines	70	69	68	69	63
造型艺术	Plastic Arts	49	52	58	57	47
表演艺术	Performing Arts	26	30	31	30	16
视听和多媒体	Audio-visual and Media	70	74	77	79	70
跨学科文化	Interdisciplinary Culture	20	21	24	23	21
构 成 (%)	**As Percentage of Total Value-added(%)**	**100.0**	**100.0**	**100.0**	**100.0**	**100.0**
文化遗产、档案馆和图书馆	Heritage, Archives and Libraries	9.7	9.2	8.6	8.5	6.6
书籍、报刊	Books, Newspapers and Magazines	26.7	25.4	24.2	24.5	27.2
造型艺术	Plastic Arts	18.7	19.1	20.6	20.3	20.2
表演艺术	Performing Arts	10.1	11.2	10.9	10.7	6.9
视听和多媒体	Audio-visual and Media	27.0	27.3	27.1	27.9	30.2
跨学科文化	Interdisciplinary Culture	7.7	7.8	8.5	8.1	9.0
占GDP的比重(%)	**As Percentage of GDP(%)**	**2.6**	**2.6**	**2.6**	**2.5**	**2.3**
文化遗产、档案馆和图书馆	Heritage, Archives and Libraries	0.3	0.2	0.2	0.2	0.2
书籍、报刊	Books, Newspapers and Magazines	0.7	0.7	0.6	0.6	0.6
造型艺术	Plastic Arts	0.5	0.5	0.5	0.5	0.5
表演艺术	Performing Arts	0.3	0.3	0.3	0.3	0.2
视听和多媒体	Audio-visual and Media	0.7	0.7	0.7	0.7	0.7
跨学科文化	Interdisciplinary Culture	0.2	0.2	0.2	0.2	0.2

资料来源：西班牙文化部。
Data source: Ministry of Education, Culture and Sport, Spain.

5-19 韩国文化产业统计(2021年)
Statistics of Korea's Creative Content Industry(2021)

类　别	Category	企业数量(个) Number of Enterprises (unit)	从业人员数量(人) Engaged Persons (person)	销售额(百万韩元) Total Sales (million KRW)	出口额(千美元) Exports (thousand USD)	进口额(千美元) Imports (thousand USD)
合　计	**Total**	**108628**	**614734**	**137507958**	**12452897**	**1204704**
出版	Publication	34011	175898	24697753	428379	317939
漫画	Manhwa	4919	10825	2132149	81980	7584
音乐	Music	34001	59583	9371728	775274	14031
电影	Movie	1034	13240	3246109	43033	37897
游戏	Games	10991	81856	20991342	8672865	312331
动画	Animation	647	6131	755520	156835	8524
广播	Broadcast	1133	50160	23970709	717997	60761
广告	Advertisements	6627	74485	18921883	258167	341654
人物形象	Characters	2901	16597	5003908	412990	81226
知识信息	Knowledge Information	10108	87704	19946243	660850	9314
文化产业解决方案	Contents Solution	2256	38256	8470614	244527	13443

资料来源：韩国内容产业振兴院。
Data source: KOCCA.

附录一

Appendix 1

中国入选世界文化遗产项目

Items Listing in World Cultural Heritage of China

1.中国入选“世界遗产名录”的文化和自然遗产项目

序号	名　称	项　目	批准时间
1	泰山	文化与自然双重遗产	1987.12
2	敦煌莫高窟	文化遗产	1987.12
3	周口店“北京人”遗址	文化遗产	1987.12
4	长城[1]	文化遗产	1987.12
5	秦始皇陵及兵马俑	文化遗产	1987.12
6	明清皇宫[2]	文化遗产	1987.12
7	黄山	文化与自然双重遗产	1990.12
8	黄龙国家级名胜区	自然遗产	1992.12
9	武陵源国家级名胜区	自然遗产	1992.12
10	九寨沟国家级名胜区	自然遗产	1992.12
11	武当山古建筑群	文化遗产	1994.12
12	曲阜孔庙、孔府及孔林	文化遗产	1994.12
13	承德避暑山庄及周围寺庙	文化遗产	1994.12
14	布达拉宫和大昭寺[3]	文化遗产	1994.12
15	峨眉山—乐山风景名胜区	文化与自然双重遗产	1996.12
16	庐山风景名胜区	文化景观	1996.12
17	苏州古典园林	文化遗产	1997.12
18	平遥古城	文化遗产	1997.12
19	丽江古城	文化遗产	1997.12
20	天坛	文化遗产	1998.11
21	颐和园	文化遗产	1998.11
22	武夷山	文化与自然双重遗产	1999.12
23	大足石刻	文化遗产	1999.12
24	皖南古村落：西递、宏村	文化遗产	2000.11
25	明清皇家陵寝[4]	文化遗产	2000.11

注：1. 2002年11月辽宁九门口水上长城获批加入此项世界文化遗产。
2. 明清皇宫：包括北京故宫(北京)和沈阳故宫(辽宁)，分别于1987年12月和2004年7月获批。
3. 2001年12月拉萨的罗布林卡获批加入此项世界文化遗产。
4. 明清皇家陵寝：明显陵(湖北钟祥市)、清东陵(河北遵化市)、清西陵(河北易县)于 2000年11月获批，明孝陵(江苏南京市)、明十三陵(北京昌平区)于 2003年7月获批，盛京三陵(辽宁沈阳市)于2004年7月获批。
5. 丝绸之路：长安-天山走廊的路网为中国、哈萨克斯坦和吉尔吉斯斯坦三国联合申报并共有的项目。

续表 continued

序号	名 称	项 目	批准时间
26	龙门石窟	文化遗产	2000.11
27	青城山和都江堰	文化遗产	2000.11
28	云冈石窟	文化遗产	2001.12
29	“三江并流”	自然遗产	2003.7
30	高句丽王城、王陵及贵族墓葬	文化遗产	2004.7
31	澳门历史城区	文化遗产	2005.7
32	四川大熊猫栖息地	自然遗产	2006.7
33	殷墟	文化遗产	2006.7
34	中国南方喀斯特	自然遗产	2007.6
35	开平碉楼与古村落	文化遗产	2007.6
36	福建土楼	文化遗产	2008.7
37	三清山	自然遗产	2008.7
38	五台山	文化景观	2009.6
39	登封“天地之中”历史建筑群	文化遗产	2010.7
40	中国丹霞	自然遗产	2010.8
41	杭州西湖文化景观	文化景观	2011.6
42	元上都遗址	文化遗产	2012.6
43	云南澄江帽天山化石地	自然遗产	2012.7
44	云南红河哈尼梯田	文化景观	2013.6
45	新疆天池	自然遗产	2013.6
46	丝绸之路：长安-天山走廊的路网[5]	文化遗产	2014.6
47	大运河	文化遗产	2014.6
48	土司遗址	文化遗产	2015.7
49	广西左江花山岩画	文化景观	2016.7
50	湖北神农架	自然遗产	2016.7
51	青海可可西里	自然遗产	2017.7
52	厦门鼓浪屿	文化遗产	2017.7
53	贵州梵净山	自然遗产	2018.7
54	良渚古城遗址	文化遗产	2019.7
55	黄(渤)海候鸟	自然遗产	2019.7
56	泉州：宋元中国的世界海洋商贸中心	文化遗产	2021.7
57	普洱景迈山古茶林文化景观	文化遗产	2023.9

2.中国入选世界“非物质文化遗产代表作名录”的项目

序号	名　称	批准时间	备注
1	昆曲	2001	
2	古琴艺术	2003	
3	新疆维吾尔木卡姆艺术	2005	
4	蒙古族长调民歌[1]	2005	
5	中国篆刻	2009	
6	中国雕版印刷技艺	2009	
7	中国书法	2009	
8	中国剪纸	2009	
9	中国传统木结构营造技艺	2009	
10	南京云锦织造技艺	2009	
11	端午节	2009	
12	中国朝鲜族农乐舞	2009	
13	《格萨尔》史诗	2009	
14	侗族大歌	2009	
15	甘肃花儿	2009	
16	新疆《玛纳斯》史诗	2009	
17	妈祖信俗	2009	
18	蒙古族呼麦	2009	
19	福建南音	2009	
20	青海热贡艺术	2009	
21	中国传统桑蚕织技艺	2009	
22	藏戏	2009	
23	龙泉青瓷传统烧制技艺	2009	
24	宣纸传统制作技艺	2009	
25	西安鼓乐	2009	
26	粤剧	2009	
27	羌年	2009	急需保护的非物质文化遗产
28	中国木拱桥传统营造技艺	2009	急需保护的非物质文化遗产
29	黎族传统纺染织绣技艺	2009	急需保护的非物质文化遗产
30	麦西热甫	2010	急需保护的非物质文化遗产
31	中国水密隔舱福船制造技艺	2010	急需保护的非物质文化遗产
32	中国活字印刷术	2010	急需保护的非物质文化遗产
33	中医针灸	2010	
34	京剧	2010	
35	赫哲族说唱艺术伊玛堪	2011	急需保护的非物质文化遗产
36	皮影戏	2011	
37	福建木偶戏传承人培养计划	2012	非物质文化遗产优秀实践
38	珠算	2013	
39	二十四节气	2016	
40	藏医药洛法	2018	
41	太极拳	2020	
42	送王船[2]	2020	
43	中国传统制茶技艺及其相关习俗	2022	

注：1.该项目为与蒙古国联合申报。
　　2.该项目为与马来西亚联合申报。

附录二
Appendix 2
主要统计指标解释

Explanatory Notes on Main Statistical Indicators

主要统计指标解释

国内生产总值(GDP)　指一个国家所有常住单位在一定时期内生产活动的最终成果。国内生产总值有三种表现形态，即价值形态、收入形态和产品形态。从价值形态看，它是所有常住单位在一定时期内生产的全部货物和服务价值与同期投入的全部非固定资产货物和服务价值的差额，即所有常住单位的增加值之和；从收入形态看，它是所有常住单位在一定时期内创造的各项收入之和，包括劳动者报酬、生产税净额、固定资产折旧和营业盈余；从产品形态看，它是所有常住单位在一定时期内最终使用的货物和服务价值与货物和服务净出口价值之和。在实际核算中，国内生产总值有三种计算方法，即生产法、收入法和支出法。三种方法分别从不同的方面反映国内生产总值及其构成。

对于一个地区来说，称为地区生产总值或地区 GDP。

全社会固定资产投资　是以货币形式表现的在一定时期内全社会建造和购置固定资产的工作量以及与此有关的费用的总称。该指标是反映固定资产投资规模、结构和发展速度的综合性指标。全社会固定资产投资按登记注册类型可分为国有、集体、联营、股份制、私营和个体、港澳台商、外商、其他等。

居民可支配收入　指居民可用于最终消费支出和储蓄的总和，即居民可以用来自由支配的收入。既包括现金收入，也包括实物收入。按照收入的来源，可支配收入包含四项，分别为：工资性收入、经营净收入、财产净收入和转移净收入

货物进出口总额　指实际进出我国国境的货物总金额。包括对外贸易实际进出口货物，来料加工装配进出口货物，国家间、联合国及国际组织无偿援助物资和赠送品，华侨、港澳台同胞和外籍华人捐赠品，租赁期满归承租人所有的租赁货物，进料加工进出口货物，边境地方贸易及边境地区小额贸易进出口货物，中外合资企业、中外合作经营企业、外商独资经营企业进出口货物和公用物品，到、离岸价格在规定限额以上的进出口货样和广告品(无商业价值、无使用价值和免费提供出口的除外)，从保税仓库提取在中国境内销售的进口货物，以及其他进出口货物。该指标可以观察一个国家在货物贸易方面的总规模。我国规定出口货物按离岸价格统计，进口货物按到岸价格统计。

一般公共预算支出　指国家财政将筹集起来的资金进行分配使用，以满足经济建设和各项事业的需要。主要包括：一般公共服务、外交、国防、公共安全、教育、科学技术、文化旅游体育与传媒、社会保障和就业、卫生健康、节能环保、城乡社区、农林水、交通运输、资源勘探工业信息等、商业服务业等、金融、援助其他地区、自然资源海洋气象等、住房保障、粮油物资储备、灾害防治及应急管理、债务付息、债务发行费用等方面的支出。财政支出根据政府在经济和社会活动中的不同职权，划分为中央财政支出和地方财政支出。

文化及相关产业　指为社会公众提供文化产品和文化相关产品的生产活动的集合。《文化及相关产业分类(2018)》规定文化及相关产业包括新闻信息服务、内容创作生产、创意设计服务等九大类。按业态不同，可分为文化制造业、文化批发和零售业和文化服务业。

就业人员　指年满 16 周岁，为取得报酬或经营利润，在调查周内从事了 1 小时 （含 1 小时）以上劳动的人员；或由于在职学习、休假等原因在调查周内暂时未工作的人员；或由于停工、单位不景气等原因临时未工作的人员。

法人单位　指有权拥有资产、承担负债，并独立从事社会经济活动（或与其他单位进行交易）的组织。法人单位应同时具备以下条件：（1）依法成立，有自己的名称、组织机构和场所，能够独立承担民事责任；（2）独立拥有（或授权使用）资产或者经费，承担负债，有权与其他单位签订合同；（3）具有包括资产负债表在内的账户，或者能够根据需要编制账户。法人单位包括五种类型：企业法人、事业单位法人、机关法人、社会团体和其他成员组织法人、其他法人。

营业收入 指年内企业从事销售商品、提供劳务和让渡资产使用权等生产经营活动形成的经济利益流入。

资产总计 指年末企业过去的交易或者事项形成的、由企业拥有或者控制的、预期会给企业带来经济利益的资源。

利润总额 指年内企业在生产经营过程中各种收入扣除各种耗费后的盈余，反映企业在报告期内实现的盈亏总额。

R&D（研究与试验发展） 指为增加知识存量（也包括有关人类、文化和社会的知识）以及设计已有知识的新应用而进行的创造性、系统性工作，包括基础研究、应用研究和试验发展三种类型。国际上通常采用 R&D 活动的规模和强度指标反映一国的科技实力和核心竞争力。

R&D 人员折合全时当量 指报告期企业 R&D 全时人员（全年从事 R&D 活动累积工作时间占全部工作时间的 90%及以上人员）工作量与非全时人员按实际工作时间折算的工作量之和。

R&D 经费内部支出 指企业在报告年度用于内部开展 R&D 活动的实际支出。包括用于 R&D 项目（课题）活动的直接支出，以及间接用于 R&D 活动的管理费、服务费、与 R&D 有关的基本建设支出以及外协加工费等。不包括生产性活动支出、归还贷款支出以及与外单位合作或委托外单位进行 R&D 活动而转拨给对方的经费支出。

规模以上文化制造业企业 指《文化及相关产业分类(2018)》所规定行业范围内，年主营业务收入在 2000 万元及以上的工业企业法人。

限额以上文化批发和零售业企业 指《文化及相关产业分类(2018)》所规定行业范围内，年主营业务收入在 2000 万元及以上的批发业企业法人和年主营业务收入在 500 万元及以上的零售业企业法人。

规模以上文化服务业企业 指《文化及相关产业分类(2018)》所规定行业范围内，年主营业务收入在 1000 万元及以上的服务业企业，其中交通运输、仓储和邮政业，信息传输、软件和信息技术服务业，水利、环境和公共设施管理业的营业收入在 2000 万元及以上，居民服务、修理和其他服务业以及文化、体育和娱乐业的年营业收入在 500 万元及以上。

少儿读物 指供初中及初中以下少年儿童阅读的书籍。

版权合同登记 指根据国际条约和中国有关法律法规，申请人到著作权行政管理部门登记著作权质权等各类授权合同的行为。

作品自愿登记 指作者、其他享有著作权的公民、法人或者非法人单位和专有权所有人及其代理人，自愿到著作权行政管理部门登记应予以保护作品的行为。

版权引进和输出 指以受版权保护的作品的财产权为标的物，与国外的出版单位等相关机构进行的交易行为，其内容涉及图书、报刊、影视、动漫、戏剧、音乐、软件等。

广播（电视）节目综合人口覆盖率 指根据国家广电总局制定的《广播电视人口覆盖率统计技术标准和方法》进行统计调查的，在对象区内能接收到中央、省、地市、或县通过无线、有线或卫星等各种技术方式转播的各级广播（电视）节目的人口数占全部总人口的比重。

有线广播电视实际用户数 指通过广播电视有线传输网收看电视节目的家庭用户数，包括接收模拟信号和接收数字信号的有线电视用户数。不包括宾馆、单位、写字楼等集体用户。

数字电视实际用户数 指通过广播电视有线传输网收看数字信号电视节目的家庭用户数。

全年广播（电视）节目制作时间 指广播电视节目制作机构全年自采、自编、自录的及合作制作、加工制作的各类广播（电视）节目（包括直播节目）的总时长。

公共广播（电视）节目套数 指经国家广电总局批准的、广播电视播出机构开办的不向听众收取收听（收看）费用，以为大众提供公共广播（电视）服务为主要目的，用固定频率（频道）播出，并编有整套自办节目时间表的广播（电视）节目套数。

全年公共广播（电视）节目播出时间 指广播电视播出机构自办节目频率（频道）内公共节目全年播出的时长（含节目重复播出时长）。

艺术表演团体 指由文化部门主办或实行行业管理（经文化市场行政部门审批或已申报登记并领取相

关许可证)，专门从事表演艺术等活动的各类专业艺术表演团体，含民间职业剧团。不包括群众业余文艺表演团体。

艺术表演场馆　指由文化部门主办或实行行业管理（经文化市场行政部门审批或已申报登记并领取相关许可证），有观众席、舞台、灯光设备，公开售票、专供文艺团体演出的文化活动场所。

博物馆　指为了研究、教育、欣赏的目的，收藏、保护、展示人类活动和自然环境的见证物，向公众开放，非营利性、永久性社会服务机构，包括以博物馆（院）、纪念馆（舍）、美术（艺术）馆、科技馆、陈列馆等专有名称开展活动的单位。

总藏量　指公共图书馆已编目的古籍、图书、期刊和报纸的合订本、小册子、手稿，以及缩微制品、录像带、录音带、光盘等视听文献资料数量之和。

藏品　指文博机构根据收藏品的文化属性、自然属性等情况，所划分的文物藏品、标本藏品、模型藏品（含具有收藏、展示价值的雕塑、绘画等艺术作品）和复制品藏品的总和。本指标所统计的藏品是指报告期末，该机构已经整理并登记入账的藏品数。

国家综合档案馆　指归口中央或地方各级档案行政管理部门直接管理的，按行政区划或历史时期设置的，收集和管理所辖范围内多种门类档案的档案馆。

娱乐场所　指以营利为目的，并向公众开放、消费者自娱自乐的歌舞、游艺等场所，以及各地文化行政部门依据相关规定管理并发放《娱乐场所经营许可证》的其它娱乐场所。

网吧　指通过计算机等设备向公众提供互联网上网服务的营业性娱乐文化服务场所。

动漫企业　指经文化和旅游部、财政部、国家税务总局三部门联合认定的从事漫画创作、动画创作、网络动漫（含手机动漫）创作、动漫舞台创作、动漫软件开发和动漫衍生产品研发等动漫业务的企业。

移动个性化回铃用户　指报告期末电信企业开通的、可由用户自己选择回铃音的移动电话用户。包括使用套餐由电信企业提供多种回铃音的移动电话用户。

互联网宽带接入用户　指报告期末在电信企业登记注册，通过 xDSL、FTTx+LAN、FTTH/O 以及其他宽带接入方式和普通专线接入公众互联网的用户。

互联网普及率　指报告期末互联网网民占行政区域总人口的比率。互联网网民是指通过定期调查进行估算的过去半年内使用过互联网的 6 周岁及以上中国居民。

网页长度（总字节数）　指报告期内中国所有网站所含网页的总长度。网站是指以域名本身或者“www.+域名”为网址的 web 站点，其中包括中国的国家顶级域名.CN 和类别顶级域名（gTLD）下的 web 站点，该域名的注册者位于中国境内。

网站数　指报告期内中国所有网站的总数量。网站是指以域名本身或者“www.+域名”为网址的 web 站点，其中包括中国的国家顶级域名.CN 和类别顶级域名（gTLD）下的 web 站点，该域名的注册者位于中国境内。

互联网宽带接入端口　指用于接入互联网用户的各类实际安装运行的接入端口的数量，包括 xDSL 用户接入端口、LAN 接入端口、FTTH/O 端口及其他类型接入端口等，不包括窄带拨号接入端口。

互联网国际出口带宽　指基础电信企业与其他国家和地区相连的网络出口带宽总数。

互联网及相关服务企业数　指获得工业和信息化部或省、自治区、直辖市通信管理局颁发的《增值电信业务经营许可证》、在中国大陆境内经营全国或区域性增值电信业务的服务商数。

互联网及相关服务收入　指企业经营《增值电信业务经营许可证》中注册的业务所获得的收入总和。

更多指标解释可参见《中国统计年鉴》和相关专业统计年鉴。

附录三

Appendix 3

文化及相关产业分类(2018)

Classification of Culture and Related Industries (2018)

文化及相关产业分类(2018)

一、分类目的和作用

（一）为深化文化体制改革和持续推进社会主义文化强国建设提供统计保障，建立科学可行的文化及相关产业统计制度，制定本分类。

（二）本分类为反映我国文化及相关产业生产活动提供标准分类依据，为文化及相关产业统计提供统一的定义和范围，为发展文化产业、推进社会主义文化繁荣兴盛提供统计服务。

二、分类定义和范围

（一）定义。

本分类规定的文化及相关产业是指为社会公众提供文化产品和文化相关产品的生产活动的集合。

（二）范围。

1.以文化为核心内容，为直接满足人们的精神需要而进行的创作、制造、传播、展示等文化产品（包括货物和服务）的生产活动。具体包括新闻信息服务、内容创作生产、创意设计服务、文化传播渠道、文化投资运营和文化娱乐休闲服务等活动。

2.为实现文化产品的生产活动所需的文化辅助生产和中介服务、文化装备生产和文化消费终端生产（包括制造和销售）等活动。

三、编制原则

（一）以《国民经济行业分类》为基础。

本分类以《国民经济行业分类》（GB/T 4754-2017）为基础，根据文化生产活动的特点，将行业分类中相关的类别重新组合，是《国民经济行业分类》的派生分类。

（二）兼顾文化管理需要和可操作性。

根据我国文化体制改革和发展的实际，本分类在考虑文化生产活动特点的同时，兼顾文化主管部门管理的需要；同时立足于现行统计制度和方法，充分考虑分类的可操作性。

（三）与国际分类标准相衔接。

本分类借鉴了联合国教科文组织的《文化统计框架-2009》的分类方法，在定义和覆盖范围上与其衔接。

四、结构和编码

本分类采用线分类法和分层次编码方法，将文化及相关产业划分为三层，分别用阿拉伯数字编码表示。第一层为大类，用01-09数字表示，共有9个大类；第二层为中类，用3位数字表示，共有43个中类；第三层为小类，用4位数字表示，共有146个小类。

本分类代码结构:

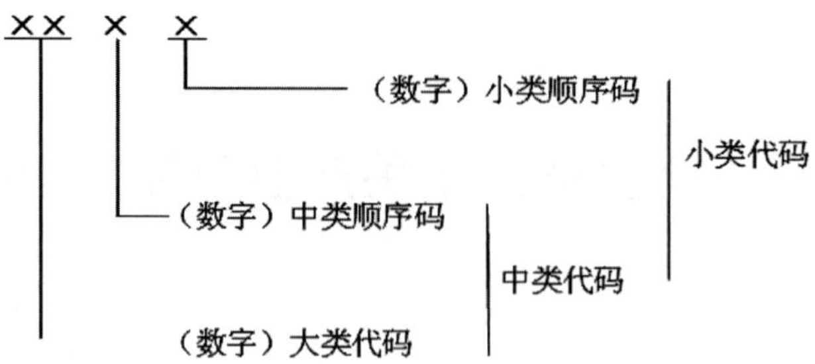

五、有关说明

（一）本分类建立了与《国民经济行业分类》（GB/T 4754-2017）的对应关系。在本分类中，如国民经济某行业小类仅部分活动属于文化及相关产业，则在行业代码后加“*”做标识，并对属于文化生产活动的内容进行说明；如国民经济某行业小类全部纳入文化及相关产业，则小类类别名称与行业类别名称完全一致。

（二）本分类全部小类对应或包含在《国民经济行业分类》（GB/T 4754-2017）相应的行业小类中，具体范围和说明可参见《2017 国民经济行业分类注释》。

（三）本分类 01-06 大类为文化核心领域，07-09 大类为文化相关领域。

六、文化及相关产业分类表

表 1　文化及相关产业的类别名称和行业代码

代码			类别名称	说明	行业分类代码
大类	中类	小类			
			文化核心领域	本领域包括 01-06 大类。	
01			新闻信息服务		
	011		新闻服务		
		0110	新闻业	包括新闻采访、编辑、发布和其他新闻服务。	8610
	012		报纸信息服务		
		0120	报纸出版	包括党报出版、综合新闻类报纸出版和其他报纸出版服务。	8622
	013		广播电视信息服务		
		0131	广播	指广播节目的现场制作、播放及其他相关活动，还包括互联网广播。	8710
		0132	电视	指有线和无线电视节目的现场制作、播放及其他相关活动，还包括互联网电视。	8720
		0133	广播电视集成播控	指 IP 电视、手机电视、互联网电视等专网及定向传播视听节目服务的集成播控，还包括普通广播电视节目集成播控。	8740
	014		互联网信息服务		
		0141	互联网搜索服务	指互联网中的特殊站点，专门用来帮助人们查找存储在其他站点上的信息。	6421
		0142	互联网其他信息服务	包括网上新闻、网上软件下载、网上音乐、网上视频、网上图片、网上动漫、网上文学、网上电子邮件、网上新媒体、网上信息发布、网站导航和其他互联网信息服务。	6429
02			内容创作生产		
	021		出版服务		
		0211	图书出版	包括书籍出版、课本类书籍出版和其他图书出版服务。	8621
		0212	期刊出版	包括综合类杂志出版，经济、哲学、社会科学类杂志出版，自然科学、技术类杂志出版，文化、教育类杂志出版，少儿读物类杂志出版和其他杂志出版服务。	8623
		0213	音像制品出版	包括录音制品出版和录像制品出版服务。	8624
		0214	电子出版物出版	包括马列毛泽东思想、哲学等分类别电子出版物，综合类电子出版物和其他电子出版物出版服务。	8625
		0215	数字出版	指利用数字技术进行内容编辑加工，并通过网络传播数字内容产品的出版服务。	8626
		0216	其他出版业	指其他出版服务。	8629
	022		广播影视节目制作		
		0221	影视节目制作	指电影、电视和录像（含以磁带、光盘为载体）节目的制作活动，该节目可以作为电视、电影播出、放映，也可以作为出版、销售的原版录像带（或光盘），还可以在其他场合宣传播放，还包括影视节目的后期制作，但不包括电视台制作节目的活动。	8730

代码			类别名称	说明	行业分类代码
大类	中类	小类			
		0222	录音制作	指从事录音节目、音乐作品的制作活动，其节目或作品可以在广播电台播放，也可以制作成出版、销售的原版录音带（磁带或光盘），还可以在其他宣传场合播放，但不包括广播电台制作节目的活动。	8770
	023		创作表演服务		
		0231	文艺创作与表演	指文学、美术创造和表演艺术（如戏曲、歌舞、话剧、音乐、杂技、马戏、木偶等表演艺术）等活动。	8810
		0232	群众文体活动	指对各种主要由城乡群众参与的文艺类演出、比赛、展览等公益性文化活动的管理活动。	8870
		0233	其他文化艺术业	包括网络（手机）文化服务，史料、史志编辑服务，艺（美）术品、收藏品鉴定和评估服务，街头报刊橱窗管理服务和其他未列明文化艺术服务。	8890
	024		数字内容服务		
		0241	动漫、游戏数字内容服务	指将动漫和游戏中的图片、文字、视频、音频等信息内容运用数字化技术进行加工、处理、制作并整合应用的服务，使其通过互联网传播，在计算机、手机、电视等终端播放，在存储介质上保存。	6572
		0242	互联网游戏服务	指以互联网为传输媒介，以游戏运营商服务器和用户计算机为处理终端，以游戏客户端软件为信息交互窗口，旨在实现娱乐、休闲、交流和取得虚拟成就的具有可持续性的个体性多人在线游戏。包括互联网电子竞技服务。	6422
		0243	多媒体、游戏动漫和数字出版软件开发	仅指通用应用软件中的多媒体软件、游戏动漫软件、数字出版软件开发。该小类包含在应用软件开发行业小类中。	6513*
		0244	增值电信文化服务	仅指固定网增值电信、移动网增值电信、其他增值电信中的文化服务。该小类包含在其他电信服务行业小类中。	6319*
		0245	其他文化数字内容服务	仅指文化宣传领域数字内容服务。该小类包含在其他数字内容服务行业小类中。	6579*
	025		内容保存服务		
		0251	图书馆	包括公共图书馆、高等院校图书馆、专业图书馆和其他图书馆管理服务。	8831
		0252	档案馆	包括综合档案馆、专门档案馆、部门档案馆、企业档案馆、事业单位档案馆和其他档案馆管理服务。	8832
		0253	文物及非物质文化遗产保护	指对具有历史、文化、艺术、科学价值，并经有关部门鉴定，列入文物保护范围的不可移动文物的保护和管理活动；对我国口头传统和表现形式，传统表演艺术，社会实践、意识、节庆活动，有关的自然界和宇宙的知识和实践，传统手工艺等非物质文化遗产的保护和管理活动。	8840
		0254	博物馆	指收藏、研究、展示文物和标本的博物馆的活动，以及展示人类文化、艺术、科技、文明的美术馆、艺术馆、展览馆、科技馆、天文馆等管理活动。	8850
		0255	烈士陵园、纪念馆	包括烈士陵园和烈士纪念馆管理服务。	8860
	026		工艺美术品制造		
		0261	雕塑工艺品制造	指以玉石、宝石、象牙、角、骨、贝壳等硬质材料，木、竹、椰壳、树根、软木等天然植物，以及石膏、泥、面、塑料等为原料，经雕刻、琢、磨、捏或塑等艺术加工而制成的各种供欣赏和实用的工艺品的制作活动。	2431

代码			类别名称	说明	行业分类代码
大类	中类	小类			
		0262	金属工艺品制造	指以金、银、铜、铁、锡等各种金属为原料，经过制胎、浇铸、锻打、錾刻、搓丝、焊接、纺织、镶嵌、点兰、烧制、打磨、电镀等各种工艺加工制成的造型美观、花纹图案精致的工艺美术品的制作活动。	2432
		0263	漆器工艺品制造	指将半生漆、腰果漆加工调配成各种鲜艳的漆料，以木、纸、塑料、铜、布等作胎，采用推光、雕填、彩画、镶嵌、刻灰等传统工艺和现代漆器工艺进行的工艺制品的制作活动。	2433
		0264	花画工艺品制造	指以绢、丝、绒、纸、涤纶、塑料、羽毛、通草以及鲜花草等为原料，经造型设计、模压、剪贴、干燥等工艺精制而成的花、果、叶等人造花类工艺品，以画面出现、可以挂或摆的具有欣赏性、装饰性的画类工艺品的制作活动。	2434
		0265	天然植物纤维编织工艺品制造	指以竹、藤、棕、草、柳、葵、麻等天然植物纤维为材料，经编织或镶嵌而成具有造型艺术或图案花纹，以欣赏为主的工艺陈列品以及工艺实用品的制作活动。	2435
		0266	抽纱刺绣工艺品制造	指以棉、麻、丝、毛及人造纤维纺织品等为主要原料，经设计、刺绣、抽、拉、钩等工艺加工各种生活装饰用品，以及以纺织品为主要原料，经特殊手工工艺或民间工艺方法加工成各种具有较强装饰效果的生活用纺织品的制作活动。	2436
		0267	地毯、挂毯制造	指以羊毛、丝、棉、麻及人造纤维等为原料，经手工编织、机织、栽绒等方式加工而成的各种具有装饰性的地面覆盖物或可用于悬挂、垫坐等用途的生活装饰用品的制作活动。	2437
		0268	珠宝首饰及有关物品制造	指以金、银、铂等贵金属及其合金以及钻石、宝石、玉石、翡翠、珍珠等为原料，经金属加工和连结组合、镶嵌等工艺加工制作各种图案的装饰品的制作活动。	2438
		0269	其他工艺美术及礼仪用品制造	指其他工艺美术品的制造活动。	2439
	027		艺术陶瓷制造		
		0271	陈设艺术陶瓷制造	指以粘土、瓷土、瓷石、长石、石英等为原料，经制胎、施釉、装饰、烧制等工艺制成，主要供欣赏、装饰的陶瓷工艺美术品制造。	3075
		0272	园艺陶瓷制造	指专门为园林、公园、室外景观的摆设或具有一定功能的大型陶瓷制造。	3076
03			创意设计服务		
	031		广告服务		
		0311	互联网广告服务	指提供互联网广告设计、制作、发布及其他互联网广告服务。包括网络电视、网络手机等各种互联网终端的广告的服务。	7251
		0312	其他广告服务	指除互联网广告以外的广告服务。	7259
	032		设计服务		
		0321	建筑设计服务	仅包括房屋建筑工程，体育、休闲娱乐工程，室内装饰和风景园林工程专项设计服务。该小类包含在工程设计活动行业小类中。	7484*
		0322	工业设计服务	指独立于生产企业的工业产品和生产工艺设计，不包括工业产品生产环境设计、产品传播设计、产品设计管理等活动。	7491
		0323	专业设计服务	包括时装、包装装潢、多媒体、动漫及衍生产品、饰物装饰、美术图案、展台、模型和其他专业设计服务。	7492
04			文化传播渠道		
	041		出版物发行		

代码			类别名称	说明	行业分类代码
大类	中类	小类			
		0411	图书批发	包括书籍、课本和其他图书的批发和进出口。	5143
		0412	报刊批发	包括报纸、杂志的批发和进出口。	5144
		0413	音像制品、电子和数字出版物批发	包括音像制品及电子出版物的批发和进出口。	5145
		0414	图书、报刊零售	包括图书零售服务，报纸、杂志专门零售服务，图书、报刊固定摊点零售服务。	5243
		0415	音像制品、电子和数字出版物零售	包括音像制品专门零售店、电子出版物专门零售、音像制品及电子出版物固定摊点零售服务。	5244
		0416	图书出租	指各种图书出租服务，不包括图书馆的租书业务。	7124
		0417	音像制品出租	指各种音像制品出租服务，不包括以销售音像制品为主的出租音像活动。	7125
	042		广播电视节目传输		
		0421	有线广播电视传输服务	指有线广播电视网和信号的传输服务。	6321
		0422	无线广播电视传输服务	指无线广播电视信号的传输服务。	6322
		0423	广播电视卫星传输服务	包括卫星广播电视信号的传输、覆盖与接收服务，卫星广播电视传输、覆盖、接收系统的设计、安装、调试、测试、监测等服务。	6331
	043		广播影视发行放映		
		0431	电影和广播电视节目发行	包括电影发行和进出口交易、非电视台制作的电视节目发行和进出口服务。	8750
		0432	电影放映	指专业电影院以及设在娱乐场所独立（或相对独立）的电影放映等活动。	8760
	044		艺术表演		
		0440	艺术表演场馆	指有观众席、舞台、灯光设备，专供文艺团体演出的场所管理活动。	8820
	045		互联网文化娱乐平台		
		0450	互联网文化娱乐平台	仅包括互联网演出购票平台、娱乐应用服务平台、音视频服务平台、读书平台、艺术品鉴定拍卖平台和文化艺术平台。该小类包含在互联网生活服务平台行业小类中。	6432*
	046		艺术品拍卖及代理		
		0461	艺术品、收藏品拍卖	指艺术品、收藏品拍卖活动。包括艺（美）术品拍卖服务、文物拍卖服务、古董和字画拍卖服务。	5183
		0462	艺术品代理	指艺术品代理活动。包括字画代理、古玩收藏品代理、画廊艺术经纪代理和其他艺术品代理。	5184
	047		工艺美术品销售		
		0471	首饰、工艺品及收藏品批发	指首饰、工艺品及收藏品的批发活动。	5146
		0472	珠宝首饰零售	指珠宝首饰的零售活动。	5245
		0473	工艺美术品及收藏品零售	指专门经营具有收藏价值和艺术价值的工艺品、艺术品、古玩、字画、邮品等的店铺零售活动。	5246
05			文化投资运营		

代码			类别名称	说　明	行业分类代码
大类	中类	小类			
	051		投资与资产管理		
		0510	文化投资与资产管理	仅指政府主管部门转变职能后，成立的国有文化资产管理机构和文化行业管理机构的活动；文化投资活动，不包括资本市场的投资。该小类包含在投资与资产管理行业小类中。	7212*
	052		运营管理		
		0521	文化企业总部管理	仅指文化企业总部的活动，其对外经营业务由下属的独立核算单位或单独核算单位承担，还包括派出机构的活动（如办事处等）。该小类包含在企业总部管理行业小类中。	7211*
		0522	文化产业园区管理	仅指非政府部门的文化产业园区管理服务。该小类包含在园区管理服务行业小类中。	7221*
06			文化娱乐休闲服务		
	061		娱乐服务		
		0611	歌舞厅娱乐活动	指各种歌舞厅娱乐活动。	9011
		0612	电子游艺厅娱乐活动	指各种电子游艺厅娱乐服务。	9012
		0613	网吧活动	指通过计算机等装置向公众提供互联网上网服务的网吧、电脑休闲室等营业性场所的服务。	9013
		0614	其他室内娱乐活动	包括儿童室内游戏娱乐服务、室内手工制作娱乐服务和其他室内娱乐服务。	9019
		0615	游乐园	指配有大型娱乐设施的室外娱乐活动及以娱乐为主的活动。	9020
		0616	其他娱乐业	指公园、海滩和旅游景点内小型设施的娱乐活动及其他娱乐活动。	9090
	062		景区游览服务		
		0621	城市公园管理	指主要为人们提供休闲、观赏、游览以及开展科普活动的城市各类公园管理活动。	7850
		0622	名胜风景区管理	指对具有一定规模的自然景观、人文景观的管理和保护活动，以及对环境优美、具有观赏、文化和科学价值风景名胜区的保护与管理活动。	7861
		0623	森林公园管理	指国家自然保护区、名胜景区以外的，以大面积人工林或天然林为主体而建设的公园管理活动。	7862
		0624	其他游览景区管理	指其他未列明的游览景区的管理活动。	7869
		0625	自然遗迹保护管理	包括地质遗迹保护管理、古生物遗迹保护管理等。	7712
		0626	动物园、水族馆管理服务	指以保护、繁殖、科学研究、科普、供游客观赏为目的，饲养野生动物场所的管理服务。	7715
		0627	植物园管理服务	指以调查、采集、鉴定、引种、驯化、保存、推广、科普为目的，并供游客游憩、观赏的园地管理服务。	7716
	063		休闲观光游览服务		
		0631	休闲观光活动	指以农林牧渔业、制造业等生产和服务领域为对象的休闲观光旅游活动。	9030
		0632	观光游览航空服务	指直升机、热气球等游览飞行服务。	5622
			文化相关领域	本领域包括07-09大类。	
07			文化辅助生产和中介服务		
	071		文化辅助用品制造		

代码			类别名称	说明	行业分类代码
大类	中类	小类			
		0711	文化用机制纸及纸板制造	仅指未涂布印刷书写用纸、涂布类印刷用纸、感应纸及纸板制造。该小类包含在机制纸及纸板制造行业小类中。	2221*
		0712	手工纸制造	指采用手工操作成型，制成纸的生产活动。包括手工纸（宣纸、国画纸、其他手工纸）及手工纸板。	2222
		0713	油墨及类似产品制造	指由颜料、联接料（植物油、矿物油、树脂、溶剂）和填充料经过混合、研磨调制而成，用于印刷的有色胶浆状物质，以及用于计算机打印、复印机用墨等的生产活动。	2642
		0714	工艺美术颜料制造	指油画、水粉画、广告等艺术用颜料的制造。	2644
		0715	文化用信息化学品制造	指电影、照相、医用、幻灯及投影用感光材料、冲洗套药，磁、光记录材料，光纤维通讯用辅助材料，及其专用化学制剂的制造。	2664
	072		印刷复制服务		
		0721	书、报刊印刷	指书、报刊的印刷活动。	2311
		0722	本册印制	指由各种纸及纸板制作的，用于书写和其他用途的本册生产活动。	2312
		0723	包装装潢及其他印刷	指根据一定的商品属性、形态，采用一定的包装材料，经过对商品包装的造型结构艺术和图案文字的设计与安排来装饰美化商品的印刷，以及其他印刷活动。	2319
		0724	装订及印刷相关服务	指专门企业从事的装订、压印媒介制造等与印刷有关的服务。	2320
		0725	记录媒介复制	指将母带、母盘上的信息进行批量翻录的生产活动。	2330
		0726	摄影扩印服务	包括摄影服务、照片扩印及处理服务。	8060
	073		版权服务		
		0730	版权和文化软件服务	仅指版权服务、文化软件服务。该小类包含在知识产权服务行业小类中。	7520*
	074		会议展览服务		
		0740	会议、展览及相关服务	指以会议为主，也可附带展览及其他相关的活动形式，包括项目策划组织、场馆租赁保障、相关服务。	7281-7284 7289
	075		文化经纪代理服务		
		0751	文化活动服务	指策划、组织、实施各类文化、晚会、娱乐、演出、庆典、节日等活动的服务。	9051
		0752	文化娱乐经纪人	指各种文化娱乐经纪人活动。包括演员挑选、推荐服务，艺术家、作家经纪人服务，演员经纪人服务，模特经纪人服务，其他演员、艺术家经纪人服务。	9053
		0753	其他文化艺术经纪代理	指其他文化艺术经纪代理活动。	9059
		0754	婚庆典礼服务	仅指婚庆礼仪服务。该小类包含在婚姻服务行业小类中。	8070*
		0755	文化贸易代理服务	仅指文化贸易代理服务。该小类包含在贸易代理行业小类中。	5181*
		0756	票务代理服务	指除旅客交通票务代理外的各种票务代理服务。	7298
	076		文化设备（用品）出租服务		
		0761	休闲娱乐用品设备出租	指各种休闲娱乐用品设备出租活动。	7121

代码			类别名称	说　明	行业分类代码
大类	中类	小类			
		0762	文化用品设备出租	指各种文化用品设备出租活动。	7123
	077		文化科研培训服务		
		0771	社会人文科学研究	指各种社会人文科学研究活动。	7350
		0772	学术理论社会（文化）团体	仅指学术理论社会团体、文化团体的服务。该小类包含在专业性团体行业小类中。	9521*
		0773	文化艺术培训	指国家学校教育制度以外，由正规学校或社会各界办的文化艺术培训活动，不包括少年儿童的课外艺术辅导班。	8393
		0774	文化艺术辅导	仅包括美术、舞蹈、音乐、书法和武术等辅导服务。该小类包含在其他未列明教育行业小类中。	8399*
08			文化装备生产		
	081		印刷设备制造		
		0811	印刷专用设备制造	指使用印刷或其他方式将图文信息转移到承印物上的专用生产设备的制造。	3542
		0812	复印和胶印设备制造	指各种用途的复印设备和集复印、打印、扫描、传真为一体的多功能一体机的制造；以及主要用于办公室的胶印设备、文字处理设备及零件的制造。	3474
	082		广播电视电影设备制造及销售		
		0821	广播电视节目制作及发射设备制造	指广播电视节目制作、发射设备及器材的制造。	3931
		0822	广播电视接收设备制造	指专业广播电视接收设备的制造，但不包括家用广播电视接收设备的制造。	3932
		0823	广播电视专用配件制造	指专业用录像重放及其他配套的广播电视设备的制造，但不包括家用广播电视装置的制造。	3933
		0824	专业音响设备制造	指广播电视、影剧院、录音棚、会议、各种场地等专业用录音、音响设备及其他配套设备的制造。	3934
		0825	应用电视设备及其他广播电视设备制造	指应用电视设备、其他广播电视设备和器材的制造。	3939
		0826	广播影视设备批发	指广播影视设备的批发和进出口活动。	5178
		0827	电影机械制造	指各种类型或用途的电影摄影机、电影录音摄影机、影像放映机及电影辅助器材和配件的制造。	3471
	083		摄录设备制造及销售		
		0831	影视录放设备制造	指非专业用录像机、摄像机、激光视盘机等影视设备整机及零部件的制造，包括教学用影视设备的制造，但不包括广播电视等专业影视设备的制造。	3953
		0832	娱乐用智能无人飞行器制造	指按照国家有关安全规定标准，经允许生产并主要用于娱乐的智能无人飞行器的制造。该小类包含在智能无人飞行器制造行业小类中。	3963*
		0833	幻灯及投影设备制造	指通过媒体将在电子成像器件上的文字图像、胶片上的文字图像、纸张上的文字图像及实物投射到银幕上的各种设备、器材及零配件的制造。	3472
		0834	照相机及器材制造	指各种类型或用途的照相机的制造。包括用以制备印刷板，用于水下或空中照相的照相机制造，以及照相机用闪光装置、摄影暗室装置和零件的制造。	3473
		0835	照相器材零售	指照相器材专门零售。	5248

代　码			类别名称	说　明	行业分类代码
大类	中类	小类			
	084		演艺设备制造及销售		
		0841	舞台及场地用灯制造	指演出舞台、演出场地、运动场地、大型活动场地用灯制造。	3873
		0842	舞台照明设备批发	仅指各类舞台照明设备的批发。该小类包含在电气设备批发行业小类中。	5175*
	085		游乐游艺设备制造		
		0851	露天游乐场所游乐设备制造	指主要安装在公园、游乐园、水上乐园、儿童乐园等露天游乐场所的电动及非电动游乐设备和游艺器材的制造。	2461
		0852	游艺用品及室内游艺器材制造	指主要供室内、桌上等游艺及娱乐场所使用的游乐设备、游艺器材和游艺娱乐用品，以及主要安装在室内游乐场所的电子游乐设备的制造。	2462
		0853	其他娱乐用品制造	指其他未列明的娱乐用品制造。	2469
	086		乐器制造及销售		
		0861	中乐器制造	指各种中乐器的制造活动。	2421
		0862	西乐器制造	指各种西乐器的制造活动。	2422
		0863	电子乐器制造	指各种电子乐器的制造活动。	2423
		0864	其他乐器及零件制造	指其他未列明的乐器、乐器零件及配套产品的制造。	2429
		0865	乐器批发	指各种乐器的批发活动。	5147
		0866	乐器零售	指各种乐器的零售活动。	5247
09			文化消费终端生产		
	091		文具制造及销售		
		0911	文具制造	指办公、学习等使用的各种文具的制造。	2411
		0912	文具用品批发	指文具用品的批发活动。	5141
		0913	文具用品零售	指文具用品的零售活动。	5241
	092		笔墨制造		
		0921	笔的制造	指用于学习、办公或绘画等用途的各种笔制品的制造。	2412
		0922	墨水、墨汁制造	指各种墨水、墨汁及墨汁类似品的制造活动。	2414
	093		玩具制造		
		0930	玩具制造	指以儿童为主要使用者，用于玩耍、智力开发等娱乐器具的制造。	2451-2456 2459
	094		节庆用品制造		
		0940	焰火、鞭炮产品制造	指节日、庆典用焰火及民用烟花、鞭炮等产品的制造。	2672
	095		信息服务终端制造及销售		
		0951	电视机制造	指非专业用电视机制造。包括彩色、黑白电视机以及其他视频设备（移动电视机和其他未列明视频设备）的制造。	3951
		0952	音响设备制造	指非专业用音箱、耳机、组合音响、功放、无线电收音机、收录音机等音响设备的制造。	3952
		0953	可穿戴智能文化设备制造	指由用户穿戴和控制，并且自然、持续地运行和交互的个人移动计算文化设备产品的制造。该小类包含在可穿戴智能设备制造行业小类中。	3961*

代　码			类别名称	说　明	行业分类代码
大类	中类	小类			
		0954	其他智能文化消费设备制造	指虚拟现实设备制造活动。该小类包含在其他智能消费设备制造行业小类中。	3969*
		0955	家用视听设备批发	指家用视听设备批发活动。	5137
		0956	家用视听设备零售	指专门经营电视、音响设备、摄录像设备等的店铺零售活动。	5271
		0957	其他文化用品批发	包括玩具批发服务以及玩具、游艺及娱乐用品、照相器材和其他文化娱乐用品批发和进出口。	5149
		0958	其他文化用品零售	指专门经营游艺用品及其他未列明文化用品的店铺零售活动。	5249

注：行业分类代码后标有“*”的表示该行业类别仅有部分内容属于文化及相关产业。

表 2 带“*”行业分类文化生产活动内容的说明

序号	国民经济行业分类及代码	文化及相关产业类别名称及小类代码	文化生产活动的内容
1	应用软件开发（6513*）	多媒体、游戏动漫和数字出版软件开发（0243）	包括应用软件开发中的多媒体软件、游戏动漫软件、数字出版软件开发活动。
2	其他电信服务（6319*）	增值电信文化服务（0244）	仅指固定网增值电信、移动网增值电信、其他增值电信中的文化服务，包括手机报、个性化铃音等业务服务。
3	其他数字内容服务（6579*）	其他文化数字内容服务（0245）	仅指文化宣传领域数字内容服务。
4	工程设计活动（7484*）	建筑设计服务（0321）	仅包括房屋建筑工程，体育、休闲娱乐工程，室内装饰和风景园林工程专项设计服务。
5	互联网生活服务平台（6432*）	互联网文化娱乐平台（0450）	仅包括互联网演出购票平台、娱乐应用服务平台、音视频服务平台、读书平台、艺术品鉴定拍卖平台和文化艺术平台。
6	投资与资产管理（7212*）	文化投资与资产管理（0510）	指政府主管部门转变职能后，成立的国有文化资产管理机构和文化行业管理机构的活动；文化投资活动，不包括资本市场的投资。
7	企业总部管理（7211*）	文化企业总部管理（0521）	指不具体从事对外经营业务，只负责文化企业的重大决策、资产管理，协调管理下属各机构和内部日常工作的文化企业总部的活动，其对外经营业务由下属的独立核算单位或单独核算单位承担，还包括派出机构的活动（如办事处等）。
8	园区管理服务（7221*）	文化产业园区管理（0522）	仅指非政府部门的文化产业园区管理服务。
9	机制纸及纸板制造（2221*）	文化用机制纸及纸板制造（0711）	包括未涂布印刷书写用纸制造、涂布类印刷用纸制造、感应纸及纸板制造。
10	知识产权服务（7520*）	版权和文化软件服务（0730）	版权服务包括版权代理服务，版权鉴定服务，版权咨询服务，著作权登记服务，著作权使用报酬收转服务，版权交易、版权贸易服务和其他版权服务。文化软件服务指与文化有关的软件服务，包括软件代理、软件著作权登记、软件鉴定等服务。
11	婚姻服务（8070*）	婚庆典礼服务（0754）	指婚庆礼仪服务。包括婚礼策划、组织服务，婚礼租车服务，婚礼用品出租服务，婚礼摄像服务和其他婚姻服务。
12	贸易代理（5181*）	文化贸易代理服务（0755）	包括文化用品、图书、音像、文化用家用电器和广播电视器材等国际国内贸易代理服务。
13	专业性团体（9521*）	学术理论社会（文化）团体（0772）	学术理论社会团体包括党的理论研究、史学研究、思想工作研究、社会人文科学研究等团体的服务。文化团体包括新闻、图书、报刊、音像、版权、广播、电视、电影、演员、作家、文学艺术、美术家、摄影家、文物、博物馆、图书馆、文化馆、游乐园、公园、文艺理论研究、民族文化等团体的服务。

序号	国民经济行业分类及代码	文化及相关产业类别名称及小类代码	文化生产活动的内容
14	其他未列明教育 （8399*）	文化艺术辅导 （0774）	包括美术、舞蹈、音乐、书法和武术等辅导服务。
15	智能无人飞行器制造 （3963*）	娱乐用智能无人飞行器制造 （0832）	指按照国家有关安全规定标准，经允许生产并主要用于娱乐的智能无人飞行器的制造。
16	电气设备批发 （5175*）	舞台照明设备批发 （0842）	包括各类舞台照明设备的批发。
17	可穿戴智能设备制造 （3961*）	可穿戴智能文化设备制造 （0953）	指由用户穿戴和控制，并且自然、持续地运行和交互的个人移动计算文化设备产品的制造。
18	其他智能消费设备制造 （3969*）	其他智能文化消费设备制造 （0954）	仅指虚拟现实设备制造活动。